La Frontera
라 프론테라

KB079604

이 저서는 2018년 정부(교육부)의 재원으로 한국연구재단의 지원을 받아 수행된 연구임(NRF—2018S1A6A4A01039517)

La Frontera

미국-멕시코 국경을 사이에 둔 두 세계의 조우

라 프론테라

김희순 지음

앨피

머리말

3,100여 킬로미터의 경계 혹은 혐오선線

2018년 11월, 미국과 멕시코 국경에서 찍힌 한 장의 사진이 전 세계 사람들의 관심을 끌었다. 사진에는 미 국경 수비대가 쏜 최루탄을 피하기 위해 황급히 도망가는 라틴계 여성과 어린 두 딸의 모습이 담겨 있었다. 신발이 벗겨진 줄도 모르고 엄마 손에 끌려 도망치던 어린 소녀들은 디즈니 만화영화 캐릭터가 그려진 티셔츠를 입고, 바지도 입지 못한 채 기저귀 바람이었다.

이 사진은 당시 미-멕 국경을 넘어 미국으로 입국하려는 카라반(미-멕 국경을 넘으려는 불법이민자 행렬) 무리를 미 국경 수비대가 해산시키는 과정에서 찍힌 것이었다. 이 한 장의 사진은 당시 트럼프 미국 대통령의 반反이민정책과 미-멕 국경에 대한 미국의 봉쇄적인 태도에 대한 전 세계적인 관심을 이끌어 냈다. 이후 미-멕 국경을 넘으려는 카라반 물결과 이를 저지하는 미국 정부의 태도는 신문이나 특파원 단신으로 자주 거론되었다.

멀리 떨어져 그들을 바라보는 우리에게 그 사진은, 사진 속 어린 아이는 불쌍해도 굳이 남의 나라에까지 가서 돈을 벌어야 하는 그 어머니의 처지에는 공감하기 어려운, 나와는 상관없는 이야기였다. 가난한 나라 사람들이 부자 나라에 돈을 벌러 가는 건 오늘날 그리 특별한 일은 아니며, 적법한 서류 없이 다른 나라에 입국하려는 것은 분명 불법이다. 게다가 이민국 관리가 무섭기로 유명한 미국이 아닌가. 그런데 이 사진은 몇 가지 해소되지 않는 의문을 남겼다.

소위 세계화 시대에, 상품도 정보도 돈도 국경을 넘나드는 시대에, 왜 사람은 국경을 자유로이 넘을 수 없는 걸까? 기저귀도 떼지 못한 아이들을 둘씩이나 이끌고 몇 천 킬로미터를 걸어올 만큼 고향에서의 삶이 처참했던 것일까? 그렇다면 고향에서 그들의 삶은 왜 그렇게 무너진 것일까? 더 나아가, 우여곡절 끝에 국경을 넘은 이 모녀는 미국에서 행복하게 살 수 있을까? 아이가 입은 티셔츠에 프린트된 공주처럼?

이러한 질문이 꼬리를 물고 이어졌고, 그에 대한 답을 구하다 보니 미국과 멕시코 양 국가 간 오랜 교류의 역사와 함께 세계화라는 거대한 물결을 헤집지 않을 수 없었다.

20세기 말, 세계화라는 말이 아직 낯설던 시절에 많은 미래학자들은 물자와 인구의 이동을 막는 장벽, 특히 국경은 사라지거나 그 의미가 매우 축소될 것이라고 예견했다. 과연 휴대폰 하나에 들어가는 부품들이 세계 여러 지역에서 생산되고, 전 세계 사람들이 똑같은 기종의 휴대폰을 사용하며, 그 휴대폰을 통해 유튜브에서 제공하는 각국의 콘텐츠를 누구나 볼 수 있는 세상이 되었다. 자본도, 물자도, 정보도 국경을 넘는 일이 너무나 쉬워졌다. 게다가 교통 통신의 발달로 세계 여러 지역에서 사람들이 자유롭게 이동하면서, 미래학자들이 예견한 미래는 실현되는 것만 같았다.

그러나 세계화는 우리들 사이에 놓인 장벽을 허물어뜨리지 못했다. 오히려 예전보다 더 큰 위협으로 다가온 테러, 분쟁, 난민, 이주민, 빈부격차 등으로 인해 사람들은 자신들이 속한 경계 내에 더욱 공고하게 소속되기를, 그들을 둘러싼 경계가 그들의 안위를 보장해 주기를 바라게 되었다. 세계화가 진행될수록 나를 둘러싼 경계의 의미는 더 중요해졌다. 어느 나라에 태어나느냐에 따라 가족을 두고 먼 나라로 돈을 벌러 가야 할 수도 있고, 높은 환율 덕에 자유로운 해외여행을 즐기며 편안하게 살 수도 있다. 특히 COVID-19 상황에서 국경의 의미는 그러한 사회적 · 제도적 측면의 경계를 넘어 생존확률까지도 결정했다. 대한민국 국민으로서 한국에 머물던 나는 미국에 사는 친구보다 생존확률이 높았다. 운 좋게도 우리 모두 건강하게 살아남았지만 말이다.

최근 경계, 특히 국가 간 경계에 관한 관심과 연구가 새롭게 진행되고 있다. 과거 물리적 영토의 가장자리에 지나지 않던 '경계'는 이제 제도적 경계, 디지털 경계 등으로 확대되었고, 경계의 위치도 물리적으로 실재하는 공간부터 가상공간까지, 그리고 개인의 신체까지 다변화하였다.

이 책은 이러한 경계 중 가장 극적인 경계 중 하나인 미국과 멕시코 국경을 다루었다. 장장 3,100여 킬로미터의 긴 국경을 사이에 두고 마주한 미국과 멕시코라는 두 국가, 북아메리카와 라틴아메리카라는 세계 지역, 그리고 선진국과 개발도상국 간의 교류에 초점을 맞추었다.

미국 내 라티노Latino(미국 내에서 에스파냐어를 사용하는 히스패닉)를 연구한 아레올라Daniel D. Arreola는, 미-멕 국경 지역에서 미국과 멕시코 문화가 혼종된 새로운 문화 지대가 형성될 것이라고 예견하였다. 그러나 예상과 달리 미-멕 국경지대에서는 멕시코계 문화가 두드러지게 나타났다. 그가 예견한 혼종문화 지대는 국경을 너머 양 국가의 도시에서, 농촌에서, 산업지구에서 나타났다. 국경을 통해 지속적으로 이루어진 두 국가 간의 인적·물적 교류는 양국이 맞닿아 있는 미국 남서부와 멕시코 북부 지역에 새로운 지역성을 부여하고 있다.

미-멕 국경이 형성된 지는 2백 년도 채 안 되었다. 30여 년 전까지만 해도 국경은 양국 사람들이 드나들기 어려운 경계가 아니었다. 미국 사람들은 주로 술을 마시고 즐기러 국경을 넘어갔고, 멕시코 사람들은 일상용품을 사거나 농장에서 돈을 벌러 경계를 넘었다. 길을 잘못 들면 사막을 헤맬 수는 있어도 마약상의 총에 맞지는 않았다. 비교적 평범한 경계와 경계 지역이었다. 그러나 사회가 변화면 경계도 변한다.

미-멕 국경 지역에서 일어난 변화를 가져온 가장 근본적인 원인은, 멕시코와 미국의 정치적·사회적·제도적 변화와 함께 글로벌 시스템의 변화였다. 경계를 둘러싼 제도적 변화와 글로벌 노동 체계의 변화로 이 지역에 제조업체들이 들어섰고, 경계를 두고 나타난 임금격차는 합법 혹은 불법노동이주 물결로 이어졌다. 더 나아가, 멀리 콜롬비아에서 미국이 벌인 마약과의 전쟁은 결국 이 지역을 마약상들의 격전지로 만드는 데 주요한 역할을 하였다.

우리나라 사회에서 미-멕 국경 지역이 의미를 지니기 시작한 시점은 매우 명확하다. 1994년 1월 1일 미국·캐나다·멕시코 3개국 간의 자유무역협정, 즉 북미자유무역협정NAFTA: North American Free Trade Agreement의 발효되면서부터다. 당시 미국에 대한 무역의존도가 높던 우리나라로서는 저렴한 인건비를 바탕으로 발달한 미-멕 국경지대의 멕시코 측 지구, 즉 마킬라도라 지구가 제조업 상품생산지로서 중요해졌다. 1990년대 미국 소비시장에 제조업 상품을 수출하던 한국, 대만, 일본 등 주요 국가의 제조업체들이 이 멕시코 국경지역에 모여들기 시작했다. 오늘날에도 이 지역은 북아메리카 시장의 주요 생산기지이다. 즉, 우리나라에 멕시코라는 나라가 중요해진 이유도 글로벌 생산체제 내에서 멕시코가 지닌 제조업 생산지로서의 경쟁력 때문이었다.

한편, 미-멕 국경의 경관은 미국과 멕시코, 미국과 멕시코인의 관계를 드러내는 일종의 메타포처럼 여겨진다. 북쪽, 즉 미국 측에서 바라보는 미-멕 국경은 살풍경하기 그지없다. 미국 도시에 비해 초라하기 짝이 없는 멕시코의 도시경관을 바로보고 있노라면, 국경선 하나를 사이에 두고 이렇게까지 삶이 달라질 수 있다는 점을 새삼

깨닫게 된다. 미국인들이 바라보는 국경도 그러하다. 미국인들에게 미-멕 국경은 가난한 라틴아메리카 이주민들이 끊임없이 넘어올 기회를 엿보는, 자신들의 안온한 삶을 지키려면 반드시 막아야 하는 마지노선처럼 보인다.

미국 쪽에서 멕시코로 가는 과정은 매우 간단하다. 차를 몰고 간다면 '그냥' 계속 남쪽으로 운전하면 된다. 도보로 갈 때에는 걸어서, 공공건물에 들어갈 때 받는 간단한 검사 과정처럼 여권을 제시하면 바로 멕시코에 입국할 수 있다. 반면에 남쪽, 즉 멕시코 측에서 바라보는 미-멕 국경은 사뭇 다르다. 높은 장벽과 검문소에 가려 미국의 도시경관은 보이지 않는다. 미국 쪽 검문소로 들어가기 위해서는 몇 시간씩 기다리는 일이 일상이다. 얼마나 걸릴지도 모른 채 비좁은 보도 위에 서서 기다려야 하지만, 그 지루하고 긴 기다림에도 불만을 터뜨리는 사람은 거의 없다. 미국행 검문소에 들어서면, 마치 미국 공항의 입국심사대를 연상시키는 풍경이 펼쳐진다. 차례를 기다리는 사람들의 줄은 여전히 길고, 긴 기다림 끝에 입국심사관의 질문을 받는 사람들은 당황하며 더듬더듬 미국 입국 사유를 밝힌다. 개중에는 입국을 거부당하는 경우도 있다. 마침내 검문소를 통과한 순간, 그들이 마주하는 미국은 미국이라 하기엔 초라한 경관이다. 그러나 긴 기다림 끝에 미국 땅에 발을 디딘 이들은 안도의 시간도 잠시, 서둘러 짐을 추슬러 갈 길을 간다.

이 책은 크게 네 부분으로 구성되었다. 우선 미국과 멕시코의 경계로서 미-멕 국경과, 라틴아메리카와 앵글로아메리카의 경계로서 미-멕 국경의 형성을 다룬다. 미-멕 국경의 형성은 근대국가 미국의 국토가 형성되는 과정에서 매우 중요한 사건이었으며, 나아가 이 국경은 스페인 제국과 영국, 프랑스, 네덜란드로 대표되는 유럽 세력의 충돌 과정에서 형성된 두 세계의 경계이기도 했다.

이어지는 장들에서는 국경의 형성 이후 이루어진 미국의 서부 개척 과정과 국경을 넘는 인적 교류를 다룬다. 국경의 형성 직후부터 멕시코 이주민들은 국경을 넘어갔다. 그들은 미국의 황무지였던 서부 지역을 개척하고 도시와 인프라를 형성하는 데에 가장 중요한 역할을 하였다. 결국 그들이 오랜 기간 국경을 넘은 이유는 경제적 이윤, 즉 본국 송금이었으며, 이는 최근 들어 이주민 개인과 가정뿐 아니라 지역사회와 국가의 경제 · 정치에도 영향을 미치고 있다. 선진국과 개발도상국의 경계로서 미-멕 국경은 글로벌 경제체제에서 양국 간의 새로운 산업활동지구로 떠올랐다. 마킬라도라로 대표되는 미-멕 국경 지역의 산업 발달은 미국 산업 체제 변화의 결과이자 멕시코 국가정책의 결과이기도 하다.

이러한 인적 · 경제적 교류는 국경 지역에 마을과 도시를 만들어 내었다. 미-멕 국경 지역은 그 어느 국가 간 경계보다 더 뚜렷한 도시의 발달을 나타내며, 특히 티후아나, 씨우다드 후아레스, 몬테레이와 같은 도시들은 멕시코 도시 시스템 및 경제에서 매우 주요한 위치를 차지하고 있다. 물론 국경을 넘나드는 교류가 긍정적인 결과만을 가져오는 것은 아니다. 활발한 물적 · 인적 교류는 마약을 중심으로 이 지역을 세계에서 가장 위험한 지역으로 만들었다. 더 나아가, 이 지역의 마약산업은 글로벌 마약산업의 구조 변화가 낳은 결과이기도 하다.

세 번째 부분에서는 국경 너머 이주한 이들의 정체성과 삶에 대해 다룬다. 오랜 기간 미국 주류사회에서 눈에 띄지 않는 존재로 살아온 멕시코계 인구가 자신들의 정체성을 자각하고 자부심을 갖게 된 과정을 살핀다. 또, 미국에 적응해 살아가는 라티노 인구에 대한 미국 사회의 편견을 통해 아직도 미국 사회의 경계인이자 이방인으로 살아가고 있는 라티노들의 삶을 들여다본다.

네 번째 부분은 이주자들의 증가에 직면한 미국 사회의 반응을 다룬다. 오랜 기간 이어진 이주 경향은 라틴계 인구를 미국의 주요 인구 집단으로 만들었고, 이들의 정치적·사회적 잠재력 또한 증가하였다. 미국 주류사회는 이에 위협을 느꼈고, 소수 보수적인 계층에서 시작된 혐오론은 이주자 전체에 대한 혐오로 이어졌으며, 결국 트럼프 대통령의 혐오정치로 발현되었다. 이주민에 대한 미국 주류사회의 거부감과 혐오론은 결국 국경 경계 및 정책 강화, 봉쇄 등으로 이어졌다.

2023년 봄
지은이

차례

머리말 • 5

1장 라 프론테라, 미 – 멕 국경의 형성   17

'외로운 별' 텍사스의 반란   20

미-멕 전쟁과 국경의 형성   31

멕시코를 위한 변辯   36

2장 라틴아메리카와 북아메리카 경계의 형성   41

나폴레옹, 라틴아메리카를 만들어 내다   44

아메리카의 지리적 탄생   51

아메리카 탄생의 숨은 조력자, 교황   56

스페인 제국의 몰락   64

백지화 전략과 적응주의   69

3장 닭장차를 타고 간 멕시코 농부들   77

서부 개척 시대의 시작   80

아메리카의 오랜 난제, 노동력 부족   87

농업노동자에서 도시 노동자로   93

멕시코인의 경계에서 라티노의 경계로   98

이주민과 미국 인구구조의 변화   103

4장 **송금, 그들이 국경을 넘는 이유**　　　　　109

실질 임금격차의 힘　　　　　112

송금, 빈자들의 자구책?　　　　　115

송금수수료가 싼 비트코인으로…　　　　　123

송금이 수혜 지역에 미치는 영향　　　　　127

'구더기'에서 영웅으로　　　　　134

5장 **국경을 넘나드는 산업 활동**　　　　　143

1980년대 초 경제 환경의 변화　　　　　146

노동력이 갈 수 없다면 공장을　　　　　154

마킬라도라, 세계 최대 시장을 낀 수출자유지구　　　　　159

마킬라도라 산업의 성장과 변화　　　　　162

마킬라도라의 원조, 카리브해 지역　　　　　172

6장 **국경과 도시**　　　　　177

국경 마을과 도시의 성장　　　　　180

국경의 쌍둥이 도시들　　　　　186

샌디에이고의 이웃 도시 티후아나　　　　　189

죽음의 도시, 시우다드 후아레스　　　　　201

맥주가 키운 북부의 술탄, 몬테레이　　　　　218

7장 **국경이 만들어 낸 위험**   229

국경 마약산업의 업그레이드   232
아메리카의, 아메리카에 의한 마약 코카인   239
미국의 개입이 오히려   248
미국이 만들어 낸 괴물, 바하도스   255
마약산업의 최대 피해자들   260

8장 **국경 너머의 삶, 치카노**   267

'치카노'에 담긴 다양한 의미   270
차별에 맞서는 또 하나의 대오, 치카노 운동   272
도시의 치카노 운동, 학생들의 저항   278
치카노가 주도한 미국 최초의 농민운동   282

9장 **국경 너머의 삶, 라티노**   289

Our Land is your land... 셀레나와 로페즈   291
어글리 베티와 가족들   298
히스패닉과 라티노, 만들어진 인종   302
베티의 아버지는 왜, 언제부터 불법이주민인가?   309

10장 **라티노 혐오론과 국경 강화** 317

새로운 정치적 변수, 히스패닉 320

마녀가 필요한 사회의 약자, 이주노동자 324

서류를 갖추지 못한 사람들 vs 범죄자들 329

라티노 위협론의 대두 335

11장 **COVID-19와 국경 지역** 343

미국의 국경 봉쇄와 연방공중보건법 '타이틀 42' 346

멕시코의 적극적인 국경 개방 정책 356

국경 개방을 위한 멕시코의 노력, 백신 조기 접종 360

12장 **트럼프 시대의 국경** 367

21세기 마녀사냥꾼 369

트럼프의 유산 375

트럼프의 꼼꼼한 국경 강화 정책 380

"거대하고 아름다운 장벽" 385

■ **참고문헌** • 390

제1장

라 프론테라, 미 – 멕 국경의 형성

미국은 북쪽으로는 캐나다와, 남쪽으로는 멕시코와 국경을 공유하고 있다. 멕시코는 북쪽으로는 미국과, 남쪽으로는 벨리스·과테말라와 국경을 공유하고 있다. 미국과 멕시코가 공유하는 이 국경은 흔히 '미-멕 국경'이라 하지만, 미국에서는 공식적으로 '남서부 국경the Southewest border'이라 한다. 멕시코에서는 미국과 공유하는 북쪽 국경을 "프론테라la frontera"라 한다. "border"가 '경계'의 의미가 강하다면, "frontera"는 '변경'이라는 의미가 더 강하다.

미국과 멕시코를 경계짓는 이 기나긴 국경은 두 국가 간의 국경일 뿐 아니라, 북아메리카와 라틴아메리카의 경계이자, 선진국과 개발도상국, 나아가 부유한 세계와 빈곤한 세계 간의 경계이다. 앞으로 이 책에서 미-멕 국경이라 일컬을 미국과 멕시코 사이의 국경은, 아마도 전 세계에 존재하는 국경 가운데 일반인들에게 가장 친숙한 국경 중 하나일 것이다. 최근 몇 년간 밀입국자 문제, 카라반 행렬, 마약 카르텔 문제, 트럼프 대통령의 국경 장벽 건설 등으로 해외 뉴스에 자주 등장했기 때문이다. 그런데 이 국경이 형성된 지 채 2백 년이 안 되었고, 불과 1백 년 전까지만 해도 몇 안 되는 국경 마을에는 경계라는 것이 없다시피 했다는 사실을 아는 사람은 별로 없다.

이 장에서는 미-멕 국경이라 알려진 3,145킬로미터의 긴 경계가 형성된 순간부터 이야기를 시작하고자 한다. 그 순간은 단순히 두 국가 간의 경계가 그어진 것을 넘어, 앵글로아메리카와 라틴아메리카가,[1] 선진국과 개발도상국이 하나의 선을 경계로 양편에 전혀 다른 사회를 구성하는, 매우 극적인 경계선이 시작된 순간이다. 더 나아가, 수천 킬로미터의 거리를 걸어서라도, 목숨을 내놓는 위험을 감수하고서라도 넘으려 하는, 이 선 하나를 넘고자 몇 달이고 몇 년이고 그 앞에서 기다리는 수많은 사람들의 염원이 시작된 순간이기도 하다.

'외로운 별' 텍사스의 반란

2003년, 우리나라에서 외국계 헤지펀드인 론스타가 외환은행의 지분과 경영권을 인수 및 매각한 사건이 있었다. 이 사건은 아직까지도 완전하게 해결되지 않았고, 잊어버릴 만하면 언론에 오르내리고 있다. 외로운 별, Lone Star는 미국 텍사스주의 별명으로, 사모펀드 론스타는 텍사스에 기반한 자본이다. 어릴 때 즐겨 보던 〈주말의 명화〉덕에 우리 세대에게 각인된 텍사스는 황량한 벌판의 카우보이와 그가 신은 투박한 부츠 이미지 정도이지만, 텍사스주는 미국에서도 경제적으로 부유한 주이다. 풍부한 석유 자원이 매장되어 있고 농업생산력이 높으며, 휴스턴을 중심으로 항공산업이 발달

---

[1] '앵글로아메리카'는 미국·캐나다·그린란드를 중심으로 하는 북아메리카 지역을, '라틴아메리카'는 멕시코·아르헨티나·브라질 등 북아메리카 남부에서 남아메리카로 이어지는 지역을 가리킨다.

하는 등 미국에서도 캘리포니아 다음으로 GDP가 높은 주이다.[2] 텍사스가 외로운 별인 이유는 텍사스 주기州旗에 그려진 별이 하나이기 때문이지만, 현재도 텍사스가 미연방 독립을 운운하기 때문이기도 하다. 현재 우리가 알고 있는 미국과 멕시코의 국경은 미-멕 전쟁(1846~1848)의 결과로 형성된 것이며, 미-멕 전쟁의 불씨는 '외로운 별' 텍사스의 형성과 독립에서 촉발되었다. 즉, 미-멕 국경의 형성은 텍사스의 탄생에서부터 시작되었다.

　현재 미국의 영토는 태평양과 대서양을 모두 포함하고 있지만, 18세기 후반 독립 당시만 해도 미국은 북아메리카 대륙 동부 지역에 치우친 크지 않은 나라였다. 그러나 19세기 들어 미국은 서쪽으로, 서쪽으로 영토를 확장해 나아갔다. 북미 대륙 북동부에 치우쳐 있던 미국의 영토는, 1803년 프랑스로부터 루이지애나를 매입하면서 서쪽으로 대거 확대되기 시작하였고, 1848년 미-멕 전쟁의 결과 멕시코 북부 영토가 귀속되면서 태평양과 대서양을 모두 아우르게 되었다. 여기에 1867년에는 러시아로부터 알래스카를 매입하고, 1898년 미-서 전쟁으로 스페인으로부터 괌과 푸에르토리코에 대한 소유권과 필리핀 식민지에 대한 권리를 얻었다.[3] 19세기는 미국에게 '영

2　US Beaurou of Economic Analysis(https://www.bea.gov/)

3　미국은 스페인이 식민지(1571~1898)로 소유하고 있던 필리핀에 대한 식민지 소유권을 확보하고자 하였으며, 이를 위해서는 당시 러일전쟁 직후 아시아의 새로운 패권국가로 떠오른 일본과의 협의가 필요했다. 미국은 필리핀을 식민지로, 일본은 조선을 식민지로 소유하되 서로 간섭하지 않기로 한 양 국가 간의 조약이 바로 「가쓰라-태프트 밀약」(1905)이다. 즉, 미국은 필리핀을 얻는 대신에 일본의 조선 침탈을 용인하였다.

토 확장의 세기'였다.

미-멕 전쟁 이전까지 미국 중서부와 서부 지역, 즉 캘리포니아·뉴멕시코·애리조나·텍사스·캔자스 등은 스페인 식민지에 속했으나, 멕시코 독립 이후에는 멕시코에 속하게 되었다. 이 지역은 스페인 식민 시기 제국의 변경으로 주요 관심 지역이 아니었다. 그 이유는 간단했다. 은이 나지 않았고, 값비싼 열대작물이 재배될 만큼 기후가 덥지 않았으며, 제국의 중심지로부터 너무 멀었다.

1493년, 스페인 제국은 「토르데시야스 조약Tratado de Tordesillas」을 통해 교황으로부터 남북 아메리카 대륙 대부분에 대한 독점적 권한을 부여받았다. 스페인은 남북 아메리카 지역에 여러 개의 도시들을 건설하며 비교적 체계적으로 식민지배체제를 구축하였지만, 페루의 포토시Potosí와 누에바에스파냐Nueva España(현재의 멕시코 지역)의 중부 지역에서 은광들이 발견되자 상황이 변했다. 당시에는 은이 국제통화였기 때문에 스페인 제국은 아메리카 은 채굴에 온 힘을 쏟았다. 게다가 1570년대에 필리핀으로 가는 항로가 개척되어 중국 시장과 직접 교역할 수 있게 되면서 아카풀코(멕시코 게레로주), 베라크루스(멕시코 베라크루스주) 같은 교역항도 중요해졌다.

스페인의 아메리카 식민제국은 은광과 그 운송 경로, 그리고 행정 중심지 등을 중심으로 구축되었다. 그러나 변경 지역에 속한 북아메리카 지역은 은광이 발견되지도 않았고, 유목민이 대부분인 원주민들은 용맹스러워서 다스리기에 버거웠다. 그래서 이 지역은 식민지 기간 내내 인구가 희박하고, 마을이나 도시의 발달도 더뎠다.

18세기 중반 들어 영국과 프랑스가 북아메리카 식민지를 놓고 벌인 영토분쟁, 즉 프렌치 인디언 전쟁French Indian War(1754~1763)이 발발하면서 스페인 제국도 이 지역의 안보를 강화해야 필요성을 절감하였다. 스페인 제국은 북부 변경 지역에 선교 개척지인 미션misión과 군사적 전진기지인 프레시디오presidio를 설치하였다. 식민지 주민을 선교하는 조건으로 교황에게 식민지배 권한을 부여받은 스페인 제국은, 새로운 마을이나 도시를 개척할 때 반드시 미션과 프레시디오를 함께 설치하였다. 이에 따라 현재 미 서부 지역에 가톨릭 성자나 용어에서 이름을 지은 딴 마을들, 예를 들어 산 디에고San Diego, 로스앤헬레스Los Angeles, 산 프란시스코San Francisco, 산타 페Santa Fé 등이 건설되었다. 이 마을들은 미국의 서부 개척 시대에 인구가 크게 늘어 이후 서부의 주요 도시가 되었다. 지금도 이 도시들에는 미션이나 프레시디오라는 지명들이 남아 있다.

1821년 멕시코가 독립할 당시, 대륙 북부 변경 지역은 인구가 희박하고 개발이 부진한 상태였다. 영국에서 독립한 지 얼마 안 된 미국 동부 지역도 경제적 번영과는 거리가 멀었다. 그러나 19세기 초반 미국이 당시 세계적으로 값비싼 원자재였던 면화를 생산하여 영국에 판매하면서 상황이 달라졌다. 지금은 보편적인 직물이 됐지만, 산업혁명 이전 유럽에서 면직물은 고가의 인기 있는 섬유였다. 가공이 쉽고 활용도가 높으며 내구성도 강한 면화와 면직물은 인도에서 주로 수입되었다. 아메리카 대륙에서도 일찍부터 면화가 생산되어 소량이나마 유럽으로 수출되었다. 카리브해 지역이나 중앙아메리카 해안 지역에서 주로 생산되던 면화는 해도면海島綿이라는 종으로, 생육 조건이 까다로웠으나 고품질의 면직물을 생산할 수 있었다. 소량 생산된 아메리카의 해도면은 영국이나 유럽의 왕실, 귀족들이 주로 사용하는 고급 면직물 생산에 사용되었다.

당시 유럽에서 일반인들이 사용하던 면직물은 주로 인도산이었다. 유럽인들은 질 좋고 아름다운 인도산 면직물에 환호하였고, 유럽산 모직물 산업이 타격을 입을 정도로 많은 양을 수입하였다. 영국을 비롯한 유럽 국가들은 인도와의 면직물 무역에서 적자를 면치 못했다. 인도에서 수입되던 면직물을 기계화를 통해 값싸게 생산하고자 한 당시 영국 산업가들의 열망은 산업혁명으로 이어졌고, 실제 산업혁명은 면직물 산업을 중심으로 시작되었다. 유럽, 특히 영국이 면화의 주요 수입처로 떠올랐고, 미국은 면화를 충분히 생산해 낼 수 있었다. 미국 남부 지역의 건조한 기후와 비옥한 토양은 양질의 목화를 생산하는 데에 알맞았다. 특히 현재 '딕시Dixie'라고 일컬어지는 조지아·미시시피 등의 지역은 건조한 기후와 배수가 용이한 지형적 특성 덕에 면화, 특히 소출이 많고 섬유가 길어서 옷감용으로 적당한 육지면陸地綿의 재배가 가능했다.

그러나 19세기 이전까지는 미국에서 면화를 생산하지 못했다. 육지면의 특성상 면화와 씨앗을 분리하기가 어려워 일일이 사람 손으로 뜯어내야 했는데, 그러려면 너무 많은 노동력과 시간이 들었기 때문이다. 그러다가 목화 씨에서 목화 섬유를 분리해 내는 도구, 즉 조면기繰綿機를 개발하면서 미국에서도 면화 생산이 가능해졌다.

1790년대 말부터 미국 남부의 농부들은 면화를 재배하기 시작했고, 대부분 영국으로 수출하였다. 그러면서 미국에 목화 농장 열풍이 불었다. 영화 〈바람과 함께 사라지다Gone with the Wind〉(1939)의 배경이 된 미국 남부의 목화 농장들도 주로 이 시기에 형성되었다. 담배나 밀 농사를 짓던 농부들이 목화를 수출하면서 큰돈을 벌자, 많은 사람들이 너도나도 목화 재배에 뛰어들었다. 그러자 중요한 문제가 발생하였다. 노동집약적 목화 재배 과정에 투입할 노동력이 부족했던 것이다. 영화에서처럼 목화 농장주들은 아프리카 노예들을 구매하여 노동력 문제를 해결하였다.

일반적으로 흑인 노예 혹은 흑인 인구라 하면 미국을 떠올리지만, 사실 미국에 유입된 흑인 노예의 비중은 아메리카 대륙 전체에 유입된 노예노동력의 약 4퍼센트에 불과하다. 식민지배가 시작된 이후 약 1,100만 명의 아프리카 출신 노예들이 아메리카 지역으로 유입되었는데, 이 중 약 40만 명 정도만이 미국으로 갔다. 16세기 중반부터 19세기 말까지 약 350년간 아메리카 지역에 유입된 흑인 노예 인구 중 450만 명 정도는 카리브해 지역으로, 약 450만 명 정도는 브라질로 보내졌다. 이들은 대부분 카리브해 제도 및 브라질의 주요 산업이었던 사탕수수 농장에 투입되었다.[4] 자메이카의 전설적인 가수

---

[4] 스페인 식민지나 북아메리카 지역으로 유입된 흑인 노예노동력은 비교적 적었다. 스페인 제국은 문화적 혼돈을 이유로 식민지로의 흑인 노예 유입을 엄격히 통제하였다. 또한, 스페인 왕실은 흑인 노예노동력을 수입하고 거래할 수 있는 권리, 즉 '아시엔토asiento'를 네덜란드를 비롯한 유럽 상인들에게 판매하거나 대가성 선물로 사용하였다. 17세기까지 아메리카 대륙의 노예

밥 말리가 흑인인 이유는, 브라질의 네이마르와 펠레가 흑인인 이유는, 결국 사탕수수 때문이었다.

지금의 북아메리카 지역에는 19세기 이전까지 흑인 노예가 활발하게 유입되지 않았다. 비싼 노예를 사용할 만큼 수익성이 높은 작물을 재배하지 못했기 때문이다. 유럽에서 값이 나가는 작물들은 서늘한 기후 탓에 유럽에서 생산되지 않는 열대작물들, 즉 향신료, 사탕수수, 카카오, 커피 등이었다. 게다가 미국으로 흑인 노예가 대거 유입되기 시작한 19세기 초반은 영국, 프랑스, 네덜란드, 포르투갈 등 흑인 노예를 노동력으로 사용하던 국가들이 노예제도를 폐지하기 시작하던 시기였다.

1789년 프랑스혁명은 아메리카 지역사회에도 큰 영향을 미쳤다. 노예제는 자유 · 평등 · 박애와는 반대되는 제도였고, 특히 프랑스의 식민지, 그중에서도 흑인 노예 비중이 전체 인구의 95퍼센트에 달했던 아이티에서는 혁명 이후 노예제 폐지와 혼혈인에 대한 차별 금지를 요구하는 폭동이 연이어 일어났다. 결국 1803년 아이티가 독립하고 흑인 공화국이 수립되었다. 이는 같은 해 프랑스의 루이지애나 식민지 매각에도 영향을 미쳤다. 이후 1821년 스페인으로부터 독립한 아메리카의 신생국가들에서도 대부분 노예제도를 금지하였다.[5] 그러나 미국 남부의 목화 재배지가 빠르게 확대되면서 이

무역은 네덜란드가 주도하였으며, 주요 노예무역 시장은 카리브해 지역에서 열렸다.

[5] 아메리카 대륙에서 가장 늦게까지 노예제도를 유지한 곳은 브라질이었다. 브라질은 1871년

지역의 노예노동력 수요는 계속해서 증가하였다.

　19세기 초반 영국의 목화 수요가 계속 증가하자, 미국 남부의 목화 생산자들은 이웃 국가들에서 토지를 매입하여 목화 재배 지역을 확장하고자 했다. 당시 스페인 식민지였던 지금의 텍사스를 비롯한 남서부 지역을 매입하여 목화 농장을 확대하자는 목소리가 높아졌고, 1820년 미국은 스페인 정부에 매입 의사를 밝혔다. 그러나 스페인은 미국의 제안을 거절하였다. 이듬해인 1821년, 스페인 내부의 혼란과 스페인령 식민지들이 벌인 '라틴아메리카 독립전쟁'으로 스페인 제국이 붕괴되고 라틴아메리카 국가들이 독립하였다.[6]

　당시 신생 독립국가였던 멕시코 정부는 비교적 인구가 적고 발전이 늦었던 북부 지역의 발전을 도모한다는 명목 하에 「식민화법」을 발표하였다. 이를 통해 북부 변경 지역에 정착하는 외국인들에게 저렴한 가격에 토지를 불하해 주고, 일정 기간 세금을 면제해 주는 산업장려정책을 펼쳐 미국을 비롯한 유럽 출신 백인들의 정착을

「자궁자유법Free Womb Law」을 발표하여 노예 어머니에게서 출생한 자녀는 자유민으로 규정하면서 노예제도를 폐지해 나갔고, 1888년 브라질 황제 페드루 2세의 황녀 이자베우가 「황금법」에 서명함으로써 공식적으로 노예제를 폐지하였다. 이로써 아메리카 대륙에서는 노예제가 완전히 폐지되었다.

[6]　멕시코를 비롯한 다수의 라틴아메리카 국가들의 공식적인 독립 연도는 1811년이나 실질적인 독립은 1821년에야 이루어졌다. 1811년은 멕시코의 이달고Miguel Hidalgo y Costilla 신부, 콜롬비아의 시몬 볼리바르Simón José Antonio de la Santísima Trinidad Bolívar y Palacios 장군 등이 독립운동을 시작한 시기로, 이후 10년에 가까운 독립전쟁이 라틴아메리카 대부분의 지역에서 발발하였다. 그러나 실질적인 독립은 1821년 나폴레옹의 스페인 정복으로 인한 스페인 왕실의 유실, 즉 식민지의 실질적인 소유주였던 스페인 왕실의 부재로 이루어졌다.

유도했다. 그 결과, 당시 미국 동남부 지역, 우리가 흔히 '남부' 혹은 '딥 사우스deep south'라고 부르는 지역의 목화 농장들이 텍사스 지역으로 확대되었다. 1822년 스티븐 오스틴Stephen F. Austin을 비롯한 미국인들이 텍사스 지역으로 이주하기 시작하였다. 이후 이 지역의 외국계 이주민 인구는 빠르게 증가하여, 1830년 약 7천 명이던 미국계 외국인이 1835년에는 3만 명으로 증가하였다. 같은 기간 텍사스 지역의 멕시코계 인구도 3,500명에서 8천 명으로 증가하였으나, 그 증가 폭은 상대적으로 적었다(임상래, 2011, 100). 텍사스 지역의 발전은 사실상 미국인들이 주도하였다.

현재의 관점에서는 외국인을 끌어들여 지역을 발전시키는 멕시코 정부의 정책이 이상해 보이지만, 19세기 멕시코를 비롯한 라틴아메리카 국가들은 유럽계 백인들을 정착시켜 인구 증가와 국가 발전을 꾀하는 것이 매우 중요했다. 즉, 라틴아메리카의 독립과 건국을 주도한 이들은 대부분 유럽계 백인들의 후손, 즉 크리오요criollo로, 이들은 유럽계 백인의 이주를 통해 아메리카를 또 다른 유럽으로 만들고자 하였다. 당시 그들에게 원주민이나 혼혈인, 즉 메스티소mestizo는 자신들과 같은 국가에 속한 동등한 국민이 아니었다. 따라서 멕시코 정부는 유럽계 백인 인구로 이루어진 미국인들의 정착과 그들의 목화 재배지 조성을 반겼다.

그러나 노예제로 인해 텍사스 주민과 멕시코 정부 간에 갈등이 촉발되었다. 신생 독립국인 멕시코는 1829년 공식적으로 노예제도를 폐지한 반면, 당시 텍사스의 주요 산업인 목화 농업은 전적으로 흑인 노예노동력에 의존하고 있었기 때문이다.[7] 멕시코 정부는 텍사스 지역으로의 추가적인 노예 유입을 금지하였지만, 텍사스의 백인 농장주들은 계속해서 흑인 노예들을 유입시켰다. 이는 북부 지역 식민화 정책에 대한 멕시코 정부의 태도 변화를 가져와, 1830년 멕시코 정부는 북부 지역에 백인계 인구의 유입을 금지하였다. 더 나아가, 기존에 정착한 백인계 인구에게 부여되던 특혜를 철회할 것이라는 소문까지 돌았다. 이에 텍사스에 정착한 미국계 백인들 사이에서 멕시코로부터 독립하자는 의견이 나오기 시작했다(임상래, 2011, 100).

텍사스 지역에서 반反멕시코 감정이 점점 높아져 1835년경 독립운동이 시작되었고, 마침내 1836년 3월 텍사스가 독립을 선언하였다. 텍사스의 독립 선언은 멕시코 중앙정부에게는 변방 지역에서 일어난 반란 사건이었다. 멕시코 연방정부는 산타안나Antonio Lóezde Santa Anna 장군이 이끄는 멕시코 정부군을 보내 반란을 진압하였다. 당시 텍사스 독립군과 멕시코 진압군 사이에 벌어진 전투가 그 유명한 알라모전투Battle of the Alamo이다. 알라모전투는 멕시코 진압군이 승리하였으나, 연이은 하신토전투Battle of San Jacinto에서는 샘 휴스턴

---

[7] 1609년 20명의 흑인 노예가 북아메리카 지역으로 유입되었지만, 북아메리카 지역은 흑인 노예의 주요 유입지가 아니었다. 당시 노예는 값비싼 상품이었다. 게다가 영국 식민지로 유입되는 노예의 거래는 왕립아프리카회사Royal African Company of England가 주도하고 있어서 더 비쌌다. 1697년 노예무역에서의 독점이 철폐되고 여러 업체가 참여하면서 아프리카계 흑인 노예의 가격이 하락하였다. 이에 북아메리카 지역으로 유입되는 노예 인구가 급증하여 1700년 약 2만 5천 명에 달하였으며, 흑인 인구가 백인 인구보다 많은 지역도 있었다. 노예 가격의 하락과 자연증가로 인해 1760년경 북아메리카 지역의 흑인 인구는 25만 명에 달하였고 대부분이 남부 지역에 거주하였다(브링클리, 2005, 132-133).

Samuel Houston 장군과 스티브 오스틴이 이끄는 텍사스 독립군이 승리하고 산타안나 장군이 포로로 붙잡혔다. 전쟁에 패한 멕시코는 「벨라스코 조약Treaty of Velasco」을 통해 텍사스의 독립을 인정할 수 밖에 없었다.

멕시코를 상대로 한 독립전쟁에서 승리한 텍사스 주민들은 독립된 하나의 나라를 세우는 것보다 미국에 편입되고자 했다. 그러나 독립 이후 곧바로 미국으로 편입되지는 못하였다. 텍사스는 미국 연방 가입 의사를 미 행정부와 의회에 적극 알렸으나, 당시 미국의 잭슨Andrew Jackson(1829~1837) 대통령은 텍사스의 편입을 유보하였다. 당시 미국은 루이지애나 매입 이후 국토의 팽창을 적극 도모하고 있었으나, 노예 폐지론자들은 노예제를 허용하던 텍사스가 미국에 편입될 경우 노예제 찬성 주의 비중이 높아질 것을 우려하였다. 이후에도 텍사스는 여러 차례 합병 의사를 밝혔고, 결국 독립 후 10년 가까이 지난 1845년에야 미국 의회가 텍사스 합병을 승인하였다.

텍사스가 미국에 합병되는 데에 가장 큰 걸림돌은 노예제도였으나, 영국도 텍사스의 미국 편입을 막으려 하였다. 당시 세계 최강국이었던 영국은 라틴아메리카뿐 아니라 전 세계의 국제 정세에 적극 개입하고 있었다. 영국은 텍사스가 독립하고 미국에 합병되기 전, 텍사스의 거취와 관련하여 멕시코에게 중재안을 제안하였다. 멕시코가 텍사스의 독립을 인정하면 텍사스가 미국에 편입되는 것을 막아 주겠다고 한 것이다. 멕시코 정부는 어쩔 수 없이 텍사스의 독립을 인정하는 「벨라스코 조약」을 맺긴 했지만, 텍사스를 일개 반란 지역으로 폄훼하고 있었기에 영국의 제안을 거절하였다. 1845년 미국 의회가 텍사스 합병을 결의하자, 미국과도 단교하였다.

멕시코의 단교 조치에 대하여 미국은 멕시코와 텍사스 간의 국경을 문제 삼으며 기존의 국경선에서 240킬로미터 정도 서쪽에 위치한 리오그란데강을 국경으로 주장하였다. 이후 국경의 위치를 둘러싸고 미국과 멕시코 간에 잦은 교전이 이어졌고, 급기야 1846년 5월 13일 미국이 멕시코에 선전포고를 하기에 이르렀다[임상래, 2011, 102].

미-멕 전쟁과 국경의 형성

미국이 멕시코에 전쟁을 선포하자, 캘리포니아의 백인계 주민들도 멕시코로부터의 독립을 선언했다. 이에 미국은 세 방향으로 전력을 배치하였다. 우선 전쟁의 주요 전장이었던 알라모를 비롯한 내륙 방향으로 전선을 형성하고, 곧장 멕시코 북부 몬테레이 방향으로 남하 진격하였다. 서쪽으로는 캘리포니아 쪽으로 군대를 배치하여 당시 멕시코 영토의 북부 지역을 점유하였다. 남쪽으로는 멕시코만을 가로질러 베라크루스Veracruz항을 통해 수도인 멕시코시티로 진격하였다.[8]

---

[8] 베라크루스는 멕시코시티에서 300킬로미터 정도 동쪽으로 떨어져 있지만, 서쪽 태평양안의 아카풀코와 함께 오랫동안 멕시코시티의 전진 항구로 기능하였다. 1500년대 초반 정복자 코르테스Hernán Cortés가 아즈텍 제국을 정복하기 위해 처음 베라크루스항으로 들어온 이래 베라크루

1847년 3월 멕시코만의 베라크루스항을 점령한 미군 병력은 5월 멕시코시티에 입성하고, 그해 9월 멕시코시티를 점령하였다. 멕시코 정부군은 케레타로Querétaro주까지 후퇴하였다. 1848년 이달고주 과달루페에서 멕시코와 미국 간에 「과달루페 이달고 조약Treay of Guadalupe Hidalgo」을 체결하고 전쟁을 종식시켰다. 이 조약으로 당시 멕시코 대통령이었던 산타안나는 멕시코 영토의 절반 이상인 200만 제곱킬로미터를 미국에게 판매하여야 했다(임상래, 2011, 102-103). 미국은 멕시코의 영토를 받는 대신에 멕시코 정부가 미국의 농장주들에게 지불해야 할 전쟁배상금 1,500만 달러를 대신 지불해 주는 아량을 베풀었다. 산타안나 대통령은 1848년 「과달루페 이달고 조약」에 의거하여 멕시코 북쪽 땅에 대한 주권을 1,800만 달러에 포기하였다.

그러나 양국 간의 영토가 최종적으로 확립된 것은, 1853년 「라 메시야 조약The Sale of La Mesilla」에 의한 '개즈던 매입Gasden Purchase'[9] 이후이다. 멕시코는 약 7만 8천 제곱킬로미터에 달하는 리오그란데강 유역의 영토를 940만 달러 가격에 미국에 판매하였다. 미국은 「과달루페 이달고 조약」 이전부터 이 지역까지의 영토를 원하였으나, 당시 멕시코는 해당 지역에 대한 이양을 거부하였다. 「라 메시야 조

스는 외부 세력이 중앙아메리카 대륙의 중심지인 멕시코시티로 진출하는 주요 통로가 되었다.

[9] 1853년에 현재 미국 애리조나주 남부와 뉴멕시코주에 해당하는 지역을 미국이 멕시코로부터 구입한 사건. 당시 이곳이 남부 대륙횡단철도 건설에 가장 적합한 지역이라는 주장과 이곳의 미국인 거주지를 보호해야 한다는 요청에 따라 멕시코 주재 미국 공사 제임스 개즈던이 협상을 주도하였다. 미국 본토의 마지막 영토 확장이었다.

약」은 멕시코 산타안나 대통령의 적극적인 의사로 체결되었고, 그 배상금은 그의 개인적 치부에 사용되었다고 알려져 있다(Cerutti and

González-Quiroga, 1999, 14-16).

과거에는 국가 간 경계의 위치가 오늘날처럼 뚜렷하지 않았기에 정확한 수치를 이야기할 수는 없지만, 1848년 이전 멕시코는 400만 제곱킬로미터가 넘는 광대한 영토를 가지고 있었다. 그러나 「과달루페 이달고 조약」과 개즈던 매입으로 멕시코는 200만 제곱킬로미터, 즉 한반도의 열 배 규모의 영토를 상실하였다. 당시 상실한 영

| 지도 1 | 19세기 멕시코와 미국의 국경 형성

❶ 1836~1845년 텍사스 공화국, 1845년 미국에 합병
❷ 논란의 지역, 1845~1848년 미국이 소유권 주장
❸ 1848년 「과달루페 이달고 조약」으로 멕시코가 미국에 양도한 지역
❹ 1853년 '개즈던 매입'

토는 현재 미국의 애리조나 · 캘리포니아 · 네바다 · 뉴멕시코 · 텍사스 · 유타주 전체와 콜로라도 · 오클라호마 · 알칸소 · 네브라스카 · 와이오밍주의 일부이다. 그 결과, 양 국가 간에는 3,140여 킬로미터의 국경선이 형성되었다.

미-멕 전쟁으로 인한 국경선의 확정은 아메리카 대륙의 패권에 중요한 변화를 의미했다. 이에 대해 임상래(2011)는, 미-멕 전쟁은 양 국가 간의 단순한 영토분쟁을 넘어, 미국이 '아메리카의 챔피언 결정전'에서 승리한 사건이라고 평가하였다. 비록 독립 직후 혼돈의 시기를 겪고 있었지만 당시 아메리카 대륙의 최강자였던 멕시코에게 신흥국 미국이 결정적 타격을 입히고 아메리카의 패권국으로 부상한 사건이었다. 또한, 1803년 루이지애나 매입과 더불어 현재 미국의 면모를 갖추게 한 결정적인 순간이었다.

이러한 맥락에서 다시 되짚어 보면, 1823년 "아메리카의 일은 아메리카가 알아서 할 테니 유럽은 간섭하지 말라"던 미국 먼로 대통령의 '먼로독트린[10]'이 당시 아메리카 지역의 나머지 국가들에게 어떠한 의미를 지녔을지는 의문이다. 비록 대부분의 국가가 막 스페인의 식민지에서 벗어난 시기이기도 했지만, 당시 미국의 위상은 지금 우리가 생각하는 것과 큰 차이가 있었기 때문이다. 그러나 아메리카 지역에서 미국의 위상은 미-멕 전쟁 이후 매우 달라졌다. 무엇보다 이 전쟁을 통해 미국은 대서양과 태평양을 모두 아우르는, 대

---

[10] 1823년 먼로 대통령이 제창한 외교 방침, 외교상의 불간섭주의.

류을 횡단하는 넓은 국토를 갖게 되었다.

　이후에도 미국은 소위 본토 이외의 영토를 연이어 획득하였다. 1867년에는 러시아 제국으로부터 알래스카를 매입하였다. 당시 러시아 제국은 크림전쟁 이후 재정적으로 어려웠으며, 영국에 알래스카를 빈손으로 빼앗길 수도 있다는 우려도 제기되고 있었다. 이에 러시아 제국의 알렉산드르 2세는 미국 정부에 알래스카 매각 의사를 적극 타진하였다. 그러나 당시 알래스카 매입에 대한 미국 내 여론은 매우 부정적이었다. 알래스카라는 지역 자체가 미국 본토와 멀리 떨어져 있는 데다, 그 당시만 해도 자원의 보고로서 알래스카의 가치가 알려져 있지 않았기 때문이다. 미국 내 여론의 반대에도 불구하고, 존슨Andrew Johnson(1865~1869) 대통령은 720만 달러에 알래스카를 매입하였다.

　1898년은 미국 영토 획득전의 화룡점정과도 같은 해였다. 우선 미국은 1888년에 진주만 기지를 설치했던 하와이를 1898년 미국 영토로 합병하였다. 태평양 한가운데 위치한 하와이의 전략적 가치는 이루 말할 수 없을 것이다. 그리고 같은 해인 1898년, 미국은 당시 스페인 식민지였던 쿠바의 독립을 명분으로 미서전쟁을 일으켰다. 드라마 〈미스터 션샤인〉(2018)에서 주인공 유진 초이가 참전했던 바로 그 전쟁이다. 결과는 미국의 승리였고, 쿠바는 스페인으로부터 독립하였다. 미국은 스페인이 소유하고 있던 식민지 중 카리브해 지역의 푸에르토리코를 미국령에 합병하고, 오세아니아 미크로네시아에 위치한 괌을 자치령으로 삼았으며, 동남아시아에 위치한 필리핀은 식민지로 삼았다. 아메리카 대륙에 머물던 미국의 영토가 태평양, 오세아니아, 동남아시아로 서진하는 순간이었다.

이 경로는 포르투갈 탐험가 마젤란이 세계일주를 했던 경로와 유사하다. 괌과 필리핀은 16세기 초 마젤란이 태평양의 적도 해류를 따라 소위 "최초의 세계 일주"를 한 경로에서 도착했던 지역이기 때문이다. 스페인 식민지배로부터 쿠바인을 구한다는 인도주의적 명분으로 치른 전쟁을 통해 미국은 이 지역의 새로운 주인이 되었다. 이 지역들은 오늘날 미국의 주요 군사기지들이 입지한, 말 그대로 전략적 요충지가 되었다. 1803년 루이지애나 매입부터 1898년 미서 전쟁까지, 19세기는 미국에게 영토 확장의 세기였다.

멕시코를 위한 변辯

일반적으로 미국이 전 세계의 패권국가로서 공고히 올라선 시기를 1945년 제2차 세계대전의 종식부터로 본다. 전쟁이 끝나고 전 세계가 브레턴우즈Bretton Woods 체제[11]로 들어서면서 대영제국의 시기가 저물고 새로운 미국 패권시대가 열렸다고 보는 것이다. 그러나 그로부터 1세기 전인 1846년, 미-멕 전쟁 발발 당시만 해도 미국은 세

---

[11] 1944년 7월, 제2차 세계대전 종전 직전에 체결된 브레턴우즈 협정에 따라 미국 뉴햄프셔주 휴양지인 브레턴우즈에서 발족한 국제 통화 체제.

계 패권국가는커녕, 라틴아메리카의 신생국가들에 비해서도 그리 우월한 경제적·정치적 지위를 지닌 국가가 아니었다. 당시 미국은 이제 막 산업혁명을 시작하려던 참이었고, 대외무역은 영국으로의 면화 수출에 크게 의존하고 있었다. 미국은 영국에서 독립한 지 얼마 안 된, 농업이 주요 산업인 변방 국가였다. 18세기 말, 나폴레옹이 지금의 미 중부 지역에 프랑스 제국을 다시 세우고자 했던 것도 유럽 제국주의의 야욕에 더하여 미국의 경제적·정치적 위세가 그리 크지 않았기 때문이다.

반면에 당시 멕시코의 영역은 스페인 제국이 중남미 식민지를 다스리고자 부왕령副王領(식민지를 몇 개로 나누어 국왕 대신 부왕이 통치한 영토)으로 설치한 누에바에스파냐의 중심부가 위치한 지역이었다. 즉, 멕시코는 스페인 식민제국의 지배 거점으로서 아메리카 대륙 전체의 정치·경제·문화·사회의 중심지였다. 부유한 스페인령 식민지의 중심부를 대부분 아우른 멕시코는, 미국의 서부 지역에서부터 유카탄반도에 이르기까지 거대한 국토와 인구가 속한 아메리카 대륙에서 가장 번영한 지역이었다.

그러나 독립 이후 멕시코의 경제적 상황은 그리 녹록치 않았다. 독립과 동시에 스페인 제국이 경영했던 은광 산업은 막을 내렸고, 스페인인들과 함께 스페인의 자본도 본국으로 돌아가 버렸다. 국가를 새로이 건설해야 할 신생 독립국 멕시코의 재정수입원은 관세뿐이었고, 그나마 무역의 쇠퇴로 해마다 줄어들었다. 당시 멕시코는 1826년 영국으로부터 빌린 차관의 이자조차 갚지 못하여 디폴트를 선언하였고, 이후 유럽 국가들로부터 더 이상 차관을 빌리기도 어려워졌다. 멕시코 정부는 당시 '아히오티스타agiotista'라 불린 대부업자들에게 고리의 대출을 받아야 했고, 이는 19세기 멕시코 정부 및 국가의 활동을 위축시킨 근본적인 원인이 되었다(Bautista Morelos, 1964).

　미국이 멕시코와의 전쟁에서 승리할 수 있었던 것은, 무엇보다도 신생국가 멕시코의 정치적 불안정 때문이었다. 미-멕 국경이 형성된 1848년은 멕시코 역사상 가장 혼란스러운 시기의 정점이었다. 독립 이후 멕시코시티, 즉 중앙정부에서는 끊임없는 쿠데타가 일어났다. 스페인 제국 세력이 물러나고 생긴 권력 공백에 카우디요caudillo, 즉 지방 호족들이 끊임없이 쿠데타를 일으켜 정권이 교체되었다. 1876년, 마침내 포르피리오 디아스Profirio Díaz에 의해 정국이 안정되기까지 55년간 총 63번의 대통령이 교체되었고, 2명의 황제가 등극했다.[12] 미국, 프랑스, 독일, 영국 등도 과거 스페인 식민지의 핵심 지역에 정치적으로나 경제적으로 개입하고자 간섭과 침략을

12　포르피리오 디아스(1830~1915)는 멕시코의 독재자로 31년간 대통령직(1876~1880년, 1884~1911년)을 수행하였고, 이 시기를 '포르피리아또Porfiriato 시대'라 한다. 디아스 대통령의 통치는 카우디요 세력이 군웅할거하던 멕시코의 정치적 혼란기를 끝내어 국내 정치를 안정시키고 근대화를 추진하였다는 데에 의의가 있다. 적극적인 외국자본 유치와 무역 증진을 통한 자유주의 경제정책, 광산 개발 및 상업농 개발을 중심으로 하는 1차산업 중심의 산업화 정책, 철로망을 중심으로 하는 지역 간 접근성 증대 등 멕시코 근대 경제의 주요 근간이 이 시대에 형성되었다. 그러나 외국자본에 과도하게 의존하고, 무분별하게 유럽식 계몽주의를 추구하며 오랜 기간 집권하여 국민의 반발을 샀다. 특히 외국계(주로 미국계) 토지 회사들을 끌어들여 토지조사사업을 실시하여 원주민과 소농들의 경작지를 빼앗고, 그중 약 3분의 1 정도를 외국계 회사에 토지 측량 대금으로 지급한 일은 멕시코혁명(1910)의 주요 원인이 되었다. 1911년 하야하여 독일로 망명하였다.

이어 갔다. 심지어 멕시코를 식민지화하고자 했던 프랑스는 오스트리아 출신의 막시밀리안 황제(1864~1867)를 즉위시키기도 하였다.

미-멕 전쟁을 이끌었던 산타안나 대통령은 멕시코 역사상 가장 여러 번 대통령에 오른 인물로, 총 8번이나 대통령직에 올랐다. 또한, 가장 중요한 순간에 멕시코의 운명을 결정한 대통령이기도 하다. 1829년 멕시코를 재점령하려는 스페인군이 침공했을 때 멕시코를 구하였고, 1836년 텍사스 독립을 놓고 미국과 치른 알라모전투에서 승리하였으며, 1838년 배상금을 요구하며 베라크루스를 침공한 프랑스에 맞서 다시 한 번 멕시코를 구하였다. 그러나 그는 하신토전투에서 포로로 붙잡혀 「벨라스코 조약」에 서명함으로써 텍사스를 독립시키고, 「과달루페 이달고 조약」에 서명하여 멕시코 영토의 절반 가까이를 미국에 빼앗긴 당사자이기도 하다(임상래, 2011, 100-101). 그는 훌륭한 군인으로서 미국, 프랑스 등 신생국가 멕시코를 위협하는 외부의 적을 상대해 용감하게 싸웠지만, 멕시코 역사상 가장 무절제하고 고압적인 대통령으로도 알려져 있다. 그는 인권을 존중하고 강화한다는 내용을 헌법에 넣으려는 국회를 해산하고 자신에게 권력이 집중되는 독재지향적인 헌법을 만들게 하였고(Prieto, 1906), 1840년 프랑스의 베라크루스 침공 시에는 부상으로 잃어버린 자신의 다리를 애도하는 공식적인 장례를 성대하게 치르는 기행을 저지르기도 했다(Joseph and Henderson, 2003, 213-216).

반면에 미국은 19세기 들어 루이지애나 매입으로 영토가 대거 확장되었고, 남부 지역에서는 목화 플랜테이션의 성장과 함께 외화 수입이 급증하였으며, 북부 지역에서는 산업혁명이 진행되고 있었다. 멕시코와 「과달루페 이달고 조약」(1848)을 체결한 직후에는 새롭게 미국 영토에 편입된 지역에서 대규모 금광이 발견되면서 소위 '골드러시'(서부 개척) 시대가 시작되었다. 멕시코 영토의 매입은 미국민들에게는 국토의 주요한 부분을 완성하는 역사적 순간이자 경제성장의 주요한 기점이었지만, 멕시코 국민에게는 국토의 절반을 잃어버린 치욕과 오욕의 사건이었다. 게다가 「벨라스코 조약」(1836)으로 미국에 양도한 지역에서도 대규모 금 광산이 발견되고 하루가 다르게 인구가 늘어나며 마을과 도시가 건설되는 것을 바라보는 멕시코 사람들의 심정은 쓰라릴 수밖에 없었다.

미국인들은 텍사스 독립군을 이끈 텍사스 탄생의 아버지 스티븐 오스틴과 샘 휴스턴의 이름을 딴 도시를 만들었지만, 멕시코인들은 「과달루페 이달고 조약」에 서명한 멕시코의 장군이자 최다선 대통령 산타안나를 원망하곤 한다. 우리에게 이완용이 있다면, 멕시코인들에게는 산타안나가 있다. 멕시코의 오랜 정치적 혼란을 끝낸 독재자 포르피리오 디아스는, 1911년 망명길에 오르며 이렇게 말했다고 한다. "불쌍한 멕시코, 신은 멀리 있지만 미국은 바로 옆에 있구나." 미-멕 전쟁은 이웃한 두 국가의 악연이 시작된 시작점이었다.

제2장

라틴아메리카와 북아메리카 경계의 형성

우리는 세계를 몇 개 지역으로 분류해서 이해한다. 동아시아 · 동남아시아 · 남부아시아, 서부 유럽 · 동부 유럽 · 남부 유럽 등. 이러한 지역 분류는 대개 그 지역이 속한 대륙과 상대적 위치에 따라 명명되었다. 그러나 아메리카 지역에서는 북아메리카, 중앙아메리카, 남아메리카, 카리브해 지역이라는 분류 외에 '라틴아메리카'라는 지역 분류를 자주 사용한다.

라틴아메리카Latin America는 아메리카 대륙에서 미−멕 국경 이남의 지역을, 앵글로아메리카Anglo-America는 미국과 북아메리카 일부 지역을 일컫는다. 라틴아메리카에서 '라틴latin'은 라틴어를 가리킨다. 즉, 라틴어계 언어를 사용하는 사람들이 거주하는 지역이라는 뜻이다. 라틴어에서 유래한 스페인어와 포르투갈어를 주로 사용하는 이 지역의 문화적 특성을 반영한, 자연스레 발생한 명칭처럼 보인다. 그러나 라틴아메리카는 19세기 초반, 프랑스의 나폴레옹 보나파르트의 명령에 따라 프랑스 학자들이 '억지로 만든' 명칭이다.

미국과 캐나다가 속한 북아메리카는 일반적으로 앵글로아메리카라고도 불린다. 이 명칭도 이 지역이 앵글로 문화권인 영국의 식민지였기 때문에 당연한 것으로 인식된다. 그러나 앞 장에서 살펴본 것처럼, 지금 미국의 중부와 서부 지역은 19세기 중반까지 스페인, 그리고 멕시코가 소유하고 있었다. 게다가 캐나다의 세인트로렌스강 지역과 미국의 미시시피강 유역은 프랑스의 식민지였다. 앵글로아메리카라고 하기엔 영국이 지배한 면적이 너무 적었다.

이 지점에서 지리상의 발견 시대에 유럽인들이 '비어 있던 아메리카'를 발견해서 식민지를 '개척'했다는 일반적인 상식에 대해 다시 한 번 생각해 볼 필요가 있다. 당시 아메리카 대륙에는 몇 천만 명의 인구가 살고 있었고, 스페인의 정복자 에르난 코르테스가 아즈텍 제국을 침략했을 때 수도 테노치티틀란Tenochititlán의 인구는 20만에 가까웠다고 한다. 당시 전 세계에 그에 버금가는 인구를 가진 도시는 유럽의 파리, 명나라의 베이징 정도였다. 게다가 지리상의 발견 시대에 유럽은 수많은 아시아 국가들도 그들 입장에서는 '발견'했지만, 식민지로 삼은 지역은 필리핀을 비롯해 일부 지역이었다. 더욱 상식적이지 않은 점은, 엄밀히 말해 스페인이 아메리카라는 대륙의 존재를 알기 전부터 아메리카 대륙 대부분은 스페인의 것이었다는 점이다.

왜 스페인과 포르투갈은 자연스레 아메리카 지역의 주인이 되었던 것일까? 이 장에서는 미-멕 경계에서 마주하고 있는 두 지역, 라틴아메리카와 앵글로아메리카가 형성된 과정을 살펴보고자 한다.

나폴레옹, 라틴아메리카를 만들어 내다

1600년경 프랑스인들이 오늘날 앵글로아메리카라 불리는 지역에, 대서양에서 오대호로 유입되는 주요 하천인 세인트로렌스강을 따라 처음으로 자리를 잡았다. 이는 영국인의 진출보다 앞선 것이었다. '아카디아Acadie'라고 불린 프랑스의 지배 지역은 현재 캐나다의 주요 인구밀집지역인 메인스트리트Main Street 지역이 되었다. 현재 미국에 속하는, 미시시피강과 그 서부 지역을 아우르는 프랑스의 식민지는 프랑스 왕 '루이의 땅', 루이지애나라 불렸다.

지금은 미국의 미시시피강 하류에 위치한 주의 이름이 된 루이지애나는 본래 미시시피강 유역을 모두 포함하는 광대한 지역이었다. 아카디아와 루이지애나는 프랑스의 아메리카 식민지 '누벨 프랑스'를 이루었다. 1763년 영국과 프랑스 간의 북아메리카 식민지 영토 분쟁인 프렌치 인디언 전쟁에서 프랑스가 패배하면서 미시시피강 본류의 동부는 영국이, 서부는 스페인이 차지하게 되었다. 북아메리카 대륙에 프랑스 식민지를 재건하려 한 나폴레옹은 1800년, 스페인에게 이탈리아의 투스카니를 양도하는 대신에 루이지애나 서쪽 지역을 돌려받았다.

본래 루이지애나에 정착한 프랑스인들은 미시시피 하운을 이용해 원주민들과 모피 교역을 주로 하였다. 원주민들이 버팔로를 잡아 가죽을 벗겨서 말리면, 프랑스 상인들이 구입해 갔다. 영국인들이 주로 농업에 종사하면서 원주민, 특히 유목을 하는 원주민들과 갈등을 빚었던 반면에, 프랑스인들은 원주민들과 우호적인 관계를 유지하였다. 프랑스인들은 미시시피강 하구에 항구도시 뉴올리언스를 건설하여 아메리카 대륙과 프랑스 간의 중개 무역지로 삼았다.[1] 이에

---

1 자동차와 기차가 발명되기 전, 인류가 사용할 수 있는 가장 효율적인 교통수단은 선박이었다. 미시시피강은 오대호 연안에서부터 멕시코만에 이르는, 북아메리카 대륙을 남북으로 가로지르는 본류와 그에 연결된 수많은 지류를 거느린 거대한 하계망河系網이다. 안정적이고도 광대한

더하여 1697년 스페인과 「리즈위크 조약Treaty of Rijswijk」을 맺고 획득한 히스파니올라섬에서 대규모 사탕수수 농사를 지었다. 생도맹그 Saint-Domingue라 불린 히스파니올라섬의 서부, 오늘날의 아이티 지역은 18세기에 사탕수수 농업을 주로 했는데, 당시 프랑스 전체 GDP의 약 20퍼센트를 생산하였다. 당시 프랑스인들은 많은 부를 생산하는 이 섬을 '카리브해의 진주'라고 불렀다. 프랑스는 누벨 프랑스와 생도맹그 등 아메리카 식민지에서 막대한 부를 얻었다.

그러나 프랑스혁명의 여파는 아메리카의 식민지에도 불어닥쳤다. 아이티에는 약 50만 명의 흑인 노예와 약 5천 명의 프랑스인, 그리고 약 1만 명의 혼혈인들이 살고 있었다. 프랑스인 아버지와 흑인 노예 어머니 사이에서 출생한 혼혈인들은 노예가 아니라 자유인이었지만 백인에 비해 차별 받는 존재였다. 혁명 정신의 영향을 받은 혼혈인들은 사회적 차별에 반발하며 1790년 봉기를 일으켰다. 이어 1791년 생도맹그의 흑인 노예들도 해방을 외치며 봉기를 일으켰다. 이에 더하여, 1793년 영국과 프랑스가 전쟁을 벌이자 영국군이 생도맹그를 침공하였다. 이에 다급해진 프랑스 정부는 흑인 노예들에게 정부군에 협조하여 영국군을 물리치면 자유민으로 해방시켜 주겠다고 약속하였다. 하지만 흑인 노예들의 도움으로 영국군을 물리친 프랑스 정부는 노예해방을 미루며, 군대를 파견해 식민지배를 다시

미시시피강 하운을 차지한 프랑스는 아메리카 대륙에 식민지를 건설한 그 어느 세력보다도 유리한 위치에 있었다. 뉴올리언스에 있는 도시 프렌치쿼터French Quarter는 프랑스 지배 시절에 형성된 프랑스인 거주지로, 오늘날 미국의 주요 관광지이다.

공고히 하려 하였다. 생도맹그의 흑인과 혼혈인 인구는 격렬히 저항하며 해방과 독립을 요구하였다. 결국, 프랑스 정부는 노예들을 해방시켰고, 1804년 생도맹그는 흑인 공화국을 선포하며 프랑스에서 독립하였다. 새로운 국가의 이름은 '아이티Haiti'였다.

본래 나폴레옹 황제의 목표는 루이지애나와 뉴올리언스, 그리고 생도맹그를 연결하여 북아메리카 지역에 프랑스 식민제국을 새로이 건설하는 것이었다. 생도맹그가 프랑스로부터 독립운동을 전개할 당시, 나폴레옹 황제는 유럽을 침공하여 제국을 건설하고 있었다. 전쟁 자금이 필요한 상황에서 아메리카 식민지의 주요 수입원까지 잃어버린 프랑스는 재정적 압박을 심하게 받았다. 게다가 생도맹그는 북아메리카 식민제국의 핵심 지역이었다. 생도맹그 없이는 뉴올리언스와 루이지애나만으로 식민제국을 구성하고 유지하기가 어려웠다. 1803년 나폴레옹 보나파르트는 미국 정부에 루이지애나를 1,500만 달러에 매각하고 싶다는 의사를 밝혔다. 이에 미국은 즉각 매입에 응하였다. 루이지애나 매입을 계기로 미국은 동북부의 작은 국가에서 대륙 전체로 확장할 수 있는 발판을 마련하였다.

한편, 생도맹그를 독립시킨 데에 이어 루이지애나까지 매각함으로써 북아메리카의 프랑스령 식민지를 모두 잃어버리게 된 나폴레옹은 곧 후회하였다고 한다. 이에 아메리카 지역에서 프랑스의 영향력을 회복할 방안을 모색하였다. 당시 나폴레옹의 명령을 받은 프랑스 학자들은 아메리카에서 주로 사용하는 스페인어와 포르투갈어가 자신들의 프랑스어와 같은 언어 계통, 즉 로망스어계라는 점에 착안하여, 고대 라틴어에서 유래한 언어를 같이 사용하는 지역이라는 의미에서 '라틴아메리카'라는 개념을 만들어 내었다. 이후 라틴아메리카에 속하지 않는 북아메리카의 두 국가에 대해서는 '앵글로아메리카'라는 개념이 형성되었다. 이는 라틴아메리카에 대한 일종의 대구對句 개념이었다. 그러나 앞서 이야기한 바와 같이 앵글로아메리카 지역에서 영국이 식민지배한 지역은 상대적으로 좁은 지역이었다. 오히려 스페인과 프랑스가 대부분의 지역을 지배했기 때문에, 앵글로아메리카라는 지명은 썩 적절하지는 않다.

라틴아메리카라는 명칭은 스페인에서 독립한 신흥 독립국들의 지배 세력이었던 크리오요들에게 열렬한 지지를 받았다. 아메리카 지역에서 태어난 백인계 인구를 가리키는 크리오요 세력은, 스페인 본국에서 태어난 백인인 페닌술라르peninsulares에 비해 식민지배 기간 동안 사회적으로 많은 제약을 받았다. 식민지배 시절, 스페인의 국왕들은 스페인에서 태어난 이들(페닌술라르)이 스페인을 모국으로 여겨 충성하는 것과 마찬가지로, 아메리카에서 태어난 이들(크리오요)들은 아메리카를 모국으로 여겨 충성한다고 생각했다. 이에 페닌술라르에게는 무한한 권리와 제한된 의무만을 부여하였지만, 크리오요에게는 메스티소와 유사한 사회적 권리와 의무를 부여하였다. 마치 우리 통일신라 시대의 성골과 육두품처럼 말이다.

이러한 차별은 결국 식민지배 기간 동안 크리오요 세력이 스페인과 페닌술라르에 반감을 갖게 만들었고, 스페인의 아메리카 식민지에서 독립운동이 발생하게 된 원인이 되었다. 그러나 크리오요들은 기본적으로 매우 유럽지향적인 성향이었고, 당시 유럽의 중심 국가이던 프랑스가 라틴아메리카 개념으로 상호 간의 유대를 강조하자 이에 열광하였다. 1822년 먼로독트린에서 '라틴아메리카'라는 용어가 처음으로 공식 사용되었다. 이후 라틴아메리카라는 지역 분류는 이 지역을 일컫는 일반적인 개념이 되었다.

지명에 새겨진 유럽 식민지배의 잔재

유럽의 식민지 지배는 아메리카의 지명에 많은 흔적을 남겼다. 특히 식민 초기에는 새로운Nueva, New, Nouvel이라는 단어를 앞에 사용하거나 당시 재임하던 왕의 이름을 붙였다. 북아메리카 지역에 건설된 프랑스령 식민지, 즉 누벨 프랑스Nouvelle-France는 '새로운 프랑스'라는 의미로, 1534년 프랑스 탐험가 자크 카르티에Jacques Cartier(1491~1557)가 캐나다 북동부 세인트로렌스강 지역을 탐험한 이후 건설되었다.

1682년에는 르네 로베르 카벨리에René-Robert Cavelier de La Salle가 미시시피강 유역을 탐험한 이후 이 지역을 루이 14세의 이름을 따 '루이지애나'라 하였으며, 누벨 프랑스의 범위도 크게 확장되었다. 누벨 프랑스의 범위는 현재 캐나다의 뉴펀들랜드에서 미시시피강 유역을 거쳐 로키산맥 지역, 플로리다에 이를 만큼 광대했다. 그러나 1763년 프랑스가 프렌치 인디언 전쟁에서 패하면서 미시시피강 동쪽 지역을 영국에, 플로리다 지역은 스페인에 양도하면서 누벨 프랑스 영토는 크게 줄어들었다. 1803년 프랑스가 미국에 루이지애나를 매각할 당시, 루이지애나의 범위는 멕시코만 연안 지역부터 현재 캐나다의 앨버타, 서스캐치원의 일부 지역까지 이르렀으며 면적은 214만 7천 제곱킬로미터였다. 이 중 일부 지역은 1818년 미국과 영국 간의 국경을 결정하는 과정에서 영국령 캐나다로 편입되었다.

영국이 북아메리카에 영국 식민지 마을인 제임스타운Jamestown을 처음 설치한 것은 1607년으로, 당시 국왕은 제임스 1세였다. 그러나 1584년, 비록 실패하였지만 이 지역에 탐험대를 보냈던 영국 여왕 엘리자베스 1세를 기려 이 지역을 버지니아라 하였다. 평생 미혼이었던 여왕의 별명이 '버진 퀸The Virgin Queen'이었기 때문이다.

한편, 프랑스와 영국 외에 북아메리카에서 중요했던 또 다른 세력은 네덜란드였다. 네덜란드는 영국이나 프랑스에 비해 매우 적은 규모의 식민지를 북아메리카의 북동부 지역에 건설하였다. 허드슨강 하구에 위치하여 유럽과의 무역에서 매우 중요한 지점에 건설된 이 항구의 이름은 '뉴암스테르담New Amsterdam'이었다. 영국 식민지로 둘러싸였던 뉴암스테르담은 이후 영국에 양도되었으며, 이름을 '뉴욕New York'으로 바꾸었다. 네덜란드는 아메리카 대륙에서 비교적 적은 규모의 영토를 차지하였지만, 무역에 유리한 교통의 요지에 항구를 건설하거나 고가의 열대작물을 재배하여 효율적인 식민지 경영을 하였다. 네덜란드는 카리브해 지역의 수리남, 트리니다드 토바고, 아루바 등에 식민지를 건설하였고, 남아메리카 대륙에서는 아마존과 대서양이 만나는 지점에 벨렝을 건설하였다. 17세기 중반 네덜란드는 약 10년간 당시 브라질의 수도 주변 지역을 점령하기도 하였는데, 뛰어난 조직력으로 효율적인 식민지를 건설하였다고 평가받는다(최해성 역, 2012).

지금도 사용되는 국가명인 '필리핀las Filipinas'은 스페인 펠리페 2세의 땅이라는 뜻이다. 스페인 탐험가 마젤란이 세계 일주 과정에서 1521

년 필리핀 세부섬에 처음 도착하였다. 그곳에서 마젤란은 명나라 상인들, 즉 화상華商들이 루손섬에서 차이나타운을 이루고 국제무역을 하고 있다는 소식을 듣고는 루손섬으로 근거지를 옮겼다. 불행하게도 그는 필리핀에서 사망하였지만, 콜럼버스가 진정으로 원했던 아시아, 즉 중국이나 인도와의 직접 거래 루트를 발견하였다. 그러나 스페인 왕실은 마젤란이 발견한 '태평양을 가로질러 가는 항로' 대신 '태평양을 가로질러 되돌아오는 항로'를 발견할 때까지 기다렸다. 마젤란은 태평양의 적도 해류를 따라 서쪽으로 가는 항로는 발견하였지만, 다시 아메리카로 돌아오는 항로는 발견하지 못하였기 때문이다. 1565년 필리핀 원정대 대장 레가스피Miguel López de Legazpi가 시계 방향으로 도는 북태평양 해류를 발견하자, 스페인은 곧 필리핀을 식민지로 삼았다. 당시 스페인 왕이 펠리페 2세였기에 이 땅의 이름은 필리핀이 되었다. 펠리페 2세는 식민지를 설치하자마자 곧 중국과의 무역을 시작하였다. 당시 스페인은 18세기 중반까지 마닐라의 중국 상인과 갤리언무역(갤리언선을 이용한 대양 무역)을 지속하였으며, 이는 아시아–아메리카–유럽을 잇는 제1차 세계화 현상이었다.

아메리카의 지리적 탄생

지리 선생님으로서 아메리카 지역에 대해 가르칠 때마다 이 지역이 처음 만들어지는 과정부터 이야기를 시작한다. 한 지역을 이해하기 위해선 그 지역의 역사를 아는 것이 중요하지만, 아메리카라고 하는 형성된 지 불과 몇 백 년밖에 안 되는 지역을 이해하려면 특히 이 지역의 형성 과정을 아는 것이 매우 중요하다. 왜냐면, 이 지역이 만들어진 순간부터 우리가 현재 당연하다고 여기는 '유럽 및 서구 세계를 중심으로 형성된 세상'이 만들어지기 시작했기 때문이다.

아메리카의 탄생은 이제껏 존재하지 않았던 새로운 지역성을 지닌 지역이 형성되었음을 의미할 뿐 아니라, 유럽계 백인이 중심이 되는 세상의 시작을 의미한다. 아메리카 지역은, 콜럼버스가 카리브해 지역에 첫발을 내디딘 순간부터 귀금속과 자원을 끊임없이 보내어 그때까지 가난한 변방에 불과했던 유럽이 부유해지는 데에 필요한 일종의 종잣돈을 마련해 주었다. 또, 아메리카 지역에 식민지를 건설한 경험은 이후 동남아시아, 남아시아, 아프리카에서 식민지를 건설하는 밑거름이 되었다. 19세기 유럽 국가들이 산업혁명 시기에 산업을 발전시키는 데에 필요한 자원을 제공한 곳도 아메리카이다. 산업혁명 이후에는 급속한 인구 증가로 높은 인구압에 직면한 유럽의 잉여 인구를 흡수한 지역도 아메리카이다. 즉, 아메리카의 형성과 발달 과정은 현재 우리가 살고 있는 서구 중심 사회의 형성 과정을 이해하는 데에 빠져서는 안 될 부분이다.

일반적으로 알려진 아메리카의 시작은 다음과 같다. 아메리카를 처음 '발견'한 사람은 이탈리아 사람 크리스토퍼 콜럼버스Christopher Columbus다. 1492년 첫 번째 항해에서 콜럼버스 일행이 타고 간 세 척의 배, 핀타 · 니냐 · 산타마리아호는 10월 12일 카리브해의 작은 섬 산살바도르San Salvasor에 도착하였다. 이후 그들은 히스파니올라섬과 쿠바섬에 도착하였다. 일찍이 마르코 폴로의 《동방견문록(원제: Divisament dou Monde)》을 탐독했던 콜럼버스는 아시아와 직접 교역할 수 있는 항로를 원했다. 그러나 당시 유럽에서 아시아로 갈 수 있는 유일한 바닷길인 아프리카를 돌아가는 동쪽 항로는 포르투갈이 선점하고 있었다. 지동설을 믿었던 콜럼버스는 대서양을 가로질러 가면 포르투갈의 영향권을 피해 아시아에 닿을 것이라 생각했다.

포르투갈의 영향을 받지 않고 아시아로 가는 단거리 항로를 찾는 것, 이를 통해 아시아와 직접 상거래를 함으로써 레반트 무역로를 대체할 새로운 무역로를 개척하는 것이 콜럼버스의 항해 목적이었다. 콜럼버스는 이에 필요한 경비를 후원받고자 영국과 스페인 국왕, 심지어 포르투갈 국왕까지 만나서 본인의 구상을 설명했다고 한다. 결국 이 제안을 받아들인 것은 스페인의 '가톨릭 양왕Los Reyes Católicos'(공동왕) 이사벨 1세와 페르난도 2세였고, 콜럼버스가 발견한 새로운 땅은 스페인의 소유가 되었다. 이것이 일반적으로 알려진 스페인 제국의 아메리카 점령 스토리다. 그러나 이 이야기의 이면에는 상당히 중요한 사실들이 숨겨져 있다.

우선, 콜럼버스는 아메리카 대륙을 발견한 첫 번째 유럽인이 아니다. 그보다 500년 가까이 앞서, 11세기 북유럽의 어부들이 아메리카 대륙의 북부를 발견했다. 북유럽 지역은 북극을 중심으로 캐나다 북부 지역에서 멀리 떨어져 있지 않기에 이 지역의 어부들은 멀리 캐나다 북부 지역까지 가서 대구를 잡곤 했다. 물론 그들은 자신들이 드나드는 해안 지역에 대한 소유권을 주장하지 않았다.

또한, 콜럼버스는 죽는 날까지 자신이 도착하고 탐험한 지역이 아시아이기를 바랐다. 향신료와 면직물이 풍부한 인도의 항구에 닿기를 원했던 그는 자신이 도착한 지역을 인도라 불렀고, 그 지역에 거주하는 사람들을 '인도인'(인디언Indian)이라 불렀다. 그래서 중앙아메리카 동쪽에 있는 지금의 카리브해 섬들을 '서인도제도the West Indies'라 불렀다. 그러나 서인도제도에 진짜 인도인들이 이주한 것은, 19세기에 노예제도가 폐지되어 흑인 노예를 대체할 노동력이 필요해졌을 때이다.

심지어 콜럼버스는 자신이 발견한 곳이 대륙이라는 것조차 몰랐다. 콜럼버스와 그의 동료들은 쿠바섬에 전진기지를 설치한 후 카리브해 지역을 탐험했지만, 콜럼버스는 1506년 사망하기 전까지 자신이 발견한 지역 가까이 있는 대륙이 인도나 아시아가 아닐 것이라는 생각은 하지 못했다. 자신이 도착한 지역이 인도이길, 그래야 그가 간절히 원했던 향신료 직구 항로를 개척할 수 있었기 때문이다.

한편, 콜럼버스와 함께 탐험을 실시한 대원들 중에서는 쿠바에서 멀지 않은 곳에 대륙이 있다는 사실을 발견한 이들이 있었다. 그들 중 피렌체 출신의 아메리고 베스푸치Amerigo Vespucci가 유럽에 돌아가 이 사실을 〈신세계Nuovo Mundo〉라는 네 페이지짜리 인쇄물로 출판하였다. 베스푸치의 글은 유럽 여러 나라 언어로 번역되었고, 이 글을 본 독일의 지도제작자 발트제밀러Martin Waldseemüller가 새로운 세계지도를 제작하면서 '새로 발견한 대륙'을 그려 넣었다. 그리고 자신이 인용한 인쇄물의 저자 이름을 따서 이 땅을 '아메리카'라 표기하였다. 콜럼버스는 남아메리카의 콜롬비아Colombia에 그의 이름을 남겼다.

그러나 '콜럼버스의 아메리카 발견'이라는 역사적 사건에 숨겨진 가장 중요한 의미는, 콜럼버스의 항해로부터 시작된 '지리상의 발견'이라는 명명이 매우 부적절하다는 점이다. 유럽인이 이제껏 닿지 못했던 지역을 유럽인이 '발견'하면, 그곳이 유럽인의 땅이 되는 것인가? 지리상의 발견 시대에 유럽인들은 아메리카를 발견해서 식민지로 삼고, 아시아 지역으로 가는 항로를 개척하여 세계를 넓혔다고 주장한다. 누가 그 발견과 소유권을 허락했는가? 당시 유럽이 세계에서 가장 발전된 선진 지역이었으니 다른 지역을 지배하고 착취해도 괜찮았다는 것인가? 한편 콜럼버스는 어떻게 마치 자기 땅인 양 그 많은 원주민이 살던 카리브해 섬들에 정착하고, 스페인과 포르투갈은 아메리카의 식민지배국이 되었을까?

게다가 콜럼버스는 제네바 출신이었고, 아메리고 베스푸치는 피렌체 출신이었다. 아메리카를 발견한 유럽국가들이 아메리카를 지배했다면, 스페인과 포르투갈이 아니라 이탈리아가 식민지배국이 되어야 마땅하다. 그런데 우리가 현재 이탈리아라 부르는 국가는 1861년에야 성립되었다. 아마도 스페인의 가톨릭 양왕이 콜럼버스 탐험대의 비용을 모두 부담하였기에, 스페인 왕실이 자연스럽게 아메리카 지역의 소유권을 행사한 듯하다. 그렇더라도 엄연히 수많은 인구가 이미 살고 있는 지역을, 외부에서 온 사람들이 "여긴 처음 보는 땅이네. 그럼 내 땅이야"라고 주장하는 것은 지금으로서는 이해하기 어려운 논리다. 그렇다면 17세기 중반 조선에 도착한 하멜은 왜 조선을 네덜란드 땅이라고 하지 않은 걸까?

지금처럼 국제법이 발달한 시대도 아닌 15세기 말에 스페인의 아메리카 점유가 어떻게 다른 유럽국에게 용인될 수 있었을까? 지리 상의 발견이라는 이상한 논리가 성립했던 근본적인 이유는 바로 교황의 허락이었다. 스페인의 아메리카 점유는 교황의 허락을 받은 것으로, 이 권한은 교황이 당시 유럽 국왕들에게 제안한 '선교보호권'에서 기인하였다.

아메리카 탄생의 숨은 조력자, 교황

1492년 10월 12일 콜롬버스가 카리브해 지역에 도착하자, 1493년 이사벨 여왕은 교황 알렉산더 6세에게 두 차례의 칙서Inter Caetera를 얻어 내었다. 앞서 스페인과 포르투갈은 유럽 이남의 아프리카 해안선에 대한 독점적 권한을 포르투갈이 갖는 대신, 스페인은 카나리아제도의 영유권을 보장받는 「알카코바스 조약Treaty of Alcáçovas」 (1479~1480)을 맺었다. 그런데 콜럼버스의 항해는 "스페인은 서쪽과 남쪽으로 나아갈 수 없다"는 「알카코바스 조약」을 어긴 것이었기에, 이사벨 여왕은 두 차례의 칙서를 통해 당시 발견한 카리브해 지역과 앞으로 스페인이 발견할 지역에 대한 독점적 권리를 교황에게 얻어 냈다. 그 대신 교황은 이 지역에 대한 선교 의무 및 권리를 스페인에게 부여하였다. 그중 두 번째 칙서Intera Caetera Bull가 바로 훗날 세계사에서 가장 중요한 조약으로 알려진 「토르데시야스 조약」의 첫 번째 버전이다.

이전에도 아프리카 카나리아제도 등의 소유권을 놓고 스페인과 다투었던 포르투갈은, 양국 간에 협의된 기존 조약을 근거로 새로운 지역에 대한 스페인의 점유에 이의를 제기하였다. 이듬해 포르투갈과 스페인, 그리고 교황은 아프리카의 카보베르데부터 서쪽으로 370리그(1리그league는 1시간에 사람이 걸을 수 있는 거리)까지에 대한 선교보호권은 포르투갈이, 그보다 서쪽의 선교보호권은 스페인이 갖기로 합의하였다. 「토르데시야스 조약」의 두 번째 버전, 즉 수정본이자 최종본이다. 이 조약으로 인해 아메리카 대부분의 지역은 스페인이, 일부 지역은 포르투갈이 갖게 되었다. 심지어 당시에는 아메리카라는 대륙의 존재 자체를 잘 몰랐는데 말이다.[2]

---

[2] 그러나 포르투갈은 아메리카 대륙, 특히 지금의 브라질 지역에 대한 정보가 있었을 것이라는 의견이 지배적이다. 그에 대한 근거로 우선, 1502년 포르투갈이 완성한 〈칸티노 세계지도 Cantino planisphere〉에 브라질의 해안 지역이 상세하게 나타나 있었다는 점을 든다. 지도에는 브라질의 상세한 해안선은 물론이고, 브라질 앵무새까지 그려져 있다. 반면에 스페인은 아메리카 대륙에 대한 이해가 거의 없었다. 포르투갈이 아프리카 및 아시아에 대한 선교보호권을 보장받고도, 굳이 「토르데시야스 조약」을 고쳐 가며 아프리카 카보베르데 서쪽으로 선교보호권을 확장한 점이 두 번째 근거이다. 브라질 발견에 대한 포르투갈의 설명도 석연치 않다. 포르투갈의 탐험가 카브랄Pedro Álvares Cabral이 아프리카 해안을 따라가다 태풍을 만나 브라질 해안에 도착했다고 하는데, 북태평양 서남부에서 발생하여 아시아 대륙 동부로 불어오는 태풍을 만나 남대서양 쪽으로 밀려갈 수는 없다. 게다가 카브랄은 아프리카 해안을 몇 번이나 항해한 경험이 있었다. 실제로 브라질을 발견했을 때 포르투갈은 애써 담담해했다. 정황상, 이미 브라질의 해안 지역을 발견하고 탐험한 포르투갈이 스페인이 이 지역에 대한 선교보호권을 요청하자, 브라질 지역을 선점하기 위해 2차 조약을 맺은 것으로 추론한다. 브라질에 관한 포르투갈의 자료

선교보호권은 본래 유럽 이외의 지역에서 가톨릭 사제들의 선교 활동을 선교회에 위임할 목적으로 만들어졌다. 13세기 초, 몽골제국이 동유럽으로까지 세력을 넓히면서 소위 '타타르(몽골족)에 대한 공포'가 유럽을 휩쓸었다. 이후 유럽 기독교회는 비기독교권 세계의 상징이자 아시아의 맹주였던 몽골제국을 기독교로 개종시킬 계획을 세웠다. 그러려면 몽골제국에 대한 정확한 정보가 필요했다. 이를 위해 몽골제국에 선교사들을 보내었으며, 그들의 표면적인 임무는 선교나 교황의 친서 전달과 같은 종교적·외교적 활동이었다. 당시 원나라를 방문한 선교사들은 카르피니Plano de Carpini(1329년《몽골의 역사》출간), 뤼브루크Guillaume de Rubroeck(《몽골제국 기행》출간), 포르데노네Odorico da Pordenone(1318~1330년 인도, 자바, 광동, 북경 등 여행), 마리뇰리Giovanni de Marignoli(1342~1347년 북경 체류), 몬테코르비노 Giovanni da Montecorvino(1294년 북경에 도착하여 선교, 1305년 북경에 최고의 교회 세움, 1307년 최초의 북경 대주교로 임명됨) 등이 있다. 이들은 표면적으로 선교 임무를 띠고 몽골을 방문했으나, 제국에 대한 정보 수집도 이들의 주요 임무였다[박용진, 2014, 356-357]. 그러나 선교사들이 수집한 정보를 일반 대중이 접하기는 어려웠다.

1318년, 선교사들의 정보 수집 활동이 어느 정도 진행된 후 교황 요한 22세(1316~1334)가 프란체스코회와 도미니크회에 비기독교 세계 선교를 위임하는 선교보호권을 부여하였다[원정식, 2010]. 이는 이후

는 리스본 대지진 때 모두 소실되었다고 한다.

15세기에 세속 국가, 정확히는 왕실로 확대되었다. 1454년 교황 니콜라스 5세(1397~1455)가 포르투갈의 알폰소 5세(1432~1481)에게 비준한 선교보호권이 세속 권력에게 부여한 최초의 선교보호권이었다[김혜경, 2010]. 선교보호권이란, 교황이 세속의 왕에게 아프리카, 아메리카, 아시아 등 당시 유럽의 입장에서 '발견'한 땅에 대한 독점적인 식민지 개척권을 인정해 주는 대신, 해당 지역에 대한 선교활동 권한과 의무인 선교보호권을 부여한 것이다. 이에 따라 교황으로부터 선교보호권을 부여받은 국가의 국왕들은 새로 발견하거나 '미래에 발견할' 지역에서의 독점적 권한뿐 아니라 그 지역의 주교 및 고위 성직자 임명 권리도 갖게 되었으며, 선교사 파견과 십일조, 헌금 관리까지 하게 되었다. 물론 선교에 드는 모든 비용도 책임졌다[원정식, 2010]. 즉, 포르투갈 및 스페인 왕실과 교황청 간에 맺은 정교政敎협약에 따라, 새로이 발견된 지역에 대한 선교를 포르투갈 및 스페인 왕실이 맡는 대신에 교회의 주요 요직에 대한 임명권과 교회 수입에 대한 권한까지 왕이 갖게 되었다.

15세기 초반, 포르투갈이 처음 선교보호권을 얻어 아시아, 아프리카, 인도 지역을 선교하는 대신에 그 지역에 대한 독점적 권한을 부여받았다. 1493년에는 스페인의 가톨릭 양왕, 즉 이사벨 여왕과 페르난도 공이 교황과 「토르데시야스 조약」을 맺고 콜럼버스가 발견한 미지의 땅에 대한 선교보호권을 부여받았다. 새로 발견한 지역이 섬인지 대륙인지도 몰랐지만, 해당 지역의 원주민을 가톨릭교도로 개종시킨다면 그 땅을 스페인 왕실의 것으로 인정한다는 것이었다. 당시 유럽은 봉건시대를 거치며 세속 왕의 권한은 상대적으로 약한 반면에 교황의 권한은 강하였다. 따라서 선교보호권으로 얻은 새로운 지역에 대한 스페인과 포르투갈의 독점적 권한은 교황, 즉 신의 대리인이 부여한 것이기에 유럽 사회에서 강력한 효력을 발휘했다. 즉, 스페인의 아메리카 대륙에 대한 식민지배 권한의 근거는 교황이 세속 왕에게 준 선교보호권이었다.

이사벨 여왕은 개인적으로도 독실한 가톨릭 신자로 알려져 있지만, 이후 스페인 왕들도 대대로 독실한 가톨릭교도로서 유럽의 종교전쟁에서 가톨릭 수호에 헌신하였다. 무엇보다도, 기독교 선교는 스페인과 포르투갈이 식민지에서 지배권을 확보하는 필수 조건이 되었다. 그래서 그들의 식민지배 과정에는 세속 정복자들과 선교사들이 동행하였다. 아메리카 식민지배 과정에서도 예수회를 비롯한 프란체스코회 등 선교회들은 원주민을 직접 관리하고 그들의 생활을 기록하는 등 식민지배의 주요한 축을 담당하였다.

르네상스 유럽 젊은이들의 롤 모델, 마르코 폴로

13세기 초반 유럽 사회는 칭기즈칸의 원정을 겪으며 아시아라는 새로운 세계와 조우하였다. 칭기즈칸의 몽골군은 현재의 러시아를 넘어 오스트리아, 독일 지역까지 정복하면서 아시아에 대한 막연한 생각밖에 없던 유럽인들을 공포에 떨게 하였다. 이후 아시아 지역에 대한 유럽 사회의 관심은 여러 방면으로 표출되었다. 우선 마르코 폴로로 상징되는 민간 부문의 경제적 관심이 있었다. 마르코 폴로의 여행기는 당시 유럽 사회에 지대한 영향을 미쳤다.

주인공이자 화자인 마르코 폴로(1254~1324)는 베네치아 출신의 상인으로, 아버지와 삼촌을 따라 1271년부터 1295년까지 비단길을 따라 원나라를 비롯한 동양에 다녀온 것으로 알려져 있다. '실크로드' 혹은 '비단길'은 유럽과 동양(정확히는 동남아시아) 사이에서 무역을 하던 카라반(상인 집단隊商)들이 물품을 교환하던 육로와, 중국의 시안과 터키의 안티오키아, 시리아 및 기타 지역을 연결하던 해로를 총칭한다. 비단길이라는 용어는 독일 지리학자 리히트호펜Ferdinand von Richthofen이 1877년 《중국에서 온 일기Tagebücher aus China》에서 이 길을 "Sidenstrasse"(via della seta, 비단길)라 명명한 것에서 유래한다. 비단길은 육지-바다-강을 연결하는 거대한 무역 네트워크로 그 길이만 8천 킬로미터에 이른다.

마르코 폴로의 여행기가 유럽인들에게 지속적으로 인기를 끈 것은 그가 직접 비단길을 걸었다고, 그리고 그 길을 따라 이러이러한 진귀하고 값비싼 물건들로 가득 찬 마을들과 도시들을 목격했노라고 이야기한 최초의 유럽인이었기 때문이다. 마르코 폴로와 비슷한 시기 몽골제국에 파견되었던 수도사들은 높은 학식으로 몽골 사회에 대한 통찰력 높은 기록들을 남겼지만, 사회와 역사에 대한 통찰 등 당시 대중이 관심을 갖기에는 너무 수준 높은 관점에서 씌어졌다. 게다가 수도사들의 여행 목적은 몽골제국의 기독교도화를 위한 사전조사였기에 그들의 자료는 대부분 교황청의 외교문서로 대중들에게 유통되기에는 한계가 있었다. 마르코 폴로의 체험담을 루스티첼로가 기록한 《동방견문록 Divisament dou Monde》은 유럽에서 성경 다음으로 많이 읽힌 책이다.

콜럼버스 역시 마르코 폴로 여행기의 열렬한 애독자였다고 한다. 열네 살 때(1465) 마르코 폴로의 여행기를 읽은 콜럼버스는, 선원이 된 다음에 천문학과 지리학을 공부하였다. 콜럼버스를 움직인 것은 마르코 폴로가 이야기한 향신료가 가득한 땅과의 직접 거래 가능성이었다. 그는 또한 마르코 폴로가 황금으로 가득 찬 곳이라고 했던 지팡구(일본국의 중국어 발음 '지펀구'), 즉 일본에 관심이 많았다(정동준, 2010, 15). 콜럼버스는 가톨릭 양왕에게 자신의 프로젝트를 설명하면서 지팡구에 관해 이야기한 것으로 추정된다. 콜럼버스가 카리브해에 도착한 이후 가톨릭 양왕이 콜럼버스에게 끊임없이 황금을 가져오라고 요구한 것으로 보면 말이다.

한편, 중세 십자군의 원정로를 따라 후추가 대량 유입되었지만, 향신료에 대한 유럽인의 열망은 콜럼버스의 시대에도 지속되었다. "양념 중독," "양념의 광기" 등의 표현이 나올 정도였다. 유럽 내에서도 향신료가 생산되었지만, 인도에서 들어오는 육두구, 메이스, 정향, 후추, 생강, 계피 등은 유럽 중산층조차 꿈도 꾸지 못할 정도로 비쌌다. 동양의 향신료를 많이 뿌린 음식은 귀족이나 부유층의 허영심을 채워 주는 일종의 명품으로 부와 신분을 과시하는 수단이었다(정동준, 2010, 7). 향신료는 음식의 풍미를 더해 줄 뿐 아니라 식품의 방부제나 약품으로도 사용되었다. 이집트에서는 시신의 부패를 막는 데에 사용되었고, 동서양을 막론하고 오랜 기간 제례용으로 쓰였다. 특히 후추는 흑사병 치료제로 사용되었으며, 화폐로도 사용되어 "검은 금"이라 불리기도 하였다(김중현 역, 2005, 32-33).

당시 유럽과 아시아 간의 향신료 거래는 중간 단계가 열두 단계에 이를 정도로 복잡하고 위험한 유통단계를 거쳐야 했기 때문에, 직거래를 할 수만 있다면 엄청난 이윤이 보장되었다. 향신료 무역에서 중간 유통을 맡고 있던 이슬람 상인들은 중개무역을 독점하고자 유럽 상인들에게 항신료 원산지에 관한 정보를 오랜 기간 동안 철저하게 비밀에 부쳤으며, 심지어 원산지에 접근하지 못하도록 해당 지역과 관련된 공포를 불러일으킬 만한 이야기를 꾸며 유포시키기도 했다(Purseglove et al. 1981, 1: 정동준, 2010, 5에서 재인용).

항신료 무역에서 베네치아 상인들은 콘스탄티노플과 유럽 내륙지역을 잇는 중간 단계 역할을 하였는데, 이 상인들은 막대한 이윤을 챙겼다. 항신료 가격의 상당 부분을 이슬람 상인들과 베네치아의 상인들이 독점하고 있다는 것을 잘 알면서도 유럽인들은 오랜 기간 동안 이 무역구조를 고칠 수가 없었다. 대부분의 유럽인들은 비싼 항신료의 원산지가 어디이고, 어떤 경로를 거쳐 자신들에게 오는지 알 수 없었기 때문이다. 광대한 열대 바다에 나가 본 적이 없는 유럽 배들은 그곳이 어떤 곳인지 짐작조차 할 수 없었다.

베네치아 상인으로 항신료의 가치를 잘 알고 있었던 마르코 폴로는 유럽 역사상 가장 먼저, 구체적으로 어디서 그러한 상품이 생산되는지, 그것을 재배하고 파는 사람들을 누가 다스리는지, 그들과 거래를 할 때에는 어떠한 점을 조심해야 하는지를 알려 준 최초의 유럽인이었다(정동준, 2010, 11). 그의 여행기를 글로 씌인 보물지도라고도 하는 이유이다. 마르코 폴로가 말하는 항신료가 가득하고 값비싼 비단과 도자기가 가득한 땅, 그 땅에서 상품을 직접 사다 판다면 엄청난 이윤을 얻을 수 있을 것이라고 콜럼버스는 생각했다.

결국, 유럽을 휩쓴 항신료에 대한 열기가 무역 직항로를 개척하는 동기가 되었다. 그러나 오랜 기간 동안 이어져 오던 항신료 무역은 16세기 지리상의 발견 이후 포르투갈, 네덜란드, 프랑스, 영국 등이 아시아로 직접 가는 무역로를 개척하면서 쇠퇴하였다. '지리상의 발견 시

> 대'라 일컫는 유럽의 세력 확장을 촉발한 것은 향신료라는 값비싼 상품
> 에 대한 유럽인들의 열망이었다.

스페인 제국의 몰락

아메리카 식민지배를 주도한 나라는 스페인, 포르투갈, 영국으로 알
려져 있지만, 프랑스와 네덜란드 역시 중요한 역할을 했다. 앞서 살
펴본 대로 스페인이 선교보호권과 「토르데시야스 조약」으로 브라
질 북동부 지역을 제외한 아메리카 대륙 전체에 대한 독점적 권한을
교황에게 인정받았기 때문에, 영국·프랑스·네덜란드는 16세기
말에야 아메리카 지역에 진출할 수 있었다.

　교황의 비호 외에도 유럽 국가들이 아메리카에 접근하지 못한
현실적인 이유는, 아르마다(위대하고 행운이 깃든 함대la Grande y Felicísima
Armada, 즉 무적함대)로 대표되는 당시 유럽에서 가장 강력하다고 평가
받던 스페인의 군사력 때문이었다. 스페인 해군은 레판토해전(1571)
에서 무패의 오스만튀르크 함대를 격파하는 등 유럽 최강의 군사력
을 자랑했고, 아메리카와 유럽을 오가는 대서양 해양권을 장악하고
있었다. 이에 프랑스와 영국, 네덜란드는 비공식적인 루트인 해적
질, 즉 카리브해 해적을 통해 아메리카 대륙에서 스페인이 거둬들인
금, 은, 코치닐(깍지벌레 붉은 색소), 면화 등 경제적 이익을 침해하였다.
　이처럼 15~16세기 포르투갈과 스페인은 유럽에서 가장 강력한

국가였으나, 이들의 전성기는 오래 지속되지 못하였다. 1578년 포르투갈의 16대 왕 세바스티앙 1세가 소위 십자군전쟁을 명분으로 모로코 원정을 감행했다가 모로코 북서부 알카세르키비르 전투에서 전사하였다. 그의 나이 24세였으며, 심지어 미혼이었다. 후사 없이 사망한 세바스티앙의 뒤를 이어 작은 할아버지인 추기경 엔히크가 왕위에 올랐으나 그 역시 2년 후 사망하였다. 결국 1480년대부터 약 100년간 이어졌던 포르투갈의 황금기는 막을 내렸다. 이후 친인척 관계였던 스페인 국왕 펠리페 2세가 포르투갈의 필리프 1세를 겸하면서 포르투갈은 스페인에 병합되었다. 이로써 아프리카 및 아시아 해양권을 장악하고 있던 유럽 최고의 국가 포르투갈의 세력도 급속히 약화되었다. 이에 네덜란드는 남아시아 및 동남아시아 지역에서 포르투갈이 개척한 식민지들을 자국의 식민지로 삼았다. 인도의 항구들, 실론섬, 자바섬 등이 네덜란드의 식민지가 되었다.

한편, 16세기 말 스페인도 제국의 전성기를 지나고 있었다. 일반적으로 스페인 제국의 세력이 약화된 중요한 기점으로 칼레해전(1588)을 든다. 역사적으로 유명한 해전이기도 한 칼레해전은, 당시 군사력 면에서 우위에 있던 스페인군이 기상악화로 영국군에게 어이없게 패한 사건이다. 영국의 "무적함대 격파"로 유명한 이 해전은 한 세기에 걸친 스페인의 대서양 패권이 막을 내린 해전으로 알려져 있다. 그러나 칼레해전은 1585년부터 1604년까지 이어진 스페인-영국 전쟁의 한 전투일 뿐이다. 영국은 칼레해전에서 당시 유럽 최강의 스페인군을 격파했지만, 스페인은 전쟁 내내 우위를 점하였고

스페인 군대가 바로 대서양 해양권을 내준 것은 아니다. 스페인군
은 여전히 강력했다. 이 해전의 포인트는 네덜란드였다. 스페인 왕
의 소유였던 네덜란드는 스페인으로부터 독립하려 하였고, 영국이
이를 지원하고 있었다. 네덜란드의 독립을 지원하는 영국을 응징하
는 것도 칼레해전의 주요 목표였다. 이 해전을 계기로 영국은 프랑
스 · 네덜란드와 동맹을 맺었고, 스페인 대 이 세 국가 간의 대립은
이후 오랜 기간 동안 지속되었다.

　표면적으로 칼레해전의 명분은 영국의 엘리자베스 1세 여왕을 끌
어내려 영국성공회를 무너뜨린 후 가톨릭을 복원하는 것이었다. 여
기에 카리브해 해적을 앞세워 스페인 식민지로부터 유입되는 세금
을 가로채는 영국을 응징하려는 목적도 있었다. 세계사적으로 중요
한 분기점이 된 이 전투는 가톨릭과 개신교, 스페인과 식민지 플랑
드르, 영국과 스페인 간의 세력 다툼으로 인해 발발하였지만, 그 이
면에는 스페인 왕실과 영국 왕실 간의 개인적 원한 관계 및 결혼, 상
속 문제가 있었다.

　스페인의 이사벨 여왕은 자신의 딸들 중 후아나에게 카스티야의
왕위를 물려주었는데, 후아나는 신성로마제국(오스트리아) 막시밀리
안 1세의 아들 펠리페와 결혼했다. 미남왕le Beau 혹은 네덜란드의 미
남공으로 알려진 그는 부모에게 네덜란드를 물려받아, 이후 아들인
스페인의 카를로스 1세에게 물려주었다. 카를로스 1세는 친가로부
터는 신성로마제국과 네덜란드를, 외가로부터는 아라곤 왕국, 카스
티야 왕국, 나폴리, 아메리카 대륙 등을 물려받아 인류 역사상 가장

많은 유산을 상속 받은 이였다. 이 과정에서 네덜란드는 신성로마 제국 영토에서 스페인의 영토로 바뀌었다. 유럽의 경제 중심지였던 네덜란드 지역은 스페인의 지배에 대한 불만이 컸다. 우선 종교개혁의 영향으로 신교도의 규모가 커져 독실한 가톨릭 국가인 스페인과 대립하였고, 스페인 왕들의 잦은 전쟁에 같이 휘말렸으며, 스페인 왕들이 거두어 가는 세금은 무거웠다. 무엇보다도 자유로운 무역 중심지였던 이 지역을 스페인이 제국의 중앙집권적인 권력에 통합하려 하였다. 이에 네덜란드는 1567년 독립전쟁을 일으켜 사실상 스페인으로부터 독립하였으나, 정식으로 독립을 인정받은 것은 약 80년 후이다. 네덜란드 독립 과정에서 영국은 많은 도움을 주었고, 이후 두 나라는 스페인에 함께 대항하는 세력이 되었다.

칼레해전에는 스페인 국왕과 영국 국왕 사이의 개인적인 문제도 개입되어 있었다. 스페인의 펠리페 2세는 영국 여왕 엘리자베스 1세를 왕위에서 몰아내고 자신이 영국 왕으로 복귀하고자 하였다. 그는 일찍이 엘리자베스 여왕의 선왕이자 배다른 언니인 메리 1세와 결혼하였다. 영국의 메리 1세는 스페인 펠리페 2세의 5촌 이모였지만, 세력 확장을 위해 조카인 펠리페 2세와 결혼하였다. 스페인 왕이 되기 전에 펠리페 2세는 영국의 공동왕이었다. 그러나 불행히도 메리 1세가 일찍 서거하였고, 배다른 자매인 엘리자베스 1세가 그 뒤를 이었다.

실제로 메리 1세와 엘리자베스 1세는 사이가 좋지 않았다. 메리 1세와 엘리자베스 1세의 아버지 헨리 8세는 스페인 이사벨 여왕의 딸

캐서린과 결혼했으나 후에 이혼하였다. 캐서린과 헨리 8세의 이혼은 영국성공회의 탄생으로 이어졌다. 당시 스페인은 가톨릭 교황과 매우 우호적인 관계였던 반면, 영국은 유럽의 종교개혁 세력과의 관계를 개선하고 있었다. 자유분방한 헨리 8세는 캐서린과의 이혼을 바랐지만, 유럽 최강 세력인 스페인의 후원을 받고 있던 교황은 가톨릭 교리를 내세워 이를 허락하지 않았다. 이에 헨리 8세는 자신이 영국국교회의 수장임을 선언하며 성공회를 만들었다. 그러나 아버지 헨리 8세 및 이복동생 에드워드 6세의 뒤를 이어 왕위에 오른 메리 여왕은 종교개혁을 부정하며 영국성공회를 탄압하였다. 메리 1세는 약 5년간의 짧은 재임 기간 동안 성공회를 강력하게 탄압하고 가톨릭 복귀를 꾀하여 "블러디 메리Bloody Mary"라고도 불린다. 메리 1세의 뒤를 이어 왕위에 오른 엘리자베스 1세는 헨리 8세의 두 번째 왕비인 앤 불린의 딸이었다. 앤 불린은 엘리자베스가 태어날 당시 메리 공주의 왕위 계승권을 박탈하기도 하였고, 어린 메리 공주에게 많은 시련을 준 것으로 알려져 있다. 엘리자베스 1세는 왕위에 오른 후 다시 성공회 복귀를 선언하였고, 독립 문제로 스페인과 갈등 관계에 있던 플랑드르 지역, 즉 네덜란드과 우호 관계를 지속하였다.

압도적인 우위의 스페인 함대는 열악한 기상 환경, 전투 경험이 없는 지휘관의 잘못된 지휘, 크고 무거운 스페인 갤리언(외항용 돛단배)의 비효율성 등으로 인해 영국과 네덜란드에 패하였고, 엘리자베스 1세는 형부인 펠리페 2세에게 왕위를 빼앗기지 않았다. 칼레해전 이후 스페인이 지배하던 대서양 해양 세력 구도가 무너지면서 영국, 프랑스, 네덜란드는 비록 스페인의 아메리카 식민지 변경이었지만 북아메리카 지역에 식민지를 건설할 수 있었다.

1607년 네덜란드 함대가 지브롤터만에 정박 중이던 스페인 함대를 기습하여 벌어진 해전에서도 스페인의 아르마다는 크게 패하였다. 이 패전들은 스페인의 전성기가 끝나가는 과정이었다. 연이은 전쟁에 스페인은 펠리페 2세의 재위 기간에만 네 번이나 파산하는 등 심각한 경제적 타격을 입었다. 스페인의 전성기가 끝나 가고, 포르투갈 왕실이 스페인 왕실에 흡수되자, 영국·프랑스·네덜란드는 두 국가가 소유했던 아메리카, 아시아, 아프리카 등의 식민지들을 침범하였다.

백지화 전략과 적응주의

아메리카 지역이 여타 지역과 구분되는 가장 큰 차이점을 든다면, 모든 지역이 식민지배를 받았고, 원주민 고유의 문화와 사회, 종교 등을 모두 지워 버리고 유럽의 것을 그 위에 덧칠한 곳이라는 점이다. 아메리카 대륙 대부분이 스페인과 포르투갈, 기타 유럽 국가들의 식민지배를 받았기 때문에 당연한 결과라 생각할 수도 있지만, 식민지배에는 의외로 다양한 방식이 있다.

영국이 동남아시아나 남아시아에서 많이 사용한 방식은 상대적으로 소수인 인종이나 주민들에게 많은 권력을 주어 일종의 중간자로 세우고, 그들에게 더 많은 권리를 부여하여 나머지 주민을 통제하게 하는 방식이다. 이는 벨기에를 비롯한 유럽 국가들이 아프리카에서도 사용한 방식으로, 그들이 원한 것은 식민지에 대한 정치적 지배가 아니라 착취와 불공정한 무역을 통한 경제적 이익이었기 때문이다. 그로 인해 오늘날 로힝야족(미얀마)이나 타밀족(스리랑카), 르완다 · 부룬디의 후투족과 투치족 문제 등 민족 및 종교 갈등이 여러 지역에서 일어나고 있다.

15세기 이후, 현재의 서구중심주의가 시작된 시점에 서구 세력, 즉 유럽의 스페인 · 포르투갈 · 프랑스 · 영국 · 네덜란드가 맞닥뜨린 외부 세계는 크게 아시아와 아메리카였다. 우리는 당시 아메리카 지역이 원주민의 문화적 발전도가 낮고 인구밀도도 낮으며 주요한 정치세력도 없었다고 알고 있지만, 실제로는 그렇지 않았다. 유럽이 아메리카 대륙에 백지화 전략을 사용하여 대부분 지워 버렸기 때문에 그런 것이다. '백지화'란 기존의 문화 · 제도 · 사회 등 모든 것을 지우고 그 위에 유럽의 문화와 제도를 심는 전략을 말한다.

아메리카 원주민, 특히 안데스산맥 지역에 사는 볼리비아 · 페루 · 에콰도르 등의 원주민 여성들은 지금도 찰리 채플린이 썼을 법한 모직 모자를 쓰며 이를 전통의상으로 여긴다. 아무리 봐도 유럽 남성들이 쓰던 모자다. 우리가 현재 '원주민 문화'라고 여기는 것 중에는 식민지배 시절에 스페인 사람들이 이주하면서 함께 가져온 스페인 문화가 많다.

사람들은 이주하면서 자신의 문화를 가지고 이주한다. 그 문화에는 언어, 종교, 신념, 음식, 의상, 음악 등 많은 것이 속하며, 이주민들은 원주민들과 접촉하며 자신들의 문화를 전파한다. 식민지에 들어왔던 스페인인들처럼 권력 및 사회적 지위 면에서 우월한 이들이 들어온 문화 요소들은 피지배계층 원주민들에게 더 강한 영향을 미치게 된다. 식민지 아메리카, 특히 스페인과 포르투갈이 지배한 지역에서 아즈텍, 잉카 등 기존 제국들은 붕괴되었고, 공식 언어는 스페인어가 되었으며, 종교는 가톨릭만이 허락되었다. 스페인과 포르투갈은 기존의 문화, 제도, 언어, 신념 등 거의 모든 것을 깨끗하게 지우고, 그 위에 유럽 사회를 다시 그렸다.

북아메리카 지역도 마찬가지였다. 17세기 초반 북아메리카의 누벨 프랑스에 정착한 프랑스인들은 영국인이나 스페인인에 비해 원주민과 우호적인 관계를 맺었으며, 일부 부족과는 군사적·외교적 동맹관계도 맺었다. 이 지역에 파견된 프랑스 예수회도 초기에는 지역 주민에게 친밀하고 존중하는 태도를 보였으나, 18세기 무렵에는 백지화 전략을 따랐다. 지역에 파견된 예수회 선교사들은 단순히 유럽의 종교나 제도를 이식(移植)하는 차원을 넘어, '이상화된' 유럽 및 유럽인의 틀을 강요하였다. 프랑스 정부는 현지 주민의 프랑스화를 원하였으며, 예수회는 정부의 정책과 조화를 이루기 위해 프랑스화된 원주민의 존재를 보여야 했기 때문이다(주경철, 2011). 예수회 선교사들 중에는 원주민들을 인간 이하의 존재로 보는 사람들도 있었으며, 원주민들에게 유럽 문화를 전파하는 자신들의 선교가 매우 절망적이라고 비관하기까지 하였다(Ronda, 1972, 385-386).

한편, 당시 유럽은 아시아에 대한 식민지화, 그들의 당시 표현에 의하면 선교보호권에 의거한 선교활동을 계획하였고, 이를 잘 수행하여 아시아를 자신들의 지배 영역으로 만들고자 하였다. 물론 이 목표는 결과적으로 실패로 끝났다. 당시 유럽의 선교사들은 아시아 지역 선교에는 적응주의를 택하였다. '적응주의'란 문화순응이나 토착화 혹은 육화 등이라고도 하는 선교 방식으로, 대화의 차원에서 진행된 근대적인 선교 방식이다.

적응주의와 백지화 전략의 가장 큰 차이는 선교 대상에 대한 태도이다. 적응주의는 선교 대상의 문화적 우수성을 인정하는 반면, 백지화 전략은 선교 대상의 문화를 제거해야 할 열등한 것으로 인식한다. 즉 아시아, 특히 중국에 적용한 아메리카 지역에서 실행된 선교 방식과는 정반대의 것으로, 당시로서는 매우 획기적인 방식이었다. 적응주의는 예수회의 프란치스코 사비에르Francisco Xavier(1506~1552)가 시작하여 알렉산드로 발리냐노Alessandro Valignano(1539~1606)가 체계를 만들고, 마테오 리치Matteo Ricci(1552~1610)가 그 성과를 거두었다고 평가된다.[3]

아시아, 특히 중국 사회의 발전상을 목격한 예수회 선교사들은 기존의 백지화 정책으로는 이 지역에 대한 선교가 불가능할 것이라는 점을 깨달았다. 그리고 중국이 아시아의 문화적 선도 지역이라는

---

[3] 예수회의 적응주의는 창설자인 로욜라의 기본 정신과 사비에르의 현장 경험, 발리냐노가 완성한 선교 지침으로 성립되었다고 할 정도로 발리냐노의 선교 이론은 당시 예수회 선교정책에서 중요한 역할을 하였으며, 이는 유럽의 식민지 개척 과정에서 결정적인 기준이었다(이경규, 2013, 225).

것을 알고, 중국을 선교한다면 아시아 전역을 선교할 수 있을 것이라고 확신하였다. 이에 예수회 선교사들은 '문화선교' 방식을 채택하고, 중국의 사회·문화·풍속을 존중하며 무력적인 방식이 아니라 토착 문화를 이용해 중국 주민들을 선교하는 전략을 세웠다. 쉽게 말해, 중국을 중심으로 하는 아시아의 정치·경제·사회가 너무 크고 공고하여 자신들이 파고들 틈이 없으니 그들의 원래 모습을 충분히 존중하고, 그에 선교사들이 적응하면서 선교활동을 펼쳐 나아가겠다는 전략이었다(김혜경, 2010, 19).

그러나 당시 외국인 입국에도 폐쇄적이던 중국을 선교하는 것은 매우 어려운 일이었다. 이에 중국 선교 초기 예수회 선교사들은 중국의 불교 승려들과 유사하게 자신들을 '기독교 승려'라는 이미지로 포장하여 대중에게 다가갔다. 그러나 중국 내 불교 승려들의 지위가 높지 않음을 알고 이 정책을 버렸다. 그 대신에 중국 사회 내에서 유학적 지식을 바탕으로 형성된 사대부 계층이 권력층임을 알고는 의도적으로 그들에게 접근해 주류사회로 융합되고자 하였다. 즉, 동양의 사회구조를 파악하여 상류층과 가문의 어른을 선교하는 방식을 택하였다. 그러면서 유럽적인 요소를 최소화하고 중국인의 사고방식과 생활양식에 적응하는 방식을 택하였다. 적응주의는 현지의 언어를 중요시하며, 현지인들이 거부하지 않는 복장을 하며, 문서를 통해 선교를 하였다. 심지어 학교와 병원을 설립하여 가톨릭에 우호적인 인재들과 지역 성직자를 양성하였다.

예수회는 특히 학술적 소양이 깊은 선교사들을 파견해야 함을 강조하며 '학술선교'라는 방식을 시작하였다. 선교의 중심을 대중이 아닌 학자들로 옮겨, 강제적인 선전과 주입식 방법이 아닌 지식을 통한 선교 방식으로 전환하였다. 이를 위하여 예수회는 중국에 들어갈 선교사를 조직적으로 선발하여 양성하고 파견하였다. 이들은 학문적으로 높은 소양을 지니고, 중국어에 능통할 뿐 아니라 서양서를 중국어로 번역할 정도의 높은 수준을 요구받았다. 중국어에 대한 강조는 이후 예수회 선교사들이 천주교 교리와 유럽의 과학서들을 중국어로 번역하는 작업은 물론이고, 유학 경전을 라틴어로 번역하는 작업의 밑바탕이 되었다(이경규, 2013, 239-240).

따라서 청나라 시대에 중국에 유입된 서학西學(서양 학문)의 상당 부분을 예수회 선교사들이 담당하였다. 우리나라에 소개된 유럽의 천문학, 수학, 지도학 등도 대부분 예수회 선교사들이 한자로 번역한 것이었다. 조선 후기에 중국에서 유입된 세계 전도 〈곤여만국전도坤輿萬國全圖〉(1602) 역시 예수회 선교사 마테오 리치가 제작한 세계지도를 필사한 것이다. 이는 당시 중국 중심의 세계에 살던 조선의 사대부들에게 더 넓은 세상에 대한 비교적 정확한 정보를 주었다는 점에서 매우 중요한 지도였다.[4] 중국은 선교사들을 활용하여 수학, 천

---

4 심지어 강희제는 예수회 선교사들에게 중국 전역에 대한 지도를 제작하게 하였다. 1707년부터 1717년까지 예수회 선교사들이 직접 측량하여 〈황여전람도皇輿全覽圖〉를 완성하였다. 이는 1739년 프랑스에서 'Nouvel Atlas de la Chine(중국신지도장中國新地圖帳)'라는 제목으로 출판되었다. 당시 지도는 국가의 주요 기밀 사안으로서 일반인이 접하기 어려웠던 점을 감안한다면, 예수회 선교사들에 대한 강희제의 신뢰는 파격적인 것이었다. 그만큼 오랜 기간 선교사들의 노력이 있었기에 가능한 일이었다.

문학, 지도학, 회화 등 당시 유럽이 앞서 있던 분야를 받아들였으며, 선교사들은 중국의 유교 서적들을 번역하여 유럽에 소개하였다. 예수회 선교사들의 본래 목적은 실패하였지만, 그들의 노력 덕에 동양과 서양은 풍부한 학문적 교류를 수백 년간 지속할 수 있었다.

교황과 유럽의 왕들, 그리고 예수회를 비롯한 선교사들의 목표는 하나였다. 그러나 그들이 도착한 곳에 따라 그들이 수행한 역할은 크게 달라졌다. 만일 몬테수마 2세가 에르난 코르테스에게 아즈텍 제국을 빼앗기지 않았다면, 아타우알파 황제가 어이없게 피사로에게 사로잡혀 잉카 제국을 갈취당하지 않았다면, 유럽이 아메리카 대륙에 백지화 전략 말고 다른 전략을 써야만 했을 수도 있지 않을까?

제3장

닭장차를 타고 간 멕시코 농부들

아이러니하게도, 미-멕 국경이 형성된 이후 국경을 넘어선 두 국가 간의 교류는 새로운 사회적 현상이 되었다. 미-멕 국경은 여타 국가들의 국경보다도 인적 교류가 활발하게 이루어졌다. 미국이 새로이 획득한 땅을 개척하면서 노동력이 필요해졌기 때문이다. 국경이 그어진 이후, 멕시코인들은 국경 너머 미국 서부 지역에서 광업이 발달하고 도시가 성장하며 농업지대가 형성되는 데에 없어서는 안 될 존재들이었다.

닭장차를 타고 미국 농장에서 아몬드와 오렌지, 포도를 따던 이주민들은 점차 미국 농촌에 정착하였다. 이들의 노동력이 필요한 미국 정부는 '브라세로Bracero'라는 정식 프로그램을 통해 공식적인 노동이주를 추진하였다. 멕시코의 모라토리엄 선언(1982)과 북미자유무역협정NAFTA 체결(1994)로 국경 너머 이주하는 노동력의 규모는 전례 없이 증가하였다. 그러나 맨손으로 미국의 개척과 발전을 일군 멕시코인들은 주류사회에서는 보이지 않는 곳에서 그들만의 삶을 살았으며, 고용주들은 불법이라는 틀에 가두어 그들을 더욱 살뜰히 착취하였다.

불법이주민의 대명사가 되어 버린 멕시코인들은 미국 이주 물결을 늦추고 있지만, 중앙아메리카 국가의 이주민들이 그 자리를 대신하고 있다. 오랜 기간 끊임없이 미-멕 국경을 넘어, 미국의 농업과 도시 건설에 이바지한 멕시코계 이주민과 라틴계 이주민의 이주 역사를 간단히 살펴보자.

서부 개척 시대의 시작

미-멕 국경의 형성 이후 미국 정부는 새로 매입한 영토에 대한 개척 사업을 적극적으로 실시하였다. 국경이 형성된 시기에 미국의 인구와 도시, 경제는 대부분 동북부 지역에 집중되어 있었다. 그런데 「과달루페 이달고 조약」으로 미국이 멕시코로부터 영토를 획득하기 바로 직전, 지금의 캘리포니아 새크라멘토 지역에서 금이 발견되었다. 지금은 다른 지역에서 일어나는 일들이 빠르게 전달되지만, 당시만 해도 양국 모두의 변경 지역이던 캘리포니아에서 금광이 발견됐다는 소식이 전해진 것은 한참 후였다. 미국과 멕시코 정부가 금광 발견 소식을 알고 「과달루페 이달고 조약」을 체결했는지는 알 수 없지만, 미국이 새로운 영토를 매입한 이후, 곧 골드러시gold rush(1848~1853)가 시작되었다.

금광에 관한 소문이 나면서 이제 막 미국 영토가 된 서부 지역에 대한 동부 지역 주민들의 관심이 높아졌을 뿐 아니라, 유럽까지도 그 소문이 퍼졌다. 동부 지역 주민들은 물론이고 유럽과 라틴아메리카, 심지어 중국에서도 금을 찾는 사람들이 몰려들었다. 금광은 1948년에 발견되었지만 소문이 사실로 확인되고 알려지는 데에는 시간이 필요하였기에, 골드러시로 인한 캘리포니아 지역으로의 이주가 본격적으로 시작된 것은 1849년부터다. 1849년 한 해에만 8만 명에 이르는 사람들이 캘리포니아로 이주하였는데, 당시로서는 대규모인 이 첫 이주민들을 일컬어 49년에 이주한 사람들, 즉

'49ers(forty-niners)'라고 한다. 미국인들이 가장 좋아하는 스포츠 경기인 미식축구에는 '49ers'라는 프로팀이 있는데, 캘리포니아주 샌프란시스코 연고 팀이다. 일확천금을 노리는 이주민의 숫자는 계속 증가하여 캘리포니아 지역의 골드러시가 사그라든 1853년경까지 총 25만 명이 이주한 것으로 추산된다. 이후 콜로라도주 덴버(1858)에서도 금광이 발견되어 골드러시를 이어 갔다.

골드러시 시대와 서부 개척지는 할리우드 웨스턴 무비의 주요 무대이기도 하다. 예전에 주말의 영화 시간에 방영되던 〈황야의 결투 My Darling Clementine〉(1946), 〈하이 눈High Noon〉(1952), 〈셰인Shane〉(1953), 〈내일을 향해 쏴라Butch Cassidy and the Sundance Kid〉(1969) 등의 영화에서는 건조하고 황량한마을을 배경으로 금을 좇아 온 사람, 범죄자, 보안관, 그리고 커다란 모자와 망토를 쓴 멕시코 악당이 등장하곤 한다. 웨스턴 무비는 할리우드의 대표적인 장르가 되었지만, 그 명성에 비해 미국의 골드러시 기간은 오래 지속되지 않았다. 그러나 골드러시는 서부 지역 개발의 주요 계기가 되었고, 당시 이주민의 개척 정신은 미국의 대표적인 이미지가 되었다.

골드러시 붐을 타고 미국의 동부 지역에 살던 젊고 모험심 강한 이들이 행운을 바라고 서부로 이주하는 사회적 분위기가 조성되었고, 유럽 사람들의 이주도 증가하였다. 골드러시 기간에 금이 발견된 지역으로 인구가 집중되고 도시가 성장하였다. 이 기간에 서부로 이주한 인구 중 상당수가 골드러시 열기가 사그라든 이후에도 서부 지역에 정착하였다. 골드러시가 유발한 인구성장과 도시 발달에 힘입어 1848년 금이 발견된 캘리포니아는 1850년 미국의 정식 주로 편입되었고, 1858년 금광이 발견된 콜로라도는 1861년 준주準州로 편입되었다.

미국 정부는 골드러시로 촉발된 사회적 관심과 이주 경향을 지속시켜, 서부 지역 전체에 이주민들을 이주 정착시키려 하였다. 특히 농업을 통해 서부 및 서남부 지역을 공고하게 미국으로 귀속시키고자 하였다. 농업은 인간의 경제활동 중 가장 넓은 면적을 필요로 하는 활동이고, 남부 지역의 목화는 국가의 주요 수출 상품이었다. 무엇보다도, 미-멕 전쟁의 가장 주된 원인은 텍사스 지역으로까지 목화 재배지를 확대하는 것이었다. 골드러시로 시작된 서부 개발은 이제 농업 발달 단계로 넘어갔다.

미국은 지금도 세계 최대의 농업국가로서, 기본적으로 농업을 통해 국토를 개척하였다. 미-멕 전쟁 이전에도 미국은 프렌치 인디언 전쟁, 루이지애나 매입 등을 통해 광대한 국토를 획득하였으며, 새로 편입된 국토는 '타운십Township System'(카운티 아래 행정구역 단위) 구성 원칙에 따라 균등하게 분배하였다. 미국에 새로 편입된 주들은 이 제도에 따라 가로세로 6마일×6마일 단위의 마을을 만들고, 각 마을의 토지를 또 가로세로 6등분하여 1제곱마일의 토지를 만들어, 이를 다시 각 개인에게 분할하여 나누어 주었다. 토지를 받는 대상은 농촌지역에 정착하려는 농부와 퇴역 군인들이었다. 토지가 분배된 시기와 지역에 따라 각 개인이 받은 땅은 0.25제곱마일에서부터 2제곱마일에 이르렀다. 이를 제곱미터로 환산하면 65만 제곱미터에서 520만 제곱미터에 이르는 넓은 면적이었다. 분배된 토지의 규모는 기후 및 농업 기술 수준에 따라 약 20만 평에서부터 157만 평까지 지역별로 달랐지만, 토지 배분의 원칙은 '한 농가가 재배할 수 있는 최대치의 면적을 배분한다'는 것이었다.

한편, 하나의 타운십마다 한 구역은 비워서 공공시설을 설치하였다. 우체국, 보안관 사무소, 행정 사무소, 교회, 학교가 설치되었고, 상점도 들어섰으며, 지역 주민 수에 따라 행정 인력이 각 기관에 배치되었다. 아이들은 농촌에 살아도 학교에 다닐 수 있었다. 오래전 우리나라에서도 방영되었던 미국 드라마 시리즈 〈초원의 집Little House on the Prairie〉(NBC, 1974~1984)에 당시 미국 농촌의 모습이 잘 그려져 있다. 이 드라마는 서부 개척 시대 위스콘신에서 자란 로라 와일더Laura Ingalls Wilder(1867~1957)의 자전적 이야기를 담은 동명 소설을 드라마화한 것이다.

미국에 편입된 서부 및 서남부 지역은 로키산맥을 따라 건조기후가 나타나고, 태평양 해안을 따라 지중해성기후와 서안해양성기후 등이 나타나기 때문에, 동부 지역에 비해 일조 시수가 길고 겨울이 온난한 편이다. 따라서 과일과 채소와 같은 환금성 높은 작물의 재배에 적절하다. 이에 1861년 미국 중서부 지역을 연결하는 철도가 개설되면서 중서부 지역의 농부들은 철도를 이용해 북동부 도시 지역까지 농작물을 공급할 수 있게 되었다. 지중해성기후가 나타나는 캘리포니아 지역에는 포도, 오렌지, 아몬드 등 지중해성 과실 농업이 시작되었다. 중부 지역에서는 미국 농업의 대표적인 혼합농업

지대인 콘벨트Corn Belt가 형성되었다. 미국의 혼합농업은 옥수수를 재배해서 돼지 사료로 사용하는 것이 특징으로, 농부는 옥수수보다는 돼지 사육으로 주된 이익을 얻는다. 또한, 내륙 전역으로 밀 재배가 확대되었으며, 텍사스를 비롯한 남부에서는 목화를 주로 생산하여 수출하였다. 멕시코 북부 지역에서 성행하던 목축업도 미국 중서부의 건조한 지역에서 실시되었다. 당시 목축업은 수만 마리 이상의 대규모 소 떼를 몰고 소들이 먹을 풀을 찾아 이동하는 형태로, 소를 몰고 다니는 목동을 카우보이cowboy라고 했다. 우리가 미국 하면 떠올리는 카우보이 모자, 부츠, 밧줄 등은 당시 멕시코 북부와 미국 중서부 건조 지역의 목동들이 착용하던, 국경을 넘나드는 공통된 패션이었다.

골드러시로 시작된 서부 개척은 농업을 통해 서부 발전으로 이어졌다. 현재 미국의 농업은 미국 전체 GDP의 2퍼센트 미만이지만, 미국은 호주, 아르헨티나, 브라질 등과 함께 세계에서 가장 주요한 농산물 수출국이며, 카길Cargill을 비롯한 세계 주요 농기업들의 모국이다. 무엇보다, 미국은 원래 농부의 나라였다. 1620년 메이플라워호를 타고 북아메리카 북동부로 이주한 사람들은 당시 값비싼 환금작물이던 담배를 재배하고자 하였으며, 세인트로렌스강을 따라 캐나다 동부로 진출한 프랑스인들도 농사를 지었다. 남북 아메리카 대륙은 16세기부터 시작된 식민지배 기간 동안 유럽에서는 재배되지 않던 열대 및 아열대작물을 재배하여 유럽 농장주와 상인들을 부유하게 하였다. 유럽에 비해 높은 기온과 풍부한 강수량, 그리고 비옥한 토지를 지닌 아메리카 대륙은 한 가지를 제외하고는 농업에 필요한 모든 조건을 갖추고 있었다. 그 한 가지란 바로 노동력이었다.

미국과 라틴아메리카 빈부격차가 토지소유제 탓?

1850년대 미국과 멕시코 간의 국경선이 형성된 시기, 미국과 멕시코의 경제적 격차는 크지 않았다. 그러나 그로부터 불과 100여 년이 흐른 후, 미국은 세계 최고의 부유한 국가가 되었고 라틴아메리카 지역, 특히 미국과 국경을 맞대고 있는 멕시코는 개발도상국이 되었다. 1982년 멕시코의 모라토리엄 선언 시기에 두 국가 간의 격차는 최대가 되었다.

라틴아메리카 학자들에게 오늘날 앵글로아메리카와 라틴아메리카 국가 간의 현격한 경제적·정치적·사회적 격차는 주요한 난제 중 하나이다. 같은 아메리카에 위치한 국가들임에도, 비슷하게 식민지배를 경험했음에도, 독립 당시만 해도 그리 크지 않았던 두 지역 간의 빈부격차가 어쩌다 이렇게 커졌을까?

두 지역 간의 경제적 격차가 발생한 원인에 대해 여러 설명이 제시되었지만, 타운십 제도에 기반한 미국의 토지 소유제와 라틴아메리카의 대토지 소유제를 그 원인 중 하나로 꼽기도 한다. 타운십 제도의 원칙은 농사를 짓고자 하는 이들에게, 물론 당시 5년 이상 농사를 짓는다거나 전쟁에 참전한 군인 출신이라든가 하는 자격 요건이 있었지만, 어쨌든 농사를 짓고자 하는 이들에게 당시 기술 수준으로 한 가족이 경작할 수 있는 최대치의 토지를 주는 것이었다. 타운십 제도 덕에 비교적 넉넉한 토지를 소유한 미국의 농부들은 가족과 함께 농사를 지어 시장에 내다 팔고, 그 수익으로 생필품을 사고 아이들을 학교에 보낼 수 있었다. 즉, 농부들은 농산물을 생산하여 농산물 가공업의 원료를 제공하는 생산자인 동시에, 국내에서 생산되는 공산품을 구매하는 소비자였다. 따라서 이들을 기반으로 내수시장이 형성될 수 있었다. 또, 타운십마다 설치된 학교를 졸업한 아이들은 미국 사회발전에 필요한 노동력으로 자라났으며, 나아가 시민사회를 형성할 수 있었다.

이와 대조적으로, 라틴아메리카에서는 식민지배 시절뿐 아니라 독립 이후에도 상당한 비율의 농민들이 소작농이나 임노동자 혹은 부채노동자로 대토지 소유주의 토지에 예속되어 있었다. 라틴아메리카의 도시 발달사 연구를 보면, 인구의 대다수를 차지하는 농민들이 농장에 매여 이동하지 못하였기 때문에 도시 체계나 지역 간 도로망이 발달하기 어려웠다고 한다. 특히 라틴아메리카의 대규모 농장들은 플랜테이션 작물을 생산하여 유럽으로 수출하는 경우가 많았다. 수출을 하면 수입도 해야 하는 법이기에, 농장주들은 수출로 벌어들인 외화로 유럽의 소비재들을 구매하였다. 반면 농민들이 농업 노동으로 벌어들인 수익은 매우 적었다. 농민들은 내수시장에 참여할 만큼의 경제적 여력이 없었다. 그 결과로 라틴아메리카의 산업화에 필요한 내수시장이 형성되지 못하였고, 이는 라틴아메리카의 여러 나라들이 유럽과 같은 산업 발전을 이루지 못한 원인이 되었다.

아메리카의 오랜 난제, 노동력 부족

콜럼버스가 서인도제도의 히스파니올라섬에 발을 내디딘 순간부터 20세기 중반까지 아메리카 대륙 전체에서 가장 중요한 문제는 노동력의 부족이었다. 스페인 제국은 식민지 건설과 운영을 위해 엔코미엔다, 레파르타미엔토, 미타 등의 제도를 실시했는데, 모두 원주민 노동력 동원과 관련된 것이었다.[1]

아메리카 대륙에는 노동력 부족 문제를 해결하기 위해 약 1,100만 명의 아프리카 노예들이 유입되었고, 그중 900만 명이 카리브해 지역과 브라질의 사탕수수 재배에 투입되었다. 미국의 경우에는 19세기부터 시작된 남부 면화 플랜테이션에는 흑인 노예가, 이제 산업혁명을 시작한 북동부 도시지역에는 산업노동자가 필요했다. 노동력을 둘러싼 남부와 북부의 갈등은 결국 남북전쟁(1861~1865)으로 이어졌다.[2] 1848년 중서부 지역이 멕시코로부터 미국으로 편입되었지

---

[1] 엔코미엔다encomienda는 스페인 왕실이 정복 과정의 공로에 따라 스페인 정복자들에게 토지와 원주민을 분배해 준 것이다. 제도상으로는 스페인 왕이 정복자들에게 원주민 보호와 기독교 복음 전파를 위임하고, 그 대가로 엔코멘데로(감독관)들이 원주민의 노동을 사용할 수 있게 한 것이다. 명목상으로 원주민은 노예가 아닌 왕의 신민이지만, 이 제도를 통해 노동력을 강제로 그리고 무료로 동원할 수 있게 하였다. 엔코미엔다는 농업뿐 아니라 광업과 건설업 등 모든 분야에서 주요 노동력 공급 수단이 되었다(Greenleaf, 1967, 227). 식민 초기에 엔코미엔다를 실시했던 스페인 왕실은, 식민지가 안정되자 그 권한을 영구 상속할 수 있는 엔코미엔다 대신에 상속을 2, 3대로 제한하는 레파르타미엔토repartimiento로 변경하여 정복자 세력을 견제하였다. 미타mita는 페루에서 주로 시행되던 노동력 동원제도로, 포토시를 중심으로 하는 광산 노동력 동원용으로 사용되었다.

[2] 물론 인도적인 의도도 있었겠지만, 북부 주들이 노예제도를 반대한 것은 이로 인해 상당수의

만, 스페인 식민지의 변경 지역이었던 이 지역은 일부 원주민 부족을 제외하고는 인구밀도가 매우 낮았다. 19세기에만 3천만 명의 유럽인이 아메리카 대륙으로 이주해 왔지만 아메리카 대륙은 늘 노동력이 모자랐다.

19세기 후반 미국, 브라질, 아르헨티나 등 대부분의 아메리카 국가에서 이루어진 대규모 철도 공사에서도 가장 큰 문제는 노동력 부족이었다. 미국은 1830년부터 철도 건설을 시작하였다. 영국이 스톡턴–달링턴 구간에 일반 철도를 건설한 지 불과 5년 후이다. 미국의 철도는 북동부 지역에서부터 건설되기 시작하였다. 남북전쟁에서도 초기에는 부유한 남부군이 전세를 압도하였지만, 장기전으로 돌입하면서 철도망이 잘 건설된 북부 지역이 원활한 군수물자 보급으로 전세를 역전시켰다. 원활한 물자 보급은 북부군 승리의 원인으로 꼽힌다. 미국 정부는 멕시코로부터 매입한 서부 지역을 개발하려면 이 지역에 철도 건설이 필요하다고 판단하였다. 그래서 남북 전쟁 중임에도 1862년 철도법을 제정하고, 1863년 미대륙 횡단철도 공사를 시작하였다. 당시 철도 건설에는 많은 노동력이 투입되어야 했으며, 공사 과정에서 노동자들의 부상과 사망도 잦았다. 이에 철도 건설사들은 죄수들을 공사 현장에 대거 투입하기도 했다.

그래도 공사 현장에는 여전히 노동력이 부족했고, 캘리포니아 골

노동력이 농촌지역에 묶여 있었기 때문이다. 당시 북부 주들은 산업혁명을 시작하려던 참이었고, 공장을 운영하기 위해서는 다수의 저렴한 노동자들이 필요하였다. 북부 자본가들은 노예를 해방시키면 그들이 도시로 이주하여 제조업 성장에 기여하리라고 기대했다.

드러시 시기에 이주해 온 중국인들이 철도 건설에 대거 투입되었다. 당시 쿨리Coolie라 불리던 중국인 노동자들은 힘들고 어려운 일도 불평 없이 잘 수행했기 때문에 산악 지역이나 폭파 작업과 같이 위험한 작업에 집중 투입되었다. 따라서 미국인 노동자들에 비해 중국인 노동자의 사고 및 사망 확률이 훨씬 높았다. 게다가 주로 따뜻한 광둥성이나 복건성 출신이었던 중국인 노동자들은 미국 내륙 지역의 추위 때문에 매우 고생했다.

그들의 노력과 희생 덕에 1869년 캘리포니아주 새크라멘토에서 출발하여 유타주 솔트레이크시티까지 연결된 2,300킬로미터에 이르는 미국 대륙횡단철도가 완성되었다. 이 철도는 이후 서부 지역 발전에 매우 중요한 기반시설이 되었다. 당시 이 노선의 주요 투자자 중 한 명이었던 스탠포드Leland Stanford는 샌프란시스코에 본인 소유 토지를 중국인 정착지로 기부하고, 훗날 자신이 세운 스탠포드대학에 중국인 입학 쿼터를 두었다. 샌프란시스코에는 현재 미국에서 가장 큰 차이나타운이 형성되어 있다[아틀라스뉴스, 2019.5.26.].

미국의 노동력 부족은 농업 부분에서도 문제였다. 남북전쟁이 북부군의 승리로 종결되면서 미국의 노예제는 폐지되었다. 그러나 북부나 서부로의 노동력 이주가 즉시 나타나지는 않았다. 주로 남부의 농촌지역에 거주하던 해방 노예들은 대부분 과거 '주인'이었던 농장주의 '소작농'으로 신분만 바뀐 채 농촌에 머물렀다. 외부 소식도 들을 수 없고, 가난하고 배운 것도 없는 흑인들에게는 기존에 하던 농사일이 최선의 선택이었다. 그러나 19세기 말~20세기 초가 되자 남부의 농촌지역을 떠나 북동부, 오대호, 서부 지역의 대도시로 이주하는 흑인 인구가 늘어났다. 당시 농업 분야의 기술이 발달하면서 남부의 농업 노동력 수요가 줄어들었고, 미국도 도시화 시기로 접어들었기 때문이다.

미국이 새로 획득한 중서부 지역도 농업지대로 조성되면서 농업 및 건설업 분야 전반에서 노동력 부족 현상이 나타났다. 특히 미-멕 국경에서 멀지 않은 남서부 지역에서는 과일이나 채소 재배가 활발하였고, 수확철에는 다수의 노동력이 절대적으로 필요했다. 이에 미국 농부들은 멕시코 노동자들을 수입하여 한시적으로 고용하였다. 당시에는 국경 지역에 마을이나 도시가 거의 발달하지 않았기 때문에 소위 '닭장수pollero'라 불린 미국의 고용 브로커들이 멕시코 북부의 농촌지역을 돌며 계절이주노동자들을 모집하였다. 브로커들은 닭장으로 위장한 트럭을 몰고 미국으로 갔다가, 닭장 뒤편에 멕시코 노동자들을 싣고 국경을 넘었다. 지금도 미-멕 국경 지역의 이주 브로커들을 닭장수 혹은 '코요테coyote'라 부른다.

브로커를 따라 미국의 농장으로 실려 온 노동자들은 한 달에서 서너 달까지 일손이 필요한 농장들을 순회하며 일을 하였고, 계약기간이 끝나면 다시 닭장 트럭에 태워져 고향으로 돌아갔다. 멕시코의 계절노동자들 덕에 미국의 농장주들은 값싼 노동력을 이용해 농사를 지을 수 있었으며, 이는 최근까지도 오랜 기간 지속되어 왔다. 이들의 이주는 미-멕 국경을 넘어 이루어지는 노동이주의 가장 초기 형태였다. 계절이주노동이라 불리는 주로 3개월 이내의 짧은 고용 기간이 끝나면, 멕시코 농민 출신의 노동자들은 다시 고향으로 돌아가 농사를 지었다. 이들의 왕래는 미국 사회에서는 누구나 알지만 법적으로 문제 삼지 않는 사안이었다. 특히 고용주들 입장에서는 노동비가 저렴하고, 고용 관련 보험을 들어 줄 필요가 없으며, 혹시라도 문제가 생겨도 법적 다툼으로 발전할 여지가 적은, 게다가 한시적 고용이 가능한 매우 만족스러운 고용 대상이었다. 이 노동자들 중에는 이주노동을 반복하다가 미국에 정착하는 이들도 있었다.

대략 불법으로 이루어지던 멕시코인들의 이주가 본격적으로 시작된 것은, 1943년 미국이 브라세로 프로그램으로 멕시코의 노동력을 공식 초청하면서이다.[3] 제2차 세계대전이 발발하자 미국의 산업은 군수물자 제조로 활기를 띠었다. 게다가 일본이 진주만을 공격하면서 미국도 본격적으로 참전하게 되었다. 전쟁 특수로 경제활동이 증가하였으나, 생산연령기의 남성들이 대거 전쟁에 참전하면서 미국 사회 전반에 노동력 부족 현상이 나타났다. 이에 미국 정부는 한시적으로 멕시코의 인력을 공식 초청하는 브라세로 프로그램을 시작하였다. 사람의 팔뚝을 의미하는 브라소brazo에서 유래한 브라세로 제도는 말 그대로 멕시코인의 일손, 즉 노동력을 빌려 오는 제도였다(박구병, 2015, 158).

브라세로 프로그램은 기존의 계절이주와 달리 멕시코 출신 노동

---

[3] 미국과 멕시코 정부가 체결한 노동력에 관한 외교적 합의. 제1차 세계대전 발발 후인 1917~1929년에 양국 간에도 브라세로 프로그램이 실시되었다.

자에게 정식 보험과 노동권을 보장하고 훨씬 높은 임금을 지급하였다. 제2차 세계대전이 종료된 이후에도 미국이 한국전쟁에 참여하면서 브라세로 프로그램은 연장되었고, 멕시코의 강력한 요청으로 1964년까지 지속되었다. 브라세로 프로그램이 지속되는 동안 약 480만 명이 정식 계약노동자로 미국의 24개 주에서 일하였으며, 이는 미국에 투입된 단일 국가노동력으로는 최대 규모였다(Migration Dialogue, April 2003).

브라세로 프로그램은 미국의 참전을 빌미로 시작되었지만, 정작 미국이 세계대전에 참전한 기간(1942~1945)에는 그 규모가 연간 4만 명 내외로 적은 편이었다. 오히려 한국전쟁이 종료되고 난 1955~1959년에 가장 많은 노동력이 미국으로 이주하여 연간 40~45만 명이 계약노동자로 일하였다. 브라세로 프로그램으로 미국에 건너간 노동자들은 주로 농장에서 농업노동자로 근무하였고, 이들은 미국의 농업노동자들에게 상당한 위협으로 간주되었다(Migration Dialogue, April 2003).

한편, 브라세로 프로그램을 통해 정식으로 이주한 노동력과 비슷한 규모로, 혹은 그 이상으로 불법이주노동이 이루어졌을 것으로 추정된다. '정식' 브라세로 노동자는 임금도 비싸고 고용 규정도 더 까다로워, 미국 고용주들은 '불법' 상태의 노동자를 더 선호하였다. 불법이주노동자는 노동자로서의 권리를 보호하거나 보험을 들어 줄 필요가 없었고, 무엇보다도 더 낮은 임금에 해고도 마음대로 할 수 있었다. 고용주들은 '불법'이라는 멍에를 씌워 브라세로 노동자들을 더 착취하고자 한 것이었다. 고용주의 요구로 상당수의 '합법적' 노동자가 고용 기간 경과 후 '불법'노동자가 되어 미국에 남았다. 브라세로 프로그램을 계기로 멕시코 노동자들은 미국인에게 '외국인 노동자'의 전형으로 인식되었고, '멕시코인 = 불법이주노동자'라는 편견이 형성되었다.

농업노동자에서 도시 노동자로

미국과 멕시코 간의 노동이주는 초기에는 농촌에서 일하는 계절노동자가 주를 이루었다. 이후 이주의 역사가 길어지면서 순환하는 노동이주를 멈추고 미국의 농촌 마을에 정착하거나 대도시지역의 경제에 편입되는 멕시코계 인구가 증가하였다. 두 국가가 무려 3천 킬로미터가 넘는 긴 국경선을 맞대고 있기 때문에 국경선을 넘는 이주가 당연히 빈번할 것 같지만, 국경에서도 사람들이 왕래할 수 있는 구간은 제한적이다. 현재 미국과 멕시코 국경을 통과할 수 있는 지점은 총 50개로, 대부분 도시지역에 위치해 있고 적법한 서류를 갖추어야regular documented 통과할 수 있다. 그러나 상당수의 멕시코인은 적법한 비자 없이 미국 이주노동을 도모하며, 이들은 지정된 월경 지점이 아닌 곳에서 국경을 넘으려 한다.

미-멕 국경 3,145킬로미터에 모두 장벽이 설치되어 있는 것은 아니어서 국경을 넘는 일이 쉬울 것 같지만, 이는 매우 위험하고 고된 일이다. 미국 남서부와 멕시코 북부에는 로키산맥이 광범위하게 자리 잡고 있고, 상당 부분이 사막기후 지역이다. 게다가 국경선을 따라 입지한 마을이나 도시는 40개 정도로 대부분 국경을 따라 마주하고 있다. 따라서 국경 지역은 사람이 살지 않는 사막이나 험준한 산맥 지역이 상당 부분을 차지하고 있어, 국경을 넘으려다 길을 잃고 헤매거나 사망하는 사건이 종종 발생하였다. 우리나라에도 잘 알려진 노래 〈돈데 보이Donde Voy〉는 국경을 넘으려는 불법이주자가 사막 한가운데서 길을 잃고 헤매는 심경을 노래한다. 이 노래를 부른 가수 티시 이노호사Tish Hinojosa는 미국 텍사스에 거주하는 멕시코계 미국인이다.

3천 킬로미터가 넘는 긴 국경이지만, 주된 이주 경로는 세 개 정도다. 멕시코의 티후아나를 넘어 캘리포니아주 샌디에이고로 입국하는 서부 노선, 멕시코의 시우다드 후아레스를 거쳐 텍사스주 엘패소로 입국하는 중부 노선, 그리고 몬테레이-누에보 라레도-라레도를 거쳐 텍사스주 샌안토니오로 이어지는 동부 노선이다. 이 중 합법적이든 불법적이든 모든 이주민이 가장 선호하는 경로는 멕시코의 티후아나를 경유하는 노선이다. 티후아나에서 국경을 넘으면 미국의 대표적인 해군기지이자 대도시인 샌디에이고가 있고, 그로부터 불과 2시간 거리에 로스앤젤레스가 있다. 게다가 캘리포니아주는 과일 및 채소 생산이 주를 이루는 미국의 대표적인 농업지역이다. 즉, 티후아나를 거쳐 미-멕 국경을 넘는 경로는, 그 어느 지역보다도 미국 내 일자리에 접근하기 좋은 경로이다. 따라서 티후아나는 일자리를 찾아 미-멕 국경을 넘는 이주노동자들이 가장 선호하는 경유지이며, 이주 브로커인 닭장수와 코요테들이 가장 많이 활약하는 도시이기도 하다.

멕시코 이주노동자들은 일찍이 농업 계절노동자로 미국 농촌지역의 주요 노동자 집단을 구성하였다. 그러다가 20세기 들어 미국에서 도시화가 본격적으로 진행되면서 멕시코계 이주민도 도시에 정착하기 시작하였다. 멕시코계 이주민이 도시 정착 과정 초기에 주로 정착한 도시는 로스앤젤레스였다. 농촌지역으로의 이주와 도시지역으로의 이주는 조금 다른 경향을 나타냈다. 미국 이주 역사가 오래된 지역, 특히 멕시코 북부 지역 마을들에서는 농촌지역으로 이주하는 경향이 강하였고, 이주 역사가 긴 만큼 영주권과 시민권을 취득한 합법적 이주민의 비중이 높았다. 반면에 이주 역사가 짧은 지역일수록 도시 이주 경향이 강하고, 불법이주 비율이 높았다. 북부 지역에 비해 뒤늦게 이주 역사가 시작된 멕시코 남부 지역의 이주민들은 도시에 정착하는 비율이 높고, 불법이주의 경향도 높게 나타났다.

멕시코인들의 국제 노동이주에 대해 연구한 뒤랑과 매시Durand and Massey(1992)는 멕시코인들의 이주가 발생한 근본적인 원인은 양국 간의 경제구조의 차이이지만, 이주의 제반 사항을 결정하는 것은 이주자가 속한 지역사회의 이주 역사라고 하였다. 특히 마을의 이주 역사가 오래되지 않은 경우, 지역사회에서 최초로 이주를 시작한 사람, 소위 프런티어들이 중요한 역할을 하였다.

마을 최초의 이주민인 프런티어는 영어를 어느 정도 구사할 정도의 학력을 갖추고, 농토를 소유한 중간계층에 속하며, 가족을 동반하지 않은 노동연령의 젊은 남성인 경우가 일반적이다. 마을의 이주 역사가 짧은 시기에는, 미국으로의 이주가 더 위험하고 비용이 많이 드는 일이기에 스스로 일자리를 얻고 정착할 수 있는 언어능력과 노동능력, 재정력이 어느 정도 있어야 한다. 마을의 프런티어가 어려운 과정을 극복하고 미국에 정착하게 되면, 그의 형제나 가족, 지인이 개척자의 도움을 얻어 이주하게 된다. 후발 이주민들의 이주 비용과 위험 부담율은 프런티어가 감당했던 것보다 낮아진다. 이후에는 프런티어보다 경제적 지위가 낮은 이들도 이주가 가능해지고, 이주 네트워크를 이용해 이주하는 마을 사람들의 범위가 확대된다. 이후 이주가 거듭되면서 이주민 대부분이 농토를 소유하지 못한 하층민으로 구성되게 된다.

이주민의 인구학적 특성도 변화하게 되는데, 대부분의 프런티어는 젊은 연령의 남성 이주자이다. 프런티어를 비롯해 초기에 홀로 이주한 이주노동자들은 경제적으로 정착한 후에 배우자를 이주시키고, 배우자와 함께 경제적 기반을 더 확보하게 되면 자녀를 이주시키게 된다. 이주자의 구성에서 여성 및 아동의 비중이 높아지는 것이다. 이주 역사가 긴 마을일수록 가장의 이주와 배우자 및 자녀의 이주 간격이 짧은 경향이 있다. 즉, 이주 역사가 긴 마을의 주민들은 미국으로의 이주와 정착이 상대적으로 쉽다.

이주 과정에서 프런티어가 처음 정착한 지역과 업종 역시 이후 그를 따라 도래할 이주노동자들에게 중대한 영향을 미친다. 처음 고향을 떠나 일자리를 찾아 미국에 도착한 프런티어는 아는 이 없는 낯선 도시에서 고생스러운 과정을 거치며 일자리와 숙소를 마련한다. 그러나 프런티어가 정착한 이후에 도착한 지인이나 가족들은 따로 숙소를 마련할 돈을 모을 때까지 프런티어의 숙소에 함께 기거한다. 그들은 숙소 외에 구직 활동에서도 프런티어의 도움을 받을 수 있으며, 프런티어에 비해 수고를 덜 들이고 일자리를 얻게 된다. 이 후발 주자들이 숙소를 얻어 독립해 나가면, 후발 주자의 형제와 친구, 친척들이 다시 고향을 떠나 이주해 오는 구조가 만들어진다. 후발 주자는 자신을 찾아 이주해 온 지인과 친지들에게 프런티어가 그랬던 것처럼 임시로 거주지를 공유하고, 일자리를 소개해 준다. 결국 프런티어를 좇아 이주해 온 이들은 프런티어와 동일한 지역에 거주하며 동종의 직업을 얻게 되는 경향이 강하다.

이러한 연쇄적인 이주 과정을 통해 일정 지역의 특정 직업은 같은 고향 출신 이주자들로 이루어지는 경우가 자주 나타나게 된다. 이러한 과정을 통해 한 도시 내에 멕시코인 집단 거주지가 형성되는데, 로스앤젤레스 동부 지역인 이스트 바리오가 대표적이다. 로스앤젤레스의 이스트 바리오는 이미 1950년대에 미국의 대표적인 라틴계 거주지로서 인식되었다. 특히 멕시코는 육로를 통해 쉽게 미국으로 이주할 수 있기 때문에 친지나 친구 등 지인 네트워크가 이주 과정에서 중요하게 작용한다.

한편, 장단기적인 노동이주 외에도 미-멕 국경 지역에서는 날마다 혹은 며칠 단위로 국경을 넘어 경제활동을 하는 주민들의 규모도 크다. '월경越境통근자'라 불리는 이들은 아침마다 혹은 며칠 간격으로 국경을 넘어 출퇴근한다. 국경지대에 거주하는 멕시코인은 미국에서 72시간 동안 머물 수 있는 허가증이 발급되기 때문에, 국경 지역의 많은 주민들이 아침에 국경을 넘어 미국에서 일하고 저녁에 다시 멕시코의 집으로 돌아간다.

이들이 종사하는 직종은 가사도우미나 택시 운전사, 식당 근무자 등 서비스 분야가 주를 이룬다. 따라서 미국 측 국경도시 중 규모가 가장 크고 부유한 샌디에이고와 멕시코 국경도시 티후아나 사이에는 멕시코에서 미국으로 넘어가는 월경통근자 흐름이 뚜렷하게 나타난다. 국경을 넘어 출퇴근하는 월경통근 현상은 기본적으로 양 국가, 양 도시 간의 임금격차에서 발생하지만, 1994년 발효된 북미자유무역협정NAFTA으로 마킬라도라(접경지대에 있는 조립 가공 수출업체) 지구에 입주한 제조업체가 증가하면서 더욱 심화되었다.

멕시코인의 경계에서 라티노의 경계로

3천 킬로미터가 넘는 미국과 멕시코 간의 국경은, 비록 국경 경비가 강화되고 있지만 육로를 통해 비교적 쉽게 미국으로 이주할 수 있는 기회를 멕시코인들에게 제공한다. 따라서 미국 내 히스패닉계 인구 중 가장 다수를 차지하는 집단은 멕시코계 인구이다. 미국에서 태어나지 않았지만 현재 미국으로 이주하여 거주하는 멕시코인의 규모는 1980년 220만 명에서 1990년 426만 명, 2000년 916만 명, 2021년 1,175만 명으로 증가하였다. 이들의 규모는 2015년 1,217만 명으로 최고치를 기록한 후 감소세를 나타내고 있다.

앞서 이야기한 것처럼, 멕시코인들의 미국 이주는 오랜 기간 동안 진행되어 자연스러운 현상인 것처럼 보인다. 그러나 멕시코계 이주민의 규모는 1982년 멕시코가 모라토리엄을 선언하고 IMF 구제금융을 받은 이후 매 10년마다 두 배 이상 증가하였다. 퓨히스패닉센터Pew Hispanic Center의 보고서에 의하면, 이주가 한창이던 1995년에서 2000년까지 5년간 약 300만 명의 멕시코인이 미국으로 이주하였다. 미국 이주자가 가장 많았던 해는 2000년으로, 77만 명이 미국으로 이주하였다. 이후 연간 이주 규모는 계속 줄어들어 2010년에는 14만 명 수준이었다.

20세기 말 이후 미국으로 가장 많은 인구를 보내던 멕시코인의 이주는 이제는 다소 감소하는 경향을 보인다. 특히 2007~2015년 전체 이민자 규모는 10퍼센트 정도 증가한 반면, 미국 거주 멕시코계 인구는 1,275만 명에서 1,202만 5천 명으로 6퍼센트 정도 감소하였다. 미국으로 밀려들던 멕시코계 인구의 감소 현상에 대하여, 2012년 4월 24일자《워싱턴포스트》지는 "40년 동안 계속된 멕시코인 이민 폭주 현상이 역류하는, 역사적인 현상이 벌어지고 있다"고 평하였다. 미국으로 이주하는 멕시코인보다 멕시코로 돌아가는 사람의 수가 더 많아졌기 때문이다.

이는 2007년 서브프라임모기지 사태로 미국 경제 상황이 악화되면서 미국 내 일자리가 감소하였기 때문인 것으로 해석된다. 또한, 미국의 이민정책이 강화되면서 미국과 멕시코 간의 국경 경비도 삼엄해졌고, 이로 인해 미국 이주 비용이 증가한 점도 멕시코인들의 이주 감소에 영향을 미쳤다. 멕시코 내 출산율이 떨어져 멕시코의 인구압이 어느 정도 감소한 점도 빼놓을 수 없다. 한 마디로, 멕시코의 모라토리엄 선언 이후 30여 년간 미국으로 쏟아져 들어오던 멕시코인들의 규모는 2015년을 정점으로 감소세를 나타내고 있다.

그러나 히스패닉계 인구 전체의 이주는 여전히 증가하고 있다. 중앙아메리카 북부에 위치한 '북부삼각지대'(중앙아메리카 북부에 위치한 엘살바도르 · 과테말라 · 온두라스) 출신들의 이주가 빠르게 증가하고 있기 때문이다. 퓨히스패닉센터에 의하면, 2007~2015년 멕시코 출신 이주민들은 6퍼센트 감소한 반면 엘살바도르 · 과테말라 · 온두라스 출신 인구의 이주는 25퍼센트 이상 증가하였다. 이 세 국가를 비롯한 중앙아메리카 국가들은 경제적 상황이 열악하고 정치와 치안이 불안하여 미국으로의 이주가 늘어나고 있다.

이런 와중에 2018년 11월 보도된 사진 한 장이 전 세계인에게 충격을 주었다. 미-멕 국경에서 국경 수비대가 불법이주민들에게 쏜 최루탄을 피해 두 명의 여자아이가 엄마 손을 잡고 맨발로 달아나는 사진이었다. 아이들은 아직 기저귀를 차고 있었고, 아이들 엄마는 디즈니 애니메이션 〈겨울왕국〉의 주인공 엘사가 프린트된 티셔츠를 입고 있었다. 이 사진은 전 세계인들에게 미-멕 국경지대의 이주민 문제를 강하게 각인시켰고, 이후 트럼프 행정부의 이민정책을 비판할 때 늘 인용되고 있다. 이 사진을 촬영한 로이터통신의 김경훈 기자는 이 사진으로 2019년 퓰리처상을 수상하였다. 퓰리처상 위원회는 "이민자들의 절박하고 슬픈 모습을 생생하게 담았다"고 선정 이유를 밝혔다(ytn, 2019.4.17.).

미-멕 국경에서 촬영되었지만 사진 속의 세 모녀는 온두라스 출신이었다. 미-멕 국경에 대한 트럼프 행정부의 경비와 단속이 강화되던 당시, 이 사진 외에도 국경을 넘으려는 이주민들의 비참한 상황을 담은 사진들이 전 세계 언론에 다수 보도되었다. 그런데 사진 속 주인공들은 대부분 온두라스, 과테말라, 엘살바로드 사람들이었다. 실제로 2021년 미국 내 북부삼각지대 출신 인구는 539만 명으로, 4년 전인 2017년보다 80만 명이나 증가하였다. 북부삼각지대 출신 이주민들은 대부분 1세대 이주민으로, 아이를 동반한 가족 단위 이주 비율이 높다는 점이 특징이다(Pew Research Center, 2017). 이들이 미국으로 향하는 주된 이유는 경제적인 어려움과 국내정세 불안정이 꼽혔다(Cohn, 2017).

미국 트럼프 대통령의 반이민주의 및 폐쇄적인 국경정책의 상징이 된 이 사진 속 온두라스 모녀는 '카라반'으로 소개되었다. 본래 사막을 건너는 상인 무리를 일컫는 카라반은, 오늘날 단체로 고향을 떠나 멕시코를 경유하여 미국으로 이주하려는 사람들을 일컫는 말이 되었다. 대규모 불법이주자 무리인 카라반이 부각되기 시작한 시점은 2015년이다. 2015년 이후 미국과 멕시코 간의 국경을 넘으려는 카라반 대열은 중앙아메리카의 과테말라·온두라스·엘살바도르 출신자들이 주를 이루었다. 여기에 아이티를 비롯한 카리브해

| 그림 1 | 〈멕시코 이민자들을 위한 가이드〉 중 일부

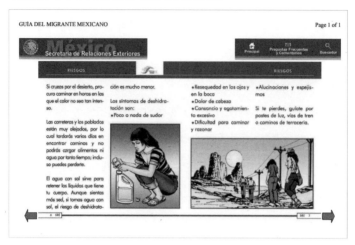

출처: http://www.sre.gob.mx/tramites/consulares/guiamigrante/

국가 주민들도 증가하였으며, 베네수엘라 주민과 아프리카 국가 주민들까지 가세하였다.

　카라반의 규모는 작게는 수십 명에서 수천 명에 이르는데, 여러 사람이 함께 멕시코 남부 과테말라 국경을 통해 멕시코에 입국한 후 도보나 육로 교통을 이용해 미-멕 국경에 도착한다. 육로로 미-멕 국경을 넘는 경로는 합법적인 서류 없이도 목적 국가 입국이 가능하기 때문에 불법이주민들에게 매력적인 경로이다. 그러나 수천 킬로미터에 이르는 길을 걷는 것은 매우 위험하고 힘든 일이다. 월경의 역사가 긴 멕시코 이주자들도 길을 잃고 사막에서 헤매다 목숨을 잃는 일이 속출하였다. 멕시코 정부가 미-멕 국경을 넘을 때 주의할 사항과 생존 요령을 담은 '멕시코 이민자들을 위한 가이드GUÍA DEL MIGRANTE MEXICANO'라는 안내 책자를 제작해 자국민들에게 제공했을 정도이다(《그림 1》).[4] 또한, 카라반들이 지나는 경로는 중앙아메리카 및 멕시코를 경유하여 미국으로 유입되는 마약의 유통경로와 겹치기 때문에 치안 면에서도 매우 위험하다. 그래서 SNS에 출발 계획을 미리 알리고, 미국으로 이주하려는 다른 사람들과 함께 길을 나서기도 한다. 카라반들은 걷거나 버스를 타고, 화물기차에 올라타기도 한다.

이주민과 미국 인구구조의 변화

2021년 미국의 총인구는 약 3억 3,189만 명이었다. 이 중 백인이 1억 9,275만 명(58퍼센트)으로 다수를 차지하고, 그 다음이 6,253만 명(18.8퍼센트)의 히스패닉계이다. 히스패닉계 인구는 3위를 차지한 흑인(3,297만 명, 9.9 퍼센트)보다 두 배 가까이 많았다(《표 1》 참조).

2000년 실시된 미국 인구센서스에서 히스패닉 인구가 처음으로 흑인 인구를 앞지르기 시작한 이후 히스패닉계 인구와 흑인계 인구의 격차는 빠르게 벌어졌다. 2010년부터 2021년 사이 미국의 인구

---

[4] 이 안내 책자에는 미-멕 국경을 넘는 일이 매우 위험한 일이라는 점, 사막을 안전하게 건너는 요령, 이주 브로커에 대한 주의 사항, 국경 수비대에 체포되었을 경우 대처법 등과 대사관을 찾아가는 법 등이 그림과 함께 안내되어 있다(http://www.sre.gob.mx/tramites/consulares/guiamigrante/).

| 표 1 | 미국 내 인종별 인구 증가 경향

	2021년 인구 (만 명)	2010-2021년 인구 증감 (만 명)	2010-2021년 인구 증가분에서 차지하는 비율(%)
히스패닉계	6,253	+ 1,205	52
아시아계	1,889	+ 442	19
흑인계	3,927	+ 158	7
백인계	19,275	- 406	
혼혈계	1,430	+ 833	36
계	33,189	+ 2,315	

출처: Pew Research Center, September 23, 2022, "Key facts about U.S. Latinos for National Hispanic Heritage Month."

는 2,315만 명 증가하였는데, 히스패닉계 인구의 증가가 1,205만 명으로 전체 증가분의 절반 이상이었다. 이와 대조적으로 백인계 인구는 406만 명 정도 감소하였다. 미국 내 히스패닉 인구의 가장 두드러진 특징은 '빠르게 증가한다'는 것이다. 1990년 2,240만 명이었던 미국 내 히스패닉계 인구는 10년 단위로 1천만 명 이상씩 증가하여 2000년 3,530만 명, 2010년 5,050만 명, 2021년 6,253만 명에 이르렀다(Pew Research Center, February 3, 2022).

히스패닉계 인구의 출산율이 높은 편이기도 하지만, 가장 큰 원인은 이주이다. 개중에는 비행기를 타고 미국에 입국하는 이들도 있지만, 적법한 서류가 있든 없든지 간에 대부분의 이주민이 미-멕 국경을 넘어 입국하였다. 히스패닉계 이주민, 즉 라틴아메리카 국가 출신 이주민들의 주된 이주 동기는 경제적인 것이다. 즉, 미국과 라틴아메리카 국가 간의 실질임금 격차 때문에 미국으로 이주하고 있다. 국가별로 차이가 있지만, 비숙련노동 부문에서 중앙아메리카 국가군 및 카리브해 지역 국가군과 미국의 임금격차는 15배 이상이다(Niimi and Özden, 2008, 52-53). 이에 더하여 중앙아메리카 및 카리브해 지역의 사회적 불평등과 탄압, 그리고 빈곤을 야기하는 정부의 잘못된 정책이 그 원인으로 알려져 있다(Orozco, 2002, 55).

미국의 히스패닉계 인구 중 가장 많은 비중을 차지하는 것은 멕시코계로, 전체의 59.5퍼센트(3,723만 5천 명)에 이른다. 다음은 푸에르토리코계로 9.3퍼센트(580만 명)이며, 엘살바도르계(4.0퍼센트, 247만 5천 명)와 쿠바계(3.8퍼센트, 240만 명), 도미니카공화국계(3.8퍼센트, 239만 5천 명) 등이 비슷한 비율을 보인다. 이 다섯 국가의 인구가 전체 히스패닉계 인구의 80퍼센트 이상을 차지한다. 이 다섯 국가는 중앙아메리카 및 카리브해 지역에 위치하여 미-멕 국경을 통한 유입이 비교적 쉽다는 공통점이 있다. 이에 비해 남아메리카 국가 출신의 이주민 규모는 훨씬 더 적다. 미-멕 국경은 중앙아메리카 및 카리브해 지역 출신 이주민들에게는 매력적인 이주 경로이지만, 더 장거리 이주를 해야 하는 남아메리카 이주민들은 북아메리카보다는 스페인을 통한 EU 국가로의 이주를 더 선호한다. 특히 2001년 9·11 테러 이후 미국이 외국인의 입국절차를 강화하면서 유럽으로의 이주 경향이 뚜렷해졌다.

앞서 언급한 대로 현재 미국으로의 이주, 특히 미-멕 국경을 통한 이주에서 가장 눈에 띄는 흐름은 북부삼각지대 국가 이주민의 증가이다. 북부삼각지대 국가에서 온 이주민은 469만여 명으로, 미국 내 히스패닉 인구의 8퍼센트를 차지한다. 물론 이 국가 출신들의 미국 이주가 최근의 일은 아니다. 엘살바도르·과테말라·온두라스 출신들의 이주는 1980년대부터 시작되어 1990년대에 가속화되었다. 미국 정부는 1980년대부터 북부삼각지대 국가 이주민들에 대해 고용완화정책을 실시하였다. 당시 이 지역의 정치적 불안정이 높았기 때문이다.

1986년 미국 의회는 「이민개혁통제법IRCA: Immigration Reform and Control Act」을 통과시켜 불법이주민을 고용한 고용주에게 벌금을 물리도록 하였다. 그러나 국제인권위원회의 권유로 1982년 1월 1일 이전부터 미국에 거주하던 불법이주민에게는 합법적인 거주 자격을 부여하였다. 이를 위해 IRCA의 발효 이후 일련의 임시보호비자 TPS: temporary-protected-status를 발급하였는데, 당시 내전 중이던 엘살바도르인들이 그 첫 번째 수혜 대상이었다. TPS는 국가가 지정한 일부 외국인들에게 6~18개월간 거주 및 고용을 허가하는 제도로, 이 자격을 얻으면 임시 거주 및 노동이 가능한 강제출국연기비자DED: Deferred-Enforced-Departure Status를 신청할 수 있었다. 임시보호비자 및 강제출국연기비자는 1990년대에도 엘살바도르인들에게 주기적으로 발급되었다. 1998년 허리케인 미치로 인한 피해, 2001년 엘살바도르 지진 때문이었다.

또한, 미국 정부는 1997년 11월 19일 「니카라과 조정 및 중앙아메리카 구호법Nicaraguan Adjustment and Central American Relief Act」을 제정하였다. 이는 과테말라, 엘살바도르, 니카라과 및 과거 소비에트연방 일부 국가 출신 불법이주민들의 추방을 유예하는 법이다. 이러한 일련의 법들을 통해 중앙아메리카 국가 주민들이 대거 미국으로 이주하였고, 미국 고용주들은 낮은 임금의 열악한 고용조건으로 불법이주민들을 서비스 부분에 고용할 수 있었다(Gammage, 2006, 82-83). 즉, 현재 이루어지고 있는 카라반들의 이주는 1980년대부터 미국 정부의 특혜를 받아 형성된 과테말라, 온두라스, 엘살바도르 출신 이주민들의 연쇄 이주의 성격을 띠는 것이다. 이들의 이주 원인에 대해서는 7장에서 더 자세히 다룰 것이다.

제4장

송금, 그들이 국경을 넘는 이유

아메리카 대륙은 이주를 통해 형성되었다 해도 과언이 아니다. 아메리카는 늘 노동력이 모자랐고, 그 노동력은 외부에서 공급되었다. 그러나 20세기 후반 라틴아메리카는 주요 인구 유출 지역이 되었다. 특히 1982년 멕시코의 모라토리엄 선언으로 라틴아메리카 경제가 급작스레 악화된 이후, 이주민의 규모가 지속적으로 증가하였다. 오늘날 라틴아메리카에서 나타나는 인구 유출 현상은 라틴아메리카만의 것은 아니다. 2022년 현재, 전 세계 인구의 약 3퍼센트인 2억 8,700만 명이 해외에서 거주하고 있으며, 이 중 난민이 약 3,700만 명에 이른다.

최근 전 세계적으로 일어나고 있는 노동자들의 이주는 세계화의 특징적인 현상 중 하나이다. 과거 다른 나라 혹은 다른 대륙으로 이주한 이들이 영구적인 '정착'을 통해 자신과 가족의 삶을 개선하려는 경우가 대부분이었다면, 오늘날 상당수의 이주민들은 더 나은 일자리와 더 높은 임금을 위해 이주한다. 즉, 오늘날 이루어지고 있는 국제 노동이주의 가장 큰 특징은, 더 높은 임금을 위해 노동력이 이동한다는 점이다. 20세기 초 베버[1]가 〈공업입지론〉을 발표할 당시에는 공장의 위치를 정하는 데에 원료와 완제품의 운송비만 중요했고, 노동력은 지역에 고정된 것이라 여겼다. 그러나 그로부터 채

---

[1] 알프레드 베버Alfred Weber(1868~1958)는 독일의 경제학자이다. 막스 베버Max Weber의 동생이기도 하다. 1914년 출간된 《사회경제학대강Grundriß der Sozialökonomik》에서 공장 입지에 최적의 장소를 원료와 완제품의 운송비 관계로 설명하여 경제문제에 공간 개념을 접목시켰다 (형기주, 1997).

100년도 지나지 않아, 과거 그 어느 때보다도 대규모로 저개발 국가 혹은 개발도상국의 노동력들이 선진국의 노동집약적 부문이나 저기술 서비스산업 등의 일자리를 찾아 이주하고 있다.[2]

이 장에서는 국경을 넘으려는 수많은 사람들의 공통된 목적인 송금과, 그들이 보낸 송금이 고향과 고국에 미치는 영향에 대해 살펴보고자 한다.

실질 임금격차의 힘

오늘날 국가 간에 활발하게 이루어지는 노동이주의 주된 동기는 경제적인 것이다. 우리나라도 1997년 IMF 이후 외국에 노동시장을 개방하고, '연수생'이라는 명목으로 남아시아 및 동남아시아 국가의 노동자들을 받아들이기 시작하였다. 이후 우리나라의 제조업, 건설업, 서비스업, 농업, 어업 등 저기술 노동집약적 분야에서 외국인 노동자들의 고용이 급속히 증가하였다. 이들이 우리나라에 오는 가장 큰 이유는 고국과 우리나라 간의 임금격차다. 고용 기회가 적고 임금수준이 낮은 고국을 떠나와 우리나라에서 일하는 대부분의 노동이주자들은 번 돈을 고국에 송금한다. 마찬가지로 미-멕 국경을 넘어 라

---

[2] 한편, 전 세계적으로 생산 공간의 재구조화가 일어나 생산기지, 즉 공장들도 전 세계 각지로 이동하고 있다. 미-멕 국경은 빈곤한 국가의 노동력이 더 높은 임금을 찾아 대규모로 이주하는 지점이자, 부유한 국가의 기업들이 더 낮은 생산비를 찾아 제조업 공장을 이동시키는 지점이다.

틴아메리카에서 미국으로의 이주를 발생시키는 가장 강력한 흡인 요인 역시 미국과 라틴아메리카 국가 간의 실질 임금격차이다.

이주한 이들은 대부분 월급을 타면 고국으로 돈을 보내며, 이를 송금remittances이라 한다. 송금이란 일반적으로 다른 곳으로 돈을 부치는 행위나 그 돈을 의미하지만, 최근에는 국제 이주노동자가 임금의 일부를 고국의 가족에게 보내는 행위 혹은 그 돈으로 확대되어 사용되고 있다.[3] 즉, 엄밀하게는 해외 송금이라 해야 하지만, 국제기구나 통계 등에서 송금이라는 용어를 사용하고 있다. 이주자들이 고향 집에 보낸 돈으로 그 가족들은 식료품을 구입하고, 필요한 옷을 사며, 아이들을 학교에 보낸다. 아픈 가족의 병원비나 빚을 갚는 데에 사용하기도 한다. 그 돈으로 가구나 전자제품을 구입하기도 하고, 집을 수리하거나 새로 짓기도 한다. 송금 받은 돈이 쌓여서 여유가 생기면 만일을 위해 비상금으로 적립하기도 하고, 새로운 사업을 하는 종잣돈으로 사용하기도 하며, 부동산을 구입하기도 한다.

일반적으로 외국에 거주하는 이들이 고국에 보내는 송금 규모는 1회에 100~200불 정도로 크지 않은 것으로 알려져 있지만, 고향의 빈곤한 가족들에게는 주요한 생활자금이 된다. 빈곤한 국가에서는 송금 덕에 가구소득과 의료혜택을 받을 기회가 증가하여 사회 전반의 빈곤율과 사망율이 감소하는 것으로 알려져 있다(Warf, 2010, 2411-2412).

---

[3] 송금에는 돈의 이전 뿐 아니라 식료품, 전자제품, 자동차 등의 상품을 고국에 보내는 것부터 이주한 지역에서 얻은 아이디어나 신념을 고국에 전파하는 것까지도 포함된다. 또한 송금은 이주로 인한 영향력이 이주민의 고국에서 구체화되는 주요 경로이기도 하다(김희순, 2019).

더 나아가, 이주노동자들이 고국으로 보내는 돈은 새로운 시장을 형성한다. 과거에는 국제전화 요금이 매우 비싸서, 가족이 그리운 이주노동자들은 전화카드 구입에 상당한 비용을 지불했다. 그러나 오늘날 이주노동자와 그 가족에게 휴대폰은 필수다. 인터넷이 연결되는 곳에서는 채팅앱을 이용해 무료로 메시지를 주고받고 음성 통화와 영상통화까지 할 수 있다. 국가경제에서 송금이 차지하는 비중이 높은 나라들에서는 송금이 유입되면서 교통, 커뮤니케이션, 창고업 등이 성장하는데, 특히 모바일 통신업이 발달한다(Gammage, 2006).

현금이 지속적으로 유입되기 때문에 국내 소비가 증가하여 경제가 활성화되고, 교육과 건강관리가 이루어져 가계 복지가 개선됨으로써 사회 전체가 발전한다. 금융서비스 기관들도 이윤을 추구할 기회를 얻게 되고, 고객들의 경제적 상황이 개선되면서 사업 활동 기회도 증대된다(Orozco, 2002, 50-51). 가족 혹은 본인의 해외 이주, 해외 취업, 그리고 가족들이 받는 송금은 라틴아메리카인들이 세계 체제로 직접적으로 유입되는 과정이다. 또한, 라틴아메리카인들은 송금을 통해 신자유주의 체제 이후 불어닥친 급격한 경제 상황 악화와 세계 경제 편입이 야기한 부정적 변화를 이겨 낼 수 있었다.

가난한 나라들에게 해외로 나간 자국민들의 송금은 중요한 국가 소득원이자 외화 획득원이 되었다. 송금은 여타 외부 자금에 비해 비교적 장기적으로, 안정적으로 유입되는 경향이 있다. 거대한 자본의 유입은 그 수혜국의 경제에 영향을 미치는데, 경제 규모가 작고 구조가 취약할수록, 그리고 거시적인 경제 상황이 악화될수록 더 중요한 역할을 한다(Niimi and Özden, 2008, 69).

송금이 오늘날 갑자기 의미를 갖게 된 것은 아니다. 그러나 냉전 체제의 종식과 정치적 보수주의의 확산으로 해외 원조 규모가 줄어든 상황에서, 세계화가 형성한 세계무역블록에서 개발도상국들은 대부분 배제되고 있다. 나아가 신자유주의 체제로의 전환 이후 국가 간 불평등이 심화되고 있는 상황에서, 송금은 특히 제3세계 국가 사람들에게 없어서는 안 될 생존 기제로 여겨진다. 이러한 면에서 국제 이주노동자들이 보내는 송금은 현 세계경제 체제의 국가 간 소득격차를 감소시키려는 공식적인 기제와 자발적 기제에 대한 제3세계의 대중적 반응이라 해석되기도 한다(Jones, 1998, 8-9). 나아가 송금을 통해 송출 국가와 수혜 국가 간의 강력한 연계가 형성되며, 송금의 증가는 각 국가들이 세계경제에 통합되고 있음을 보여 주는 주요한 증거이기도 하다.

송금, 빈자들의 자구책?

송금은 주로 부유한 국가에서 빈곤한 국가로 유입된다. 송금은 노동자 개인의 자발적 활동이기 때문에 그 규모가 매우 유동적이고 유입국 및 유출국의 경제 상황에 민감하게 영향을 받는다. 대개 송금 유출국의 경기가 불황이면 송금 규모도 줄어들지만, 유입국의 경제 상황이 악화되면 오히려 늘어나는 경향이 있다. 송금 방식은 매우 다양하다. 공식적인 '송금 시스템'을 통해 전달되기도 하지만, 사람이 직접 가서 돈을 전달하기도 한다. 현금 송금도 있고, 상품 형태로 이루어지는 송금도 있다. 따라서 어느 지역으로 어느 정도의 송금이 이루어지는지는 정확히 측정할 수 없다. 같은 기관에서 내놓은 통계치마저도 일관되지 않는 경우도 있다. 분명한 것은 공식적인 루트를 따라 이루어지는 송금 규모보다 실제로 이루어지는 송금 규모가 몇 십 퍼센트에서 몇 백 퍼센트 이상 크다는 점이다.

송금의 가장 큰 특성이자 장점은, 수많은 이주자 가족의 손에 직접 전달되어 그들이 원하는 바를 직접 이루는 데에 사용된다는 점이다(Jones, 1998, 8-9). 이는 국제구호기금을 비롯하여 국제개발기금 등 여러 국제 자금이 소수의 기업이나 사회적 지도자들의 손을 거치는 것과 다른 점이며, 이로 인해 송금은 어떤 국제적 자금 흐름보다 소득재분배 면에서 효율적이라고 평가된다. 지난 몇 십 년간 다자간 개발원조는 줄어든 반면, 전 세계 송금액의 규모는 개발원조 총액을 넘어섰다. 송금은 외국인직접투자와 함께 개발도상국의 가장 큰 외화 유입원이 되었다. 따라서 국제 이주와 송금의 발전 가능성에 대해 정부, 국제기구, 비정부기구NGO, 사적 영역 등의 관심이 높아지고 있다(Kunz, 2008, 1390-1391). 빈곤계층에게 국제 이주 및 송금은 기존 사회 내에서 경제적으로나 사회적으로 더 확실하게 계층 상승을 이룰 수 있는 기회가 된다(Grindle, 1988, 38: Jones, 1998, 9에서 재인용).

과거 국제사회는 송금에 의미를 두지 않았다. 1990년대 이전까지 송금에 대한 국제사회나 학계의 관심은 적은 편이었으며, 송금은 국내외 이주의 부수적인 현상으로 여겨졌다. 국제 노동이주의 원인은 빈곤이며, 이주는 발전의 실패나 부족으로 인해 나타나는 현상이라고만 여겼다. 그래서 국제사회의 원조나 저개발 국가의 발전이 이루어지면 국제 노동이주는 사라지거나 약화될 것이라 생각했다 (Kunz, 2008, 1391). 그러면서 해외 이주노동자들을, 외부의 힘에 의해 어쩔 수 없이 이주하여 전통적인 생활 방식을 버린, 새로운 사회 및 경제에 섞이지 못하는 비자발적 존재로 보았다. 그러나 1980년대 중반부터 이주민들이 비자발적 존재가 아니며, 그들의 이주는 개별 가족의 자발적 결정으로 이루어지고, 그들은 고향에서의 희망 없는 빈곤한 삶 대신에 자신의 삶을 개척하는 사람들이라는 시각이 등장하였다 (Jones, 1998, 8).

이주자 송금의 중요성을 가장 먼저 지적한 국제기구는 국제노동기구ILO였다. ILO는 1949년 「이주 송금에 관한 국제노동기구 협약 International Labour Organization Convention on Migrant Remittances」에서 '이주자들의 소득 및 저축' 문제를 의제화하고 각 국가들이 이주자들의 송금을 허락해야 한다고 촉구하였다. 그러나 당시에는 이주와 송금, 개발 관계를 언급하지는 않았다. 그 후 40여 년이 지난 1990년대가 되어서야 이주 유출 지역과 유입 지역 간의 관계를 '이주 개발 연쇄migration-development nexus'의 관계로 보는 새로운 패러다임이 등장하였다. 이주는 더 이상 개발로 인한 '문제'가 아니라 개발의 '도구'로 여기게 되었다. 이러한 입장은 이주를 관리하고 개발에 대한 유출국의 영향력을 증대시키는 것을 목적으로 하였다. 송금은 '아래로부터의' 초국적주의transnationalism의 전형적인 형태로 간주되었으며, 빈자들에 의한 민중 전략grassroots initiative을 대표하는 사례가 되었다 (Duany, 2010, 206).[4]

송금이 유의미한 규모가 되기 시작한 것은 1970년대부터이다. 세계 송금 규모는 1980년대 후반 500억 달러를 넘어섰고, 1994년 1천억 달러를 넘어섰으며, 2003년 2천억 달러, 2005년 3천억 달러를 넘어섰다. 2022년 전 세계 노동자들이 고국으로 보낸 송금액 규모는 약 7,940억 달러로 추산되는데, 2020년 전 세계가 COVID-19로 경제적으로 매우 어려웠던 시기를 제외하고는 지속적으로 증가하였다.

국제 송금의 80퍼센트 정도는 개발도상국 및 저개발 국가군으로 유입된다. 세계은행이 추산하는 세계 송금의 유입 및 유출 경향을 살펴보면(《표 2》), 라틴아메리카로 유입되는 송금액 규모는 동아시아 및 태평양 지역, 남아시아 지역 다음으로 컸다. 그러나 2021년에는 동아시아 및 태평양 지역과 비슷하고, 2022년에는 남아시아 지역 다음으로 많을 것으로 추정된다. 라틴아메리카 인구가 약 6억 5천만 명으로 동아시아 및 태평양 지역이나 남아시아 지역의 4분의 1에서 3분의 1밖에 안 된다는 점을 감안하면, 인구 1인당 송금 수혜 규모는 라틴아메리카 지역이 가장 높음을 알 수 있다. 또한, 2010~2022년 지역별 송금액 증가 경향을 살펴보면, 여타 지역들로

---

[4] 이와 반대로, '위로부터의' 초국적주의는 강력한 초국적기업, 다자적 금융기구, 국제기구, NGO 들에 의한 것이다.

| 표2 | 지역별 송금 유입액 변화

단위: 억 달러

	2010년	2015년	2019년	2020년	2022년*
전 세계	4,667	6,020	7,220	7,110	7,940
저소득 국가군	3,342	4,470	5,460	5,420	6,260
동아시아 및 태평양 지역	949	1,280	1,480	1,370	1,340
유럽 및 중앙아시아 지역	378	420	560	650	720
라틴아메리카 및 카리브해 지역	565	683	960	1,030	1,420
서남아시아 및 북아프리카 지역	390	511	540	560	630
남아시아 지역	820	1,176	1,400	1,570	1,630
사하라 이남 아프리카 지역	301	351	470	430	530

출처: World Bank, 2017, Migration and Development Brief 29; World Bank, 2020, COVID-19 Crisis through a Migration Lens: Migration and Development Brief 32; World Bank, 2022, Migration and Development Brief 37.
* 는 추정치.

유입되는 송금액은 1.5배 내외 증가한 반면에, 라틴아메리카로 유입되는 송금액은 대략 2.5배로 가장 높은 증가세를 나타냈다. 앞 장에서 살펴본 바처럼, 라틴아메리카인들의 주요 이주 목적지는 북아메리카이고, 미-멕 국경을 넘는 이주민이 증가하고 있다. 이러한 미국 내 히스패닉계 인구의 증가가 라틴아메리카 지역으로의 송금액 증가로 이어졌음을 알 수 있다.

2022년 라틴아메리카 지역으로 유입된 송금은 전년도 대비 9.3 퍼센트 정도 증가하여 1,420억 달러에 달할 것으로 예측되었다. 2021년에 이은 이러한 증가 경향은 미국 경제가 COVID-19로 인한 사회적·경제적 위축에서 벗어나 활성화된 데에서 기인한다. 미국 내 히스패닉 인구의 실업률은 COVID-19가 미국에서 급속히 확산되던 2020년 4월 18.5퍼센트에서 전염병의 유행이 어느 정도 안정된

2022년 10월 4.2퍼센트로 극적으로 줄어들었다.

이주노동자들은 COVID-19가 전 세계적으로 확산된 시기에 경제적으로나 사회적으로 매우 어려운 시간을 보냈다. 2020년 전반기에 전 세계적으로 COVID-19가 확산되자, 상당수의 국가가 사회적 거리두기와 국경 봉쇄령을 내렸다. 많은 국가에서 내외국인을 불문하고 국경을 넘을 수 없게 되었으며, 주 간 경계를 봉쇄하여 국내 이주도 최소화한 나라들도 있었다. 미국도 2020년 3월 21일 COVID-19의 확산 방지를 이유로 미국과 멕시코 간의 국경을 폐쇄하였다. 이후 2021년 11월 8일 미국과 멕시코의 국경이 다시 개방되기 전까지 새로운 이주노동자가 유입될 수 없었음은 물론이고, 평소 국경을 넘어 출퇴근하던 국경 지역 주민들도 국경을 넘을 수 없었다.

COVID-19로 인한 국제 노동이주 감소가 다시 회복세로 돌아선 2022년 전 세계 주요 송금 수혜국을 살펴보면 〈표 3〉과 같다. 전 세계에서 송금을 가장 많이 받는 나라는 인도로, 수혜 규모는 1천억 달러에 이른다. 연간 약 130조 원 정도를 해외에 나간 이주노동자들이 집에 부쳤다. 2022년 월드컵을 개최한 카타르는 인도인들이 많이 이주한 대표적인 국가이다. 지리적으로 가깝기 때문이다. 국가 노동력의 대부분을 해외 이주노동자로 충당하는 카타르, 아랍에미리트연방 등 서남아시아의 석유 부국들에는 인도, 방글라데시, 파키스탄 등 남아시아 출신 이주노동자가 많다. 그러나 이 지역의 노동 환경은 세계에서 가장 열악한 것으로 알려져 있다. 우선 노동이주민들이 받는 임금이 매우 적다. 섭씨 50도가 넘는 열악한 기후에서

| 표 3 | 2022년 세계 주요 송금 수혜국

단위: 억 달러, %

순위	세계 주요 송금 수혜국			
	국가	송금액	국가	GDP 대비 비율
1	인도	1,000	통가	50
2	멕시코	600	레바논	38
3	중국	510	사모아	34
4	필리핀	380	타지키스탄	32
5	이집트	320	키르기츠 공화국	31
6	나이지리아	243	잠비아	28
7	파키스탄	290	온두라스	27
8	방글라데시	210	엘살바도르	24
9	나이지리아	210	아이티	22

출처: World Bank, 2022 , Migration and Development Brief 37.

한 달간 일하고 받는 돈이 고작 500달러 이하이다. 노동자들은 최소한의 생활비만 쓰고 나머지 돈을 고국에 송금하는데, 대개 200불 정도이다. 세계은행World Bank이 추계한 바도, 이주노동자들이 한 번에 고국에 부치는 돈은 200불 이하가 대부분이다.

〈표 3〉에서 주목해야 할 부분은 국가 GDP에서 송금액이 차지하는 비율이다. 아프리카의 통가는 국가 GDP의 절반 정도를 송금에서 얻고 있다. 세계은행에서 추계하는 송금액 규모는 국제 환전 사업자, 은행 등 공식적인 자금 흐름만을 포착한 것이기 때문에 실제보다 적게 추산되는 것으로 알려져 있다. 따라서 통가를 비롯한 레바논, 사모아 등의 국가경제는 해외로 나아간 노동이주자들이 보낸 송금으로 운영된다고 할 수 있다.

이 표에서 흥미로운 점은, 멕시코가 600억 달러를 송금받아서 세계 2위의 송금 수혜국이 되었다는 점이다. 예전 통계에서는 줄곧 인구 규모가 크고 해외 이주노동자 수도 많은 인도와 중국이 1, 2위를 차지하고, 멕시코는 3위였다. 인도와 중국이 각각 13억과 14억의 인구 대국인 데에 비해, 멕시코의 인구는 1억 3천만 명 정도로 상대적으로 적은 편임을 감안한다면 멕시코의 송금액은 주목할 만한 현상이다. 미국에 거주하는 멕시코계 인구 규모는 약 3,400만 명 정도로 추산되고, 이 중 1,200만 명 정도가 송금할 가능성이 높은 '멕시코 출생 이주민'이다. 또한, 미국은 기본 임금수준이 높아서 이주민들이 고국으로 송금하는 액수도 상대적으로 큰 편이다.

그러나 멕시코의 순위가 높아진 것은 COVID-19의 영향이다. 2022년 중국으로 유입되는 송금 규모가 감소했기 때문이다. COVID-19 발생 초기 대부분의 국가에서 상당수의 노동자들이 본국으로 돌아갔다.[5] 이주노동자들의 귀환 혹은 송환은 선진국의 봉쇄령 때문이었다. 저렴한 대신에 인구밀도가 높고 열악한 그들의 거주지는 질병 확산의 온상지로 비춰졌고, 법적 지위가 없거나 말이 잘 통하지 않는 이주노동자들은 COVID-19에 걸려도 병원 치료를 받기가 어려웠다. 게다가 이주노동자들은 서비스업이나 건설업, 농업 등 몸

---

[5] 2020년 초반 COVID-19가 유럽 국가들과 미국으로 확산되면서 팬데믹으로 발전하였는데, 당시 이주민 비율이 높은 국가들에서 특히 피해 규모가 크고 확산 속도가 빨랐다. 전염병은 인간이 이동하면서 '가지고' 가는 전파 확산의 대표적인 예로, 인간의 이동 가능성이 높아지면서 전염병의 확산 속도도 '당연히' 높아진 것이다(박선미, 2022).

으로 하는 직업에 종사하는 경향이 높은데, 선진국의 사회적 거리두기로 인한 경제활동 둔화로 돈을 벌 수 있는 기회가 줄어들었다.

더욱이 COVID-19가 장기화되면서 고향으로 돌아갔던 이주노동자들이 다시 선진국의 일자리로 복귀하기가 어려워졌다. 특히 중국은 국가 주도의 엄격한 방역 정책으로 국내 봉쇄령이나 국경 봉쇄령이 오랜 기간 유지되었기 때문에 국민들이 외국으로 일하러 가기가 더 어려웠다. 당시 많은 국가들이 COVID-19로 인한 노동자들의 소득 감소를 보전해 주었는데, 이때 미국은 과거 세금 신고액을 기준으로 삼았다. 이주노동자 중에는 세금 신고를 하지 않는 경우가 많아서 국가의 생계 보조금을 받지 못하는 사례가 많았다. 이러한 이유로 2020년과 2021년 전 세계적으로 송금 규모가 줄어들었으며, 송금 수혜국의 경제도 어려워졌다.

송금수수료가 싼 비트코인으로…

2021년 9월, 엘살바도르의 나이브 부켈레(2019~) 대통령은 비트코인을 법정화폐로 채택하였다. 금융상품으로서 비트코인이 지닌 높은 투자가치와 송금수수료 절약 효과를 내세우며 비트코인을 법정화폐의 하나로 지정하고, 남동부 지역의 콘차과 화산 근처에 친환경 비트코인 도시를 세우겠다고 발표하였다. 우리나라처럼 전국 어디에나 와이파이가 설치되어 있고, 스마트폰 보급률이 높으며, 신용카

드나 전자페이 시스템이 잘 갖춰진 나라라면 모를까, 인프라 구축이 미비한 중앙아메리카 국가에서 비트코인을 일상적인 결제 수단으로 채택한다고 하여 놀라움을 샀다.

여기에는 그럴 만한 이유가 있었다. 엘살바도르 국민이 2022년 한 해 동안 공식적으로 송금 받은 금액은 76억 달러로, 이는 국가 GDP의 23.8퍼센트에 이르는 금액이다. 2021년 기준 엘살바도르 인구는 631만 명이므로, 1인당 연간 1,200달러씩 송금 받은 셈이다. 2021년 미국에 거주하는 엘살바도르 출신 인구는 247만 명에 이른다. 엘살바도르가 비트코인을 법정화폐로 채택한 근본적인 이유는 송금수수료 때문이다. 미국에서 라틴아메리카 북부삼각지대로 돈을 부칠 경우 3.6~4.2퍼센트의 수수료를 은행이나 송금업체에 내야 한다. 해외 이주노동자들이 한 번에 부치는 돈이 200달러 안팎인 점을 고려하면, 우리돈 25만 원 정도를 송금하는 데에 1만 원 정도의 수수료를 내는 셈이다. 그러나 비트코인을 이용하면 은행이나 웨스트유니언과 같은 송금업체에 내는 돈에 비하면 적은 수수료로 송금할 수 있다.

엘살바도르가 비트코인까지 동원하면서 송금수수료를 줄이려 노력한 것처럼, 세계은행을 비롯한 국제금융 기구들도 송금수수료에 대한 관심이 크다. 송금수수료는 지역별로 차이가 난다. 라틴아메리카 지역으로의 송금 경향을 살펴보면, 미국에서 라틴아메리카 및 카리브해 지역으로 송금할 때 내는 수수료는 2018년 1/4분기 기준 송금 금액의 5.8퍼센트로, 전 세계 평균 송금수수료 7.1퍼센트에 비해서는 저렴한 편이었다. 송금액 규모가 큰 멕시코는 4.5퍼센트로 비교적 저렴하였고, 북부삼각지대 국가들도 비슷한 수준이었다. 이들 국가를 제외한 대부분의 라틴아메리카 국가들은 5.0~8.0퍼센트의 수수료를 받았다. 미국과의 정치적 관계로 송금이 어려운 쿠바가 11.4 퍼센트로 가장 높았다. 한편, 캐나다에서 카리브해 국가, 일본에서 브라질로 송금하는 경우에도 수수료가 10퍼센트를 넘어 매우 비쌌다(World Bank, 2018, 29).

　송금 시장은 세계적으로 주요한 금융시장이기도 하다. 금융기관은 거래 과정에서 고객들에게 수수료를 받고, 송금을 의뢰받은 돈을 송금하기 전에 잠시 투자함으로써 수익을 얻기도 하며, 돈을 받는 사람을 직접 방문하는 등 부가서비스를 제공하여 추가 수수료를 받

| 표 4 | 2022년 라틴아메리카 주요 송금 수혜국

단위: 억 달러, %

순위	라틴아메리카 주요 송금 수혜국			
	국가	송금액	국가	GDP 대비 비율
1	멕시코	603	온두라스	27.1
2	과테말라	181	엘살바도르	23.8
3	도미니카공화국	99	아이티	22.5
4	콜롬비아	91	자메이카	21.2
5	온두라스	83	니카라과	19.9
6	엘살바도르	76	과테말라	19.8
7	브라질	50	도미니카공화국	8.8
8	아이티	45	도미니카	8.7
9	에콰도르	45	수리남	7.4
10	페루	37	세인트빈센트 그레나딘	7.3

출처: World Bank, 2022 , Migration and Development Brief 37.

기도 한다. 또한, 환전 수수료도 챙긴다.

해외 송금이 본격적으로 이루어지기 시작한 1980년대 송금수수료는 8~14퍼센트로 높았다(Orozco, 2002, 51-52). 1990년 이후 비은행 금융기관 NBFI: nonbank financial institution들이 송금 시장에서 차지하는 비중이 빠르게 증가하면서 송금수수료도 낮아졌다. 주요 송금 송출국인 미국의 우체국 서비스, 신용조합 등이 송금 네트워크를 갖추고 송금 서비스 시장에 뛰어들었으며, 라틴아메리카의 은행들도 자국민들이 집중 분포하는 도시들을 중심으로 지점을 개설하여 송금 서비스를 제공하였다(Orozco, 2002, 51-52). 국제 이주노동자 규모가 성장함에 따라 송금과 관련된 은행, 송금업체 등이 성장하고, 인터넷과 모바일, 신용카드 등을 통한 송금 방법도 등장하였다(Salton, 2016). 2021년 엘살바도르의 비트코인이 송금 방법에 포함되었지만, 바로 이듬해에 비트코인 가치가 폭락하면서 사실상 실패한 것으로 평가된다(한겨레신문, 2022.9.9.)

송금을 통한 대규모 달러의 지속적인 유입은 이미 한 차례 엘살바도르 경제를 뒤흔든 바 있다. 1995년 엘살바도르 정부는 경제의 달러화 추진을 발표하였고, 2001년 공식적인 달러화 경제가 되었다. 물론, 엘살바도르 고유 화폐인 콜론colon이 아직 일부 사용되고 있다. 정부가 밝힌 달러화의 목적은 경제성장을 유도하고, 저리의 이자율을 유지하며, 외국인직접투자를 유치한다는 것이었다. 그러나 당시 막대한 금액의 달러화가 송금을 통해 엘살바도르로 유입되고 있었기에 IMF나 세계은행이 엘살바도르 정부에 달러화 추진을 권유했을 것이라는 분석이 지배적이다(Gammage, 2006, 83-85). 2005년경 엘살바도르의 송금 규모는 이미 마킬라도라(수출자유지구) 부문을 포함하는 수출 총액 대비 133퍼센트, 총 수입액의 52퍼센트, 외국인직접투자액의 655퍼센트, 사회 부문 예산의 202퍼센트에 달했다(Gammage, 2006, 83).

게다가 앞 장에서 살펴본 바처럼, 최근 미-멕 국경을 넘는 이주민의 주된 흐름이 멕시코인 중심에서 북부삼각지대 출신으로 변화하면서 미국 내 과테말라 · 온두라스 · 엘살바도르 인구가 빠르게 증가하고 있으며, 이들이 고국에 보내는 송금액도 증가하였다. 엘살바도르 이주노동자들이 2003년 고국으로 송금한 돈은 19.4억 달러로, 국가 GDP의 13퍼센트 정도였으나, 2022년에는 76억 달러로 급증하여 국가 GDP의 24퍼센트에 이르렀다. 한 마디로, 엘살바도르 경제는 미국에서 보내는 송금에 예속되어 있는 것이다. 이러한 증가 경향에 대하여, "바나나 공화국들이 바나나 대신 사람을 판다"는 말까지 나오고 있다.

송금이 수혜 지역에 미치는 영향

분명 거대한 규모의 현금이 날마다 전 세계 빈곤국가의 빈곤한 가정들로 보내지고 있지만, 이 송금이 해당 사회에 어떠한 사회적 · 경제적 영향을 미치는지 정확히 측정하기는 어렵다. 우선 송금의 정확한 수혜 규모를 측정하기가 어렵다. 송금을 보내는 주체가 개인들이고 송금을 받는 주체 또한 각 가구 혹은 개인이기 때문에 정확한 송금액 규모를 데이터로 만들기가 현실적으로 어렵다. 송금 받은 돈을 어떠한 곳에 사용하는지에 대한 실질적인 자료를 구하는 것도 어렵다(Adams, 2006, 53). 국제적으로 통용되는 세계은행의 송금 추정액은 국제 송금업체나 은행 등의 자료를 바탕으로 하지만, 실제 송금액과 다를 수 있다. 비공식적으로 이루어지는 송금 규모가 공식 추정액의 50~250퍼센트 정도일 것으로 추정된다(O'Mahony, 2013, 810-811). 국가별 정치적 상황에 따라 자료가 누락되는 경우도 많은데, 쿠바나 북한 같은 사회주의국가 등이 이에 해당한다.

송금 과정에서 '접근성'은 매우 중요한 문제이다. 우리나라도 노령인구 비율이 높은 농촌지역에서는 여전히 우체국의 우편환 제도를 이용하기도 하는데, 미국의 우체국이 송금 시장에 뛰어든 이유도 그러한 맥락에서다. 더욱이 개발도상국의 농촌지역은 은행이나 공공 금융기관이 입지하지 않은 오지의 비율이 높아 인편을 통한 송금의 전달이 중요한 부분을 차지해 왔다. 또한 국가별 송금 추정이 어려운 이유로는, 빈곤한 국가에서는 금융제도가 발달하지 않아 은행이나 금융기관에 대한 접근성이 낮은 경우가 많은 점을 들 수 있다. 그래서 송금을 전문으로 하는 직업군도 존재한다.

엘살바도르의 경우를 예로 들면, '비아헤로viajero'라 불리는 송금 배달원들이 이주자의 고향 집까지 현금과 물건을 항공편으로 배송한다. 비아헤로를 통해 유입되는 송금액 규모는 공식적인 경로를 통해 유입되는 액수의 약 30퍼센트로 추정된다. 비아헤로들은 현금뿐 아니라 대형 가전제품 등 다양한 소비재를 전달해 준다. 외국 여행을 하다 보면 공항에서 이민 가방이나 박스로 짐을 찾는 사람들을 볼 수 있는데, 이들 중 상당수가 송금 전달을 전문으로 하는 이들이다. 비아헤로들은 대부분 송금 유출지와 유입지 모두에 근거지를 둔 사람들로, 관광비자로 입국하고, 비행기를 자주 이용하여 승객 등급이 높은 덕분에 더 많은 양의 화물을 더 낮은 가격에 수탁할 수 있다. 지금은 국제적으로 송금을 취급하는 기관들과 수단들이 다양해져서 비아헤로의 활동 범위와 규모가 축소되었을 것으로 추정되지만, 2000년대 초반 엘살바도르에서 활동하는 비아헤로는 약 2천 명으로 추정되었으며, 1인당 1회에 배송하는 현금 규모는 6천~1만 5천 달러 정도였다(Gammage, 2006, 88-89).

송금이 개인적인 수준에서 미치는 영향에 관한 연구들은 대부분 송금을 통해 경제적 상황이 개선된다고 보고 있다. 송금을 받은 개발도상국의 가구들은 식료품을 구입하고, 자녀를 학교에 보내며, 의료비로 지출하기도 한다. 즉, 송금은 소비재 구매를 촉진시킨다. 나아가 경제적 위기를 극복하거나 대비하는 자금으로 사용되며, 저축으로 이어지기도 하고, 주택의 구매 비용이나 건축 비용 등에 사용된다. 가족의 사업 비용과 같은 장기적인 투자로도 이어진다. 사회적으로는 송금을 보내거나 받는 이들은 사회적 지위가 향상되며, 고향 사회와의 관계가 유지되고, 가족 간의 유대를 굳건하게 하며, 클리엔텔리즘clientelism적(후견주의) 권력 기반을 공고히 하기도 한다 (O'Mahony, 2013, 803).

송금은 개인적인 부의 증진을 넘어 국가경제구조까지 바꾸고 있다. 엘살바도르의 경우 10년 넘게 지속된 내전(1980~1992)과 신자유주의 경제정책의 도입으로 농업 부문이 크게 후퇴하였다. 중앙아메리카 대부분의 국가들과 함께 소위 '바나나 공화국'이라 불릴 정도로 엘살바도르의 경제는 바나나, 커피 등 농산물 수출이 주를 이루었다. 그러나 내전과 경제정책 변환 과정에서 국내경제의 불안정성이 증가하였고, 농민 중심의 엘살바도르 이주민들은 미국, 캐나다, 호주 등으로 이주하였다.

이주민들이 보낸 송금은 국내 소비 패턴을 변화시켰다. 교통 및 통신산업이 새로이 발달하였으며, 소비재는 주로 수입에 의존하는 구조로 변화하였다. 기존의 엘리트 계층은 토지 중심의 경제에서 건설업, 운수업, 통신업, 화물 서비스, 금융 부문 등 이주민의 송금과 관련된 산업들로 확장하거나 전환하였다. 특히 휴대전화를 중심으로 하는 통신업의 발달이 두드러졌다. 이주노동자들과 그 가족들에게 스마트폰은 필수 가전이 되었다. 1997년 엘살바도르 인구 100명당 6.5대였던 휴대전화 소유 비율은 2004년 40.3대로 증가하였으며, 2021년 현재 인구 100명당 보급된 휴대전화는 약 150대에 이른다(kbs new, 2021.6.13.).

송금 중심 경제의 통신 부문의 성장을 전망한 국제 자본의 투자도 일찍부터 이루어졌다. 엘살바도르의 독점적 통신회사였던 CTECompania Telefónica de El Salvador에 대한 프랑스 및 스페인 등의 투자가 이어졌고, 2003년 멕시코의 세계적인 통신 부호 카를로스 슬림이 소유한 아메리칸 모빌América Movil이 CTE 주식의 대부분을 인수하였다.

국제사회가 송금을 개발도상국의 빈곤을 퇴치할 새로운 대안으로 보고 있지만, 과연 송금이 수혜국의 경제발전에 도움이 될지는 미지수이다. 우선, 송금 수혜국 경제의 송금 유출국 경제에 대한 의존도가 증가하게 된다. 이번 COVID-19 상황에서 미국 경제가 방역을 이유로 제대로 작동하지 못하고 국경까지 폐쇄하자 송금의 규모가 감소하였다. 이로 인해 라틴아메리카 송금 수혜국들, 특히 중앙아메리카와 카리브해 지역의 경제가 큰 어려움을 겪었다(앞의 〈표 2〉 참조). 미국 경제의 회복과 국경 재개방 이후 송금 유입액은 다시 회복되었다.

송금에 대한 수혜 국가의 절실함을 잘 보여 주는 예로 멕시코를 들 수 있다. COVID-19 상황에서 멕시코는 평소와 다름없는 개방적인 국경 정책을 유지하였다. 멕시코 정부는 외국으로 가는 항공노선을 폐쇄하지 않은 채 유지하였고, COVID-19 감염 환자의 유입이 우려되는 상황에서도 외국계 크루즈의 입항을 허가하였을 뿐만 아니라, 미국 정부의 미-멕 국경 폐쇄 조치를 두고 지속적으로 재개방을 주장하였다. 멕시코에 입국하는 외국인들은 백신과 관련한 어떠한 증명서도 제출할 필요가 없었다. 앞서 기술한 대로 멕시코는 인도, 중국에 이어 세계 3위의 송금 수혜국이다.

장기적인 관점에서 볼 때, 송금에 기반한 경제의 미래는 자멸적이라는 극단적인 견해도 대두된다. 이주와 관련하여 가장 많은 우려를 자아내는 점은 '두뇌유출brain drain'이다. 이주민들은 대부분 경제활동을 가장 활발하게 하는 젊은 노동력들로, 상당수가 출신 지역사회를 발전시킬 주요 인재들이다. 개발도상국들이 많은 사회적 비용을 들여 고급 인재를 육성해 놓으면 그 상당수가 선진국으로 빠져나가 사회발전 기회를 잃게 된다는 의견이 오래전부터 있었다. 특히 의사, 엔지니어 등 전문직 종사자들이 구직 기회가 많고 임금이 높은 선진국으로 이주하는 경향이 높다. 실제로 아이티, 자메이카, 그레나다 등 카리브해 지역 국가들의 대학 졸업자 80퍼센트 이상이 해외, 특히 미국에 집중 거주하고 있다(Niimi and Özden, 2008, 64). 송금 유입액의 상당 부분이 교육에 재투자되는 상황에서, 송금 유입 규모가 큰 국가일수록 젊은 노동력들이 고향에서 취업하기보다는 해외 이주를 택하는 경향이 높다. 즉, 장기적인 측면에서 송금을 받는 국가들이 노동력을 이용하여 상품을 만들어 수출하는 대신에 노동력 자체를 수출하는 셈이다(Chami et al., 2018, 45-46).

노동력의 수출은 단순히 인재 유출 문제로 그치지 않는다. 이들로 인해 기대할 수 있었던 잠정적인 국내 소득이 줄어들고, 세수입도 줄어들게 되며, 무엇보다 이들을 교육하는 데에 투자한 비용이 손실된다. 따라서 송금을 받는 국가의 경제는 활동성이 떨어지고, 첨단산업부문의 성장이 부진한 경향이 나타나며, 송금 받은 자본이 신규 산업에 투자되는 것같이 경제발전으로 이어지는 부문으로 유입되는 경향은 매우 적다.

송금경제가 갖는 또 다른 문제는 대규모 외환 유입으로 인한 부작용이다. 송금으로 인해 외환이 직접적이고 지속적으로 유입되면,

환율이 상승하고 국내 상품 가격이 오르게 된다. 대규모 외환 유입으로 인한 환율 상승은 수혜국의 수출경쟁력 저하로 이어진다. 또한, 국내 물가가 상승하면 고국에 남은 가족들의 생활비가 오르며, 결국 해외 이주노동자들이 더 많은 돈을 고국의 가족들에게 보내야한다.

송금경제를 통해 수혜 국가의 빈곤 문제가 감소할 것이라 기대하지만, 오히려 상대적 빈부격차를 증가시킨다는 의견도 있다. 고향에 남은 가족들은 송금 받은 돈을 모아 부동산을 구매하는 경우가 많은데, 이는 국내 부동산 가격의 상승으로 이어진다. 다행히 가족 중에 해외에 이주해 지속적으로 송금해 주는 가족이 있으면 생활수준이 상승하고 부동산을 구매해 자산을 늘릴 수도 있지만, 돈 벌러 외국에 간 가족이 없는 경우에는 국내 부동산 가격의 상승으로 상대적으로 더 빈곤해진다. 이는 다시 빈곤층 주민들의 해외 이주를 부추긴다(Chami et al., 2018, 46-47).

게다가 대규모로 외화가 유입되는 국가들의 경우, 사회적 요구에 대한 국가의 책임이 감소한다. 즉, 해외 가족으로부터 송금을 받는 가구들은 국내경제 악화로 인한 영향을 덜 받게 되고, 국가에 대한 요구도 줄어들게 된다. 이로 인해 정부도 국민에 대한 의무에 둔감해진다. 정치인들은 송금의 유입으로 인해 공공부문에 대한 국민들의 압력이 줄어드는 상황을 반긴다. 게다가 송금 덕에 소비가 늘어나면 부가가치세 징수액이 늘어난다. 따라서 상당수의 국가들이 자국민들의 해외 이주 및 송금을 적극 권장하고 있으며, 심지어 관련한 공공기관이나 사무실까지 설치한다. 결국 송금으로 개별 가정의 경제적 상황이 나아지고 정부에 대한 요구 사항이 줄어들면, 정치인들이 일을 하기 용이해진다(Chami et al., 2018, 47).

'구더기'에서 영웅으로

오늘날 국가 간 교통 및 통신네트워크가 잘 구축되고, 그 사용료도 상당히 인하된 덕에 이주민들은 고국과 밀접하게 연결되어 있다. 특히 휴대폰의 광범위한 보급 덕에 이주민들은 고향의 가족들과 자주 연락을 취하는데, 미국에 거주하는 멕시코인의 절반 이상이 1주일에 1회 이상 고향의 가족들과 연락한다. 전화 통화 외에 고국도 자주 방문한다. 미국에 거주하는 라틴아메리카인들을 조사한 결과, 응답자의 20퍼센트 정도가 고국을 정기적으로 방문하고 있으며, 70퍼센트 정도가 이주한 후 한 번 이상 고국을 방문하였다고 응답하였다.

과거에는 해외 이주민들이 새로운 지역에 완전히 이주 및 정착하는 것을 목적으로 하는 경향이 강하였지만, 최근 국제 이주노동자들은 고향의 커뮤니티와 밀접한 관계를 유지하면서 혈연적 · 사회적 · 경제적 · 정치적 · 문화적 연계를 이어 가고 있다. 이주민들은 이러한 연계를 유지하면서 고국의 선거나 경제적 위기, 가족 행사, 천재지변 등에 직접 반응한다. 고국의 상황이 좋지 않을수록 이주노동자들은 더 많은 돈을 고향으로 보낸다. 고향과의 연계를 유지하는 이유는, 가족을 고향에 두고 왔기 때문이기도 하지만 여전히 고향 사회에 소속감이 있기 때문이다. 이주민들은 새로 이주한 사회에 완전히 동화되지도 않고, 고향과의 관계를 끊어 버리지도 않는다. 즉, 이주민들은 초국경적인 주체로서 고국과 이주지역 사이에서 안정적이고 활발한 관계를 유지하고 있다(O'Mahony, 2013, 801-802).

해외 이주노동자와 고국 간의 관계가 유지되는 데에는 고국 정부의 역할도 중요하게 작용한다. 송금의 중요성을 깨달은 수혜국 정부들은 송금과 인력의 흐름을 장려하고 통제할 여러 정책을 강구한다. 외국에 거주하는 자국민에게 현금과 도움을 지속적으로 요청하는 대표적인 나라는 멕시코이다. 멕시코 정부는 1990년부터 미국에 거주하는 멕시코인들에게 광범위한 서비스를 제공하는 '해외 멕시코인 커뮤니티 프로그램PCMLA: Program for Mexican Communities Living Abroad'을 실시하고 있다. PCMLA는 미국 내에 있는 42개의 멕시코 영사관과 23개의 문화원을 거점으로 미국에 거주하는 멕시코인들의 의료·교육·법률 자문 등을 돕는 한편, 재미 멕시코인들이 고향 발전에 도움을 줄 수 있는 다양한 경로를 제공하고 있다(Orozco, 2002, 58). PCMLA를 중심으로 이주민들은 현금 송금 외에 고향과의 유대 관계를 지속하는데, 유대 관계 유지 활동으로 기부(장난감, 의류, 교회 헌금 등), 사회 기반시설 건설에 대한 재정적 도움(공원, 묘지, 상하수도 시설, 스포츠 경기장, 도로, 구급차, 소방차 등), 인적 개발(장학금, 스포츠 설비, 도서관, 건강 관련 시설 등), 투자, 기타(일반적인 기금 조성 등)이 있다. 이주자들에게 도움을 청하는 주체는 성직자나 지인 혹은 단체 등이다. 고향에서 이미 계획된 일에 대한 도움을 청하기도 하지만, 이주민과 고향 사람들이 같이 일을 하기도 한다(Orozco, 2002, 49-50).

엘살바도르 정부도 이주민의 유출입을 돕고 송금 유입을 통제하기 위해 정부 기구를 재편하였다. 해외에 거주하는 이주민들의 국내 투자를 증진시키고자 1999년에 '지역발전을 위한 사회적 투자 기금 FISDL: Fondo de Inversión Social para el Desarrollo Local'을 발족시켰다. 이 기금은 지방행정부, NGO 단체 등이 외국에 거주하는 엘살바도르인들과 협력하여 학교, 커뮤니티 센터, 의료기관 등을 설립하는 프로그램이다. 이는 멕시코의 사례를 본뜬 것이다. 엘살바도르 정부는 해외 이주민과의 유대 관계 강화를 위해 국가기구인 재외동포공동체협의회DGACE: Dirección General de Atención a las Comunidades en el Exterior 등과 같은 기구를 만들었다(Gammage, 2006, 89-90). 엘살바도르 정부는 자국민들이 미국에 오랜 기간 체류할 수 있도록 미국 정부에 로비 활동을 하기도 했는데, 2004년 새로 선출된 엘살바도르의 사카 대통령(2004~2009)은 미국에 임시보호비자TPS의 연장을 촉구했다(Washington Post, October 9).

국가경제에서 송금이 차지하는 비중이 높은 국가들은 당연히 송금을 보내 오는 해외 이주민들에게 우호적인 태도를 보인다. 멕시코에서는 이들을 "경제영웅"이라 치켜세우고, 필리핀이나 인도네시아에서도 영웅이라 칭송한다(O'Mahony, 2013, 819). 필리핀과 스리랑카에서는 이주 희망자들에게 기술을 가르치고 이주를 장려하는 직업훈련 프로그램을 국가가 직접 운영한다. 물론 이 프로그램의 최종 목적은 해외 이주민들의 송금을 자국 경제로 흡수하는 것이다.

전 세계의 다른 정부와 은행들도 송금에 기반한 채권과 송금에 기반한 기구들을 조성하고 있다. 스페인과 포르투갈은 1960~1970년대 유럽 각국에 나가 있던 이주민들의 송금을 기반으로 신용조합을 만들었다. 터키, 필리핀, 브라질 등에서는 자국으로 유입되는 송금을 확보하여 자금화하고자 여러 방법을 구상하였다. 2001년 브라질 은행Banco do Brasil은 일본에 거주하는 약 30만 명의 이주민들이 보내는 엔화를 이용하여 3억 달러 규모의 채권을 발행하기도 하였으며, 파키스탄의 경우 해외 이주민이 기계류를 수입해 자국 내에 공장을 세울 경우 관세를 면제해 주는 방식으로 이주민의 송금과 기술 유입을 장려하고 있다. 인도도 이주민들이 자국으로 돌아가 자본재나 원자재를 수입할 경우에 유리한 조건을 제공받는다(Gammage, 2006, 95).

송금 수혜국 중 쿠바는 특기할 만하다. 송금은 30여 년간 사회주의 체제를 유지하던 쿠바 경제에 자본주의적 체제가 유입되는 계기가 되었다. 소련으로부터 지속적인 경제적 지원을 받던 쿠바는 1991년 소련의 붕괴 이후 주요 외화 수입원이 사라졌다.[6] 1993년까지 이어진 이 '특별한 시기'에 쿠바 정부는 '평등한 희생'을 강조하며 식량과 의약품 등을 매우 제한적으로 공급하였고, 기본적으로 필요한 생필품의 절반 정도만 배급하였다. 이에 따라 암시장이 급속히 성장하여, 암시장에서 거래되는 상품의 양이 공식적인 상품 거래량

---

[6] 소련의 붕괴 시기부터 1993년 개방정책 이전까지의 기간은 쿠바 국민들에게 경제적으로 매우 어려운 시기였다. 소련으로부터 오던 막대한 경제적 지원이 중단되었을 뿐 아니라, 미국의 금수조치로 외국과의 교류가 불가능해지면서 식량은 물론이고 의약품까지 부족하였다.

보다 많았다. 국민들 입장에서는 부족한 생필품을 구입하기 위해서는 암시장을 이용해야 했으며, 달러로만 거래되는 암시장 상품을 구입하려면 달러가 필요하였다.

당시 쿠바 정부는 1959년 카스트로 혁명 이후 외국으로 이주해 간 망명객들과의 교류를 금하고 있었다. 게다가 쿠바에 대한 미국의 금수조치로 미국의 쿠바인들이 고국의 친지들에게 보내는 송금액에는 제한이 있었으며, 쿠바 정부도 내국인의 달러 소지를 금지하였다. 그러나 상당액의 송금이 미국의 제재를 피하여 쿠바로 비공식적으로 유입되었다. 그리하여 쿠바에서는 라틴아메리카의 그 어느 국가보다도 비공식적인 송금의 비중이 높아졌다. 주로 '뮬라mula'(암컷 노새)라 불리는 인편을 통해 이루어지는 비공식적인 송금은 공식적인 송금 방법보다 저렴하고 편리하였으며 송금액에도 제한이 없었다. 무엇보다도 공식적인 기록이나 서류가 남지 않았다(Eckstein, 2004, 318-320).

송금의 급속한 증가로 쿠바 경제의 달러 의존도가 높아져 더 이상 돌이킬 수 없게 되자, 쿠바 정부는 국내 외환시장을 통제하고 시중에 유통되는 외환을 국고로 유입시키기 위해 일련의 조치를 취하였다. 우선 1993년 달러 소지를 합법화하였다. 이후 외국에 거주하는 쿠바인들의 송금 규모는 빠르게 성장하였다. 이에 쿠바 정부는 외국인들만 이용할 수 있었던 달러 상점을 쿠바 국민들도 이용할 수 있게 하였다. 다양한 상품을 수량 제한 없이 구입할 수 있는 달러 상점은 곧 쿠바 경제의 주요 부분이 되었다. 달러 소지 합법화 이후 4년 만에 쿠바 사회에서 통용되는 외환의 3분의 2가 달러 상점을 통해 유입되었고, 11퍼센트가 수출을 통해, 22퍼센트가 관광 부문에서 유입되었을 정도이다. 쿠바 정부는 달러 상점에 상품을 공급하고 주기적으로 상품 가격을 인상함으로써 외환을 국고로 유입시켰다. 또한 정부 공식 환전소CADECAS를 설치하여 시중의 외환을 정부가 흡수하였다(Eckstein, 2004, 318-321).

미국 정부는 1962년부터 2009년까지 미국인의 쿠바 방문과 쿠바로의 송금·투자 등을 금지하였지만, 쿠바 정부는 2009년 미국의 송금 해제보다 훨씬 전부터 이미 국제적인 송금업체인 웨스턴 유니언 Western Union, 트랜스카드Transcard, 머니그램 인터내셔널MoneyGram 등과 제휴를 맺고 미국 거주 쿠바인들의 송금 촉진을 꾀하였다(Orozco, 2002).

과거 카스트로 혁명 이후 쿠바 정부는 오랜 기간 동안 외국으로 이주한 쿠바인들을 "구사노gusanos"(구더기)라 칭하였다. 조국을 버린 버러지 같은 인간들이라는 매우 격한 표현이다. 그러나 송금의 중요성이 부각되면서 재외국민과 고국의 연대를 강조하고 해외 거주 쿠바인들의 고국 방문 제한을 완화하였다. 1990년 이전 쿠바를 떠난 이들은 미국 내에 거주하는 라틴아메리카인들 중 가장 경제적·사회적 지위가 높은 집단이었지만, 쿠바 체제에 대한 부정적인 견해와 반감으로 송금에 소극적이었다. 2000년 플로리다국제대학교의 조사에 의하면, 마이애미에 거주하는 쿠바인의 75퍼센트가 쿠바에 가까운 친척이 거주하고 있지만 40퍼센트만이 송금을 했다고 밝혔다(Eckstein, 2004, 322). 이에 쿠바 정부는 새로운 해외 이주를 통해 해외 송금 기반 확대를 도모하였다. 1994년에는 쿠바 정부의 요청에 따라 미국이 연간 2만 명 이상의 쿠바인들을 받아들이기로 하였다. 쿠바 정부는 혁명 이후 처음으로 국민들이 외국에 나가 취업할 수 있도록 공식 허가하였다. 외국에 취업한 쿠바인들은 연간 최대 11개월까지 근무할 수 있게 되었다(Eckstein, 2004, 321-322).

해외로 이주한 이들은 고국의 정치적 상황에 관심이 높은 편인데, 단순히 호기심일 수도 있지만 그들이 고국을 떠나온 이유가 사회적 · 정치적 상황에 일부 원인이 있기 때문이다. 고국에서 '나갔다'는 사실 자체가 고국에 대한 반대 의사를 표현한 것이라 할 수 있다. 따라서 이주민들은 야당이나 야당 후보를 지지하는 경향이 강하다. 실제로 개발도상국에서 이주민의 송금은 선거가 있는 해에 증가하는데, 재임자가 선거에 나서지 않거나 고국이 가난할수록 더 증가한다. 이주민들은 고국의 정치 소식을 듣는 데에 그치지 않고 고국의 정치적 여론을 형성하기도 하고 선거에 직접 참여하기도 한다. 고국의 가족들에게 자신이 지지하는 후보에게 투표하도록 독려하는 경우도 많은데, 이주민의 송금으로 생활하는 가족들로서는 돈을 보내는 이의 의견을 따르는 경향이 있다.

이주민들이 국내 정치에 적극 개입하는 경우도 있는데, 2000년 멕시코의 대통령선거에서 미국 내 멕시코인들은 국민행동당PAN 후보 폭스Vincente Fox를 적극 지지하였다. 당시 71년간 집권한 제도혁명당PRI에 맞선 폭스 후보에게 미국 거주 멕시코인들은 전폭적인 지지와 금전적 후원을 보냈고, 결국 그는 대통령에 당선되었다. 2005년 멕시코 연방 선거관리위원회가 외국에 거주하는 국민이 국내 정치인에게 후원하는 것을 금지하였으나, 이는 실효성이 떨어지는 조치였다. 해외 거주 멕시코인들이 투표를 위해 고향을 방문하거나 가족을 통해 후원금을 전달하는 방식으로 정치적 후원을 지속하였기 때문이다. 도미니카공화국에서도 미국 이주민을 대상으로 선거운동을 따로 하는데, 주요 정당의 정치후원금의 10~15퍼센트가 미국에서 모집된다(O'Mahony, 2013, 803-806; 819-820).

　이주가 증가하면서 선거운동도 점점 더 국제화되고 있으며, 정당들은 이주민의 후원금을 얻기 위해 치열하게 경쟁한다. 개발도상국은 선진국에 비해 선거자금 마련이 더 어렵기 때문에, 정당들이 점점 더 해외 유권자들의 후원금을 기대하게 되었다. 해외 이주민들의 후원금은 정치인들에게 매우 중요한 정치적 재원이며, 이주민들은 적극적으로 정치적 후원금을 송금한다(O'Mahony, 2013, 800; 808).

제5장

국경을 넘나드는 산업 활동

멕시코라는 나라가 우리에게 중요하게 인식되기 시작한 것은 1990년대에 들어서면서부터다. 1994년 미국·캐나다·멕시코 간에 북미자유무역협정NAFTA: North American Free Trade Agreement이 발효되었기 때문이다. 미국은 우리나라 상품의 주요 수출 시장이다. NAFTA 규정에 따라 멕시코에서 상품을 만들어도 미국산 제품과 동등하게 인정받을 수 있게 되었기 때문에, 멕시코는 우리나라 기업들의 새로운 생산지로 떠올랐다. 우리나라뿐 아니라 미국 시장 수출이 국가경제에 중요한 일본과 대만 등 아시아 국가들도 멕시코, 특히 미-멕 국경의 마킬라도라 지역에 생산 공장들을 속속 입지시켰다.

미-멕 국경에서 남쪽으로 20킬로미터까지 이어지는 마킬라도라 면세 구역은, 1965년부터 미국에서 부품을 수입하거나 이 구역에서 생산된 완제품을 미국으로 수출할 경우 관세를 부과하지 않았다. 미국에 비해 저렴하고 풍부한 노동력을 사용할 수 있고, 트럭을 이용해 마치 미국 내에서 생산된 상품처럼 수송할 수 있다는 점이 이 구역의 가장 큰 장점이었다. NAFTA 규정에 따라 부품과 상품, 서비스와 자본은 미-멕 국경을 자유롭게 넘나들 수 있지만, 노동력은 국경을 자유롭게 넘나들 수 없게 함으로써 미국과 외국 제조업체들은 멕시코의 저렴한 노동력을 이용할 수 있게 되었다. 이 같은 미-멕 국경의 선택적 투과성 덕에 이 구역은 세계적인 제조업 생산기지로 성장할 수 있었다.

이 장에서는 미-멕 국경 지역이 이러한 과정을 거쳐 단순한 국가 간 경계에서 북아메리카 지역의 주요 제조업 지구로 성장하게 된 과정을 좀 더 상세히 살펴보고자 한다.

1980년대 초 경제 환경의 변화

1994년 1월 1일, NAFTA가 발효되면서 세계에서 가장 큰 무역블록이 탄생하였다. 비슷한 시기, 유럽은 「마스트리트 조약Maastricht Treaty」(1992)으로 기존 경제 중심의 유럽공동체EC: European Community 에서 경제 및 사회, 외교 및 안보, 사법 및 국내 문제까지를 모두 공유하는 유럽연합EU: European Union 체제로 전환하였다. 총생산액 면에서 NAFTA와 EU는 엎치락뒤치락하며 세계 최대 경제공동체의 자리를 차지하였다. EU는 「셍겐조약」(1985)으로 노동력의 역내 이동을 자유롭게 하고 통화의 통합까지 이루어 낸 데에 비해, NAFTA는 국가별로 조금씩 다르게 통합되었다.

본래 NAFTA는 1989년 발효된 캐나다와 미국 간의 자유무역협정 CUSFTA(1989년 1월 1일~1993년 12월 31일)에 기초한다. CUSFTA에 따라 미국과 캐나다라는 두 선진 경제 간에는 자본, 상품, 서비스의 자유로운 이동이 가능해졌다. 여기에 개발도상국, 게다가 수차례의 외환위기를 겪고 1982년 모라토리엄 선언 이후 IMF 관리를 받고 있던 멕시코가 가세하여 세계 최대 무역블록을 형성한다는 점만으로도 전 세계가 주목하였다. 선진국과 개발도상국이 같이 무역블록을 형성한 최초의 사례였기 때문이다.

당시 우리나라에서 멕시코는 멕시칸 샐러드나 멕시칸 치킨처럼 실제 멕시코와는 전혀 관련 없는 이미지로만 알려져 있었다. 눈썰미 좋은 사람들에게는 미국 서부영화에 등장하는 악당이나 배신자들의 상당수가 멕시코인으로 설정되었다는 점 정도였다. 우리나라에서는 NAFTA 협상이 시작된 1992년 이후에야 미-멕 국경 지역에 대한 관심이 높아졌지만, 당시 이 지역은 이미 양 국가 간의 경제적 연계 지역으로 성장하고 있었다. 양국이 처한 경제적 여건이 변화하면서 두 국가 모두에서 국경을 넘어서는 경제활동의 필요성이 대두되었다. 즉, 미-멕 국경의 멕시코 지역에 제조업 입지가 증가한 것은 멕시코의 경제적 상황과 미국의 산업입지 변화가 결합된 현상이었다.

우선, 1982년 멕시코의 모라토리엄 선언이 가장 중요한 전환점이었다. 1980년대 초반, 막대한 국가부채를 지고 있던 멕시코는 국제금리가 크게 오르자 부채는커녕 이자도 갚지 못하는 상황이 되었다. 이에 1982년 모라토리엄을 선언하였다. 당시 멕시코와 비슷한 상황이던 대부분의 라틴아메리카 국가들도 연이어 파산하였다. 페소화 가치가 폭락하였으며, 극심한 경제 상황 악화로 실업률이 치솟았다. 실질임금은 폭락하였고, 실업자는 급증하였다. 즉, 저렴하고 풍부한 노동력이 공급될 수 있는 여건이 조성되었다. 모라토리엄으로 인한 경제 상황 악화는 멕시코 국민들에게는 비극적인 일이었지만, 미-멕 국경을 둘러싼 경제적 변화를 가져올 주요한 여건이 마련된 것이었다.

멕시코가 모라토리엄을 계기로 중진국에서 후진국으로 굴러떨어지고 있던 시기, 미국 경제도 중요한 변화를 맞고 있었다. 국내 제조업 입지의 변화와 탈산업화가 시작된 것이다. 본래 미국의 전통적인 제조업 지구는 북동부 해안과 오대호 연안 지역이었다. 중고등학교 지리 시간에 열심히 외운 것처럼 "지역에서 생산된 철과 석탄을 비롯한 풍부한 자원, 그리고 오대호의 수운을 바탕으로 19세기 중반부터 이 지역에서는 제조업이 발달하였다." 특히 20세기 초반 디트로이트를 중심으로 하는 자동차 공업은 수많은 전후방 연계산업을 바탕으로 이 지역에서 제조업이 성장하는 주요한 축이 되었다. 그러나 1970년대 들어 케인스주의적 발전 방향과 포디즘에 기반한 경제발전의 한계가 나타나기 시작하였고, 국제 유가 폭등으로 촉발된 경제위기는 이 지역 제조업에도 부정적인 영향을 미쳤다. 1970년대부터 동북부 지역에 집중되어 있던 미국 제조업체들은 생산비 증가와 경기침체, 그리고 거세어지는 강성 노조의 요구 등을 피해 남부 지역으로 이주하기 시작하였다. 연성 노조에 인건비가 저렴하고, 주정부의 적극적인 지원이 이루어지는 지역으로 말이다.

1980년대 초반 멕시코의 모라토리엄 선언, 그로 인한 페소화 폭락 및 실업률 증가로 미-멕 국경 지역 남쪽 구역, 소위 마킬라도라 구역이 미국 기업들, 특히 노동집약적 산업체들에게 매력적인 생산기지로 부각되었다. 남부 지역으로 이주하던 미국의 제조업 공장들은 북동부 지역에서 남부 지역으로 옮겼다가 다시 미-멕 국경 지역으로 이주하거나, 북동부 지역에서 바로 미-멕 국경 지역으로 이동하는 패턴을 보였다.

물론 당시 멕시코의 인건비가 미국에 비해 매우 저렴했던 것은 맞지만, 미국 기업들이 국경 너머 멕시코 측에 공장을 짓기로 결정한데에는 멕시코 정부의 국경 지역 산업화 정책이 중요한 계기를 마련하였다. 즉, 멕시코 정부는 1965년 미-멕 국경 지역 남측, 즉 멕시코지역으로 20킬로미터까지의 구간에 대해 일종의 자유무역지구를설치하였다. 그 덕분에 미-멕 국경 남측 지역에 입지한 사업체 수가1968년 약 79개에서 20년 후인 1988년에는 1,400개로 증가하였다. 특히 1983~1989년 멕시코 경제는 연이어 위기를 맞았지만, 이 시기페소화 평가절하로 멕시코 측 인건비가 대폭 감소하였고, 이는 미국기업들이 미-멕 국경 남측 구역에 입지하는 주요한 원인이 되었다. 이로써 1980년대 이 지역의 제조업은 멕시코 경제 전체에서 매우 중요한 부분으로 자리 잡았으며, 제조업은 석유 수출에 이어 외화 수입원 2위로 부상하였다(South, 1990, 549).

미-멕 국경의 남쪽 20킬로미터 구역에 설치된 자유무역지구는 멕시코인들의 값싼 노동력을 바탕으로 한다는 의미에서 '마킬라도라 Maquiladora'(방앗간 삯이라는 의미) 지구라 불렸다.

'잃어버린 시대'와 수입대체산업화 정책

한때 우리나라에서도 "잃어버린 시대la década perdida"라는 말을 언론에서 자주 사용했다. 정권을 빼앗긴 시기였다는 정치적 의도가 강한 표현이었지만, 이 단어는 본래 1980년대 라틴아메리카 여러 국가의 '폭망' 상황을 지칭하는 용어이다. 한 마디로, 잘살던 라틴아메리카가 망한 직후에 이어진 어려운 고난의 시기를 일컫는다.

지금으로서는 상상하기 어렵지만, 20세기 초반 아르헨티나는 세계 5위 안에 드는 부국이었으며, 멕시코를 비롯한 라틴아메리카 국가들도 자원 수출로 부유했다. 그 부유한 시기가 끝나고 '빈곤한 라틴아메리카' 시대가 시작된 시점이 1982년 멕시코의 모라토리엄 선언, 즉 외채지불불능 선언 이다. 이후 라틴아메리카 주요 국가들은 심각한 경제적 어려움을 겪게 되었는데, 이 힘들었던 1980년대를 "잃어버린 시대" 혹은 "잃어버린 세대"라 한다. 그들이 잃어버린 것은 부유한 시대였다. 당시 우리나라에서는 라틴아메리카의 경제적 폭망 사태에 대해 "샴페인을 너무 일찍 터뜨렸다"고 진단하였다. 물론 잘못된 분석이다. 라틴아메리카의 잃어버린 시대는 내수시장을 중심으로 한 수입대체산업화 정책의 실패 때문이다.

'수입대체산업화' 정책은 제조업을 육성하여 자원 수출 중심의 경제를 다각화하고자 한 노력이다. 즉, 라틴아메리카 국가들은 대부분 석유나 커피, 바나나, 구리 등 천연자원을 수출하고, 그 대금으로 유럽이나 미국에서 공산품을 수입하였다. 이러한 구조는 과거 식민시대부터 이어진 것으로, 유럽과 미국이 산업혁명을 하던 시기에 더욱 공고해졌다. 라틴아메리카 사람들은 자신들이 유럽처럼 부유한 국가가 되지 못하는 이유를 제조업의 부재, 즉 천연자원 수출 중심의 경제구조 때문이라고 진단하였다. 특히 1930년 무렵에 미국과 유럽의 경제공황으로 라틴아메리카 경제도 매우 어려워졌다. 아르헨티나 출신 경제학자 프레비시Raúl Prebisch는 라틴아메리카가 산업화에 이르지 못하면 세계경제 시스템의 변두리에서 계속 식량과 원자재 생산자로서 살아갈 수밖에 없다며 수입대체산업화를 정당화했다. 그는 유럽과 미국의 제조업 중심 선진 경제를 중심부, 라틴아메리카를 비롯한 자원 중심의 개발도 상국들을 주변부로 구분하고, 중심부가 주변부를 착취하는 세계경제 구조 때문에, 주변부는 늘 가난할 수밖에 없다고 주장하였다.

라틴아메리카 경제위원회ECLA: Economic Commission for Latin America가 주도한 수입대체산업화 정책에 따라, 정부는 시멘트, 철강, 화학 등 기간 산업에 투자하여 국내 기업활동을 도왔고, 커뮤니케이션 및 수송, 전력 생산, 에너지, 광업 등의 부문에서 국영기업을 육성하여 제조업체의 생산원가를 낮추도록 유도하였다. 그러면서 고율의 관세 및 수입허가제를 실시하여 국내 산업을 보호하고, 외국인직접투자 허가제를 실시하여 외국자본의 유입을 제한하고 주요 전략산업의 외국인 참여를 제한하거나 금지하였다. 브라질, 아르헨티나, 멕시코, 칠레 등 라틴아메리카의 주요 국가들을 비롯해 인구 규모가 적은 국가들도 수입대체산업화 정책을 실시하였다.

초기에는 수입대체산업화 정책의 결과가 매우 긍정적이었다. 멕시코의 경우 1950~1972년에 GDP는 연평균 5퍼센트 이상씩 상승하였고, 1960년대 후반에는 성장률이 8퍼센트에 육박하였다. 당시 멕시코 경제는 전 세계 국가 중 가장 빠른 속도로 성장하였다. 이에 비해 멕시코의 소비자물가는 평균 5퍼센트 이내로 안정세를 나타내었다(Ramírez, 1986). 국가의 경제는 발전하였고, 중산층은 두터워졌다. 그러나 정부 주도의 산업화 과정에서 소득구조 불평등이 심화되어 이로 인한 사회적 갈등 또한 증가하였다.

수입대체산업화 시기, 라틴아메리카 국가들은 빠른 성장을 이루었으나 그 결과는 지표만큼 바람직하지 못했다. 제조업 중심의 경제발전 과정에서 수출 위주의 기업농을 제외한 대부분의 농업 부문은 소외되었으며, 농업 부문에 대한 경시는 농촌경제의 피폐로 이어졌다. 1960

년대 말 공식 통계에 따르면 농촌의 실업 및 불완전 고용률이 40~50퍼센트에 이르렀고, 식량 수입량이 늘어났으며, 국내 식품 가격이 치솟았다(Cravey, 1998). 노조는 임금인상을 요구하였고, 이촌향도한 도시빈민들의 불량 거주지는 늘어 갔으며, 저소득층이 고율의 세금을 내는 퇴행적인 세금 구조는 개편되지 못하였다. 국내 소비자들은 경쟁력 없는 상품을 고가에 구입해야 하였다. 고등교육에 대한 적절한 투자가 이루어지지 않아 산업 발달에 직접적으로 관련된 분야의 기술 축적이 거의 이루어지지 못했다. 1968년 멕시코 올림픽은 멕시코의 경제발전을 전 세계에 과시하는 장이었다. 그러나 올림픽 바로 직전에 일어난 틀랄텔롤코 Tlaltelolco 사건(경제적 · 사회적 불평등의 시정을 요구하는 일반 시위대를 향해 군이 발포한 사건)은 급속한 경제발전의 이면을 잘 보여 준 사례였다.

수입대체산업화의 부작용이 사회 각층에 팽배한 가운데, 1960년대 중반 이후 경제성장률이 둔화되기 시작하였다. 1970년대에 오일쇼크로 전 세계적으로 경제적 어려움이 가중되자, 수입대체산업화 정책도 한계를 드러내기 시작하였다. 수입대체산업화 정책에 따라 멕시코를 비롯한 대부분의 라틴아메리카 국가에는 수천 개의 공기업이 창설되어 있었다. 멕시코는 여타 라틴아메리카국가들에 비해 공기업 분야의 규모가 작은 편이었음에도, 대기업 대부분이 공기업일 정도였다(Cravey, 1998, 39). 제조업 발전을 위한 기간산업 분야의 공기업도 상당수였지만, 부실한 민간기업을 공기업으로 전환한 사례도 상당수였다. 제조업의 고용을 높게 유지함으로써 민간 소비력을 유지하는 정책을 폈기 때문이다. 그 결과, 공기업에 대한 지출 규모가 급격히 증가하였고, 이는 대부분 정부 재정에서 지출되었다.

1940년 822만 페소(1960년 통화 기준)를 공기업에 지출했던 멕시코 정부는, 1975년에는 3억 1,200만 페소를 지출하여야 했다. 세계경제가 호황을 누리던 1950~1960년대에는 라틴아메리카의 자원 수출 경제도 호황이었다. 그러나 1970년 들어 불황이 닥치자, 라틴아메리카 국가들은 부채를 얻어 국가재정을 운영하여야 했다. 멕시코는 수입대체산업화 정책에 필요한 국가자본을 충당하고자 원유를 담보로 국제자본시장에서 계속해서 차관을 빌렸다. 그러다가 1970년대 말, 선진국의 경기가 침체하고 인플레이션이 발생하자, 인플레이션 곡선이 치솟고 금리가 높아졌다. 1979년 미국 및 유럽 국가들은 일제히 금리를 인상하였고, 1981년 세계경제 불황은 멕시코 및 라틴아메리카의 주요 수출 품목인 1차 생산물의 소비 악화로 이어졌다. 결국 이자 지불에도 어려움을 겪게 된 멕시코는 1982년 외채지불불능을 선언하였다. 이는 라틴아메리카 국가들의 연쇄 부도로 이어졌으며, 멕시코를 위시한 많은 국가가 IMF 구제금융을 받게 되었다.

우리나라는 1997년 IMF를 겪은 후 2000년 말에 모든 채무를 상환하고 이듬해 IMF 관리체계에서 벗어났다. 이런 경우는 전 세계적으로 매우 드문 일이다. 멕시코를 위시한 라틴아메리카 국가들은 1990년대까지 IMF의 구제금융 외에도 지속적으로 외환위기를 겪으며 국제금융 기구로부터 외환을 빌리거나 채무 조정을 받아야 했다. 이 과정에서 국제금융 기구들은 라틴아메리카 경제의 신자유주의 체제 전환, 소위 '워싱턴 컨센서스Washington Consensus◆'라 불리는 미국식 시장경제체계로의 전환을 요구하였다. 오랜 기간 불안정한 경제 상황에 놓여 있던 라틴아메리카 국가들에게는 다른 선택지가 없었다. 라틴아메리카 국가들

◆ IMF와 세계은행, 미 재무부 등 워싱턴 D.C. 소재 기관들이 남미 국가 등 위기에 처한 개발도상국을 돕기 위해 제시한 경제정책 처방. 1989년 워싱턴 D.C. 소재 싱크탱크인 국제경제연구소IIE의 영국 경제학자인 존 윌리엄슨John H. Williamson가 처음 제시하였다.

은 빠르게 신자유주의 체제로 전환하였다.

우리나라는 IMF 관리체계를 받은 국가 중 소위 모범국가로 알려져 있으며, 그 시기 우리나라의 경제체제는 상당히 바람직하게 개선된 것으로 평가된다. 그러나 우리나라 국민들이 IMF 관리체계 시기를 기점으로 겪었던 변화와 고통은 매우 큰 것이었다. 그렇게 볼 때 그러한 고통의 시기를 10년 이상 겪은, 그로 인해 국가경제가 폭삭 망했던 멕시코를 비롯한 라틴아메리카 국가 국민들이 겪었던 고통이 어떠했을지는 미루어 짐작할 수 있다.

노동력이 갈 수 없다면 공장을

19세기 중반 이후 미-멕 국경 지역은 일종의 보더랜드Borderland 역할을 하였다. 계절별로 멕시코의 농업 노동력이 순환 이주하거나 로스앤젤레스 등 대도시지역으로 이주하였고, 미국 관광객들은 음주와 유흥을 즐기러, 지역 주민들은 생활용품을 사러 국경을 넘었다. 이러한 비공식적인 교류는 그전에도 지속적으로 이어졌으나, 국가 간의 본격적인 경제협력은 1941년 브라세로bracero(노동자라는 의미의 스페인어) 프로그램(1941~1964)이 시행되고부터이다.

브라세로 프로그램은 제2차 세계대전의 발발로 인한 미국의 노동력 부족 현상을 해결하기 위해 실시되었다. 미국은 전쟁 군수물자 제조로 경제가 활성화되었으나, 일본의 진주만 침공 후 본격적으로 전쟁에 뛰어들게 되었다. 게다가 전쟁에 동원된 계층이 생산연령에 속하는 젊은 남성들이었기 때문에, 미국 사회 전반에 걸쳐 노동력 부족 현상이 나타났다. 이에 미국 정부가 멕시코 정부와 합의하여 한시적으로 멕시코 노동력을 공식 초청하였다. 브라세로 프로그램은 제2차 세계대전으로 시작되었지만, 전쟁 종료 후 미국이 한국전쟁에 참전하면서 기간이 연장되었고, 다시 1964년까지 지속되었다. 브라세로 프로그램이 지속되는 동안 약 480만 명이 정식 계약노동자로 미국의 24개 주에서 근무하였는데, 이는 미국에 투입된 단일 국가의 노동력으로는 최대 규모였다. 정식 계약노동자 외에도 500만 명 이상의 불법노동자들이 고용된 것으로 추정된다(Migration Dialogue, April 2003).

당시 브라세로 프로그램을 통해 미국에 취업하려던 멕시코 노동자들이 국경도시로 몰려들자, 미-멕 국경 멕시코 측 지역의 공공서비스와 주택 부족 문제가 심화되었다. 이에 멕시코 정부는 1961년 '국경 지역 개발 프로젝트PRONAF: Programa Nacional Fronterizo'를 시행하였다. PRONAF의 목적은 국경 지역의 경제적 기반을 확대하고, 국경 지역을 국가경제의 한 부분으로 통합시키며, 공공 기반시설을 확충하고, 관광산업 활성화를 위해 도시경관을 정비하는 것이었다. PRONAF를 통해 미-멕 접경지역의 멕시코 측 도시들에는 학교, 도로, 쇼핑센터 등이 건설되었고, 산업단지들이 건설되었으며, 다양한 농작물이 재배되기 시작하였다(Dillman, 1970: South, 1990, 551에서 재인용). 멕시코 정부는 PRONAF를 통해 국경 지역의 관광 및 상업 기능을 활성화시키고, 이를 통해 미국의 소비자와 관광객을 유입시키고자 하였다.

그러나 PRONAF가 시작되고 얼마 지나지 않은 1964년 브라세로 프로그램이 종료되었고, 정식 계약노동자만 해도 약 18만 5천여 명이 실직하여 멕시코로 돌아와야 했다. 이들 중 상당수가 미국 재취업을 바라고 접경지역에 머물면서 이 지역의 인구와 함께 실업률도 급증하였다. 그러나 브라세로 프로그램을 통해 멕시코 정부는 자국의 입지가 경제적으로 유리한 입지임을 깨달았다. 멕시코 정부는 접경도시에 대한 기반시설 투자가 이미 이루어진 상황에서 높은 실업률과 가변적인 미국의 외국인 노동정책 등과 관련된 영구적인 해결책을 모색하였다. 그 결과물이 1965년 '멕시코 북부접경지역 산업화 프로그램Programa de Industralización de la Frontera Norte de México'이다. 미국의 노동집약적 산업을 미-멕 접경지역에 유치하고자 추진된 이 프로그램의 골자는, 국경에서 20킬로미터 이내에서는 외국인이 공장을 소유할 수 있고, 수출을 전제로 할 경우 부품 및 자재의 수입과 상품 수출 시 면세혜택을 주는 것이었다. 사람, 노동력이 국경을 건널 수 없으니 기업들이 국경을 넘어와 저렴한 노동력을 이용하라는 의미였다. 마킬라도라 산업지구의 시작이었다.

1960~1970년대에 우리나라의 창원, 마산 등지에서도 소위 '수출자유지역'이라는 제도가 시행되었다. 외국의 회사들이 값싼 우리나라 노동력을 이용해 섬유, 전자제품 등을 조립 가공해 수출하는 제도로, 이 지역에 입지한 수많은 조립 가공업체는 부품 수입과 완제품 수출에서 면세혜택을 받았다. 오늘날에는 상품생산 과정의 분절화와 지역적 분업화가 보편화되었지만, 당시에는 푸에르토리코, 홍

콩, 대만, 한국 등에서 주로 이러한 형식의 제조업이 성행하였다. 당시 멕시코의 상공장관이었던 살라스Octaviano Campos Salas는 "우리의 이상은 홍콩, 일본, 푸에르토리코의 대안으로 자유로운 기업 행위를 제공하는 것"이라고 하였다(Wall Street Journal, May 25, 1967: Cravey, 1989, 15에서 재인용). 당시 미국 제조업체들의 저렴한 생산기지로 발전하고 있던 푸에르토리코의 사례는 멕시코에게 깊은 인상을 준 듯하다. 미국 영토이지만 준주準州의 지위였던 푸에르토리코는 일종의 면세 지구였다. 섬 안에서 생산되는 상품뿐 아니라 기업활동에도 세금이 면제되었다. 그러나 카리브해 지역에 위치한 푸에르토리코는 부품과 상품 수송 시 비행기나 선박을 이용해야 했고, 교통수단의 적환積換(짐을 옮겨 다시 싣거나 쌓음)은 추가적인 물류비용을 증가시켰다.

산업화 프로그램 시행 초기에 미-멕 국경의 남쪽 구역은 아시아 국가들이나 푸에르토리코에 비해 큰 주목을 받지 못했다. 당시 유럽 및 미국 등 선진국 경제의 주요 축은 여전히 제조업이었고, 국내에서 소비되는 상품은 대부분 자국에서 생산하는 것이 일반적이었다. '국내에서 생산된' 제조업 상품의 '외국으로의' 수출은 국가경제의 주요 원동력이었기 때문이었다. 거대한 제조업 중심 경제를 구축한 미국으로서는 굳이 멕시코에서 상품을 생산할 이유가 없었다. 게다가 당시 미국인들에게 멕시코인들의 이미지는 '농장노동자'였지, 결코 숙련된 기술자들이 아니었다. 더욱이 당시 멕시코 국가경제는 수입대체산업화 정책을 따르고 있었다. 즉, 당시 멕시코 국내에서는 외국인이 기업활동을 하거나 기업을 소유하는 것에 제도적 제약이 있었으며, 상품 수입에도 높은 관세와 허가제를 적용하고 있었다. 따라서 대표적인 보호무역주의인 수입대체산업 정책과는 정반대의 목표를 가진 마킬라도라 산업은 초기에는 국경 지역에 한정하여 입지할 수 있었고, 1971년 3월 이후에는 멕시코 해안 지역과 내륙 도시지역에도 입지할 수 있게 되었으나 일부 지역으로 한정되었다(Pedrero y Saavedra, 1985: Eugenia de la O, 2001, 29에서 재인용).

멕시코, 특히 미-멕 국경 지역의 남쪽 구역은 매우 큰 장점이 있었다. 미국 기업들이 트럭에 부품을 실어 국경 너머로 수송했다가, 멕시코에서 그 부품으로 조립된 상품을 다시 그 트럭에 실어 국경 너머로 가져올 수 있다는 점이었다. 즉, 적환이 필요 없었다. 적환이란 물류에서 상품이 교통수단을 바꾸는 과정으로, 여기에는 짐을 싣고 내리는 과정이 수반된다. 우리가 외국에서 수입하는 상품들은 비행기나 배를 이용해 대륙 간 혹은 국가 간 이동을 하고, 공항이나 항구에서 트럭에 옮겨서 국내 배송을 하게 된다. 상품 이동의 교통수단을 바꾸는 작업에는 시간이 추가적으로 소요되고, 인건비나 창고비, 기계 사용료 등의 비용도 더 들게 된다.[1] 즉, 적환은 추가적인 시간과 돈이 드는 과정이다.

물론, 미국과 멕시코 사이에도 국경이 있어서 세관 수속을 거쳐야 하지만, 이를 간소화한다면 미국-멕시코 간 물류 흐름만 보면 그냥

---

[1] 우리나라에서 가끔 이야기하는 "유라시아 대륙 횡단 열차가 부산에서 출발한다면"이라는 가정은, 실제로 매우 경제적으로 매력적인 물류 패턴이다. 배를 갈아탈 필요 없이 바로 기차로 러시아나 중앙아시아, 유럽까지 물류 수송을 한다면 비용이 상당히 절감될 수 있다.

'한 나라'와 마찬가지인 것이다. 당시 멕시코 정부는 자국의 입지적 장점을 깨달은 듯하다. 미국과 국경을 맞댄 멕시코의 이러한 장점은 오늘날까지도 변함이 없다.

마킬라도라, 세계 최대 시장을 낀 수출자유지구

'마낄라' 혹은 '마킬라도라'라 불리는 조립 가공업은 멕시코뿐 아니라 중앙아메리카, 카리브해 지역에서 북아메리카로의 수출을 전제로 이루어지는 제조업 및 서비스업 전반을 지칭하기도 한다. 제조업의 경우에는 수출을 전제로 부품을 수입하여 현지의 저렴한 노동력을 이용하여 조립·가공하는 경우를 일컬으며, 서비스업에서는 아웃소싱으로 이루어지는 백오피스back office(후방에서 사업을 지원하는 업무) 기능 등을 일컫는다.

멕시코에서 발행된 사전에서는 마킬라도라의 원형인 '마낄라르maquilar'라는 단어를 "작은 조각의 천을 조립하거나 단추 등을 달아 완성품을 만드는 공장에서 작업하다, 전자제품의 부품을 맞추어 완성품을 만들다"라고 정의하고 있다(Diccionario del Esapañol Usual en México 2o edición, 2001). 명사형인 '마낄라maquila'에는 "마낄라 작업을 하는 것" 외에도 "곡식을 빻아 주고 받는 품삯"이라는 뜻이 있다. 이 설명대로 마킬라도라는 작업을 해 주고 품삯을 받는 것을 의미하며, 값싼 노동력에 기반한 일종의 '노동착취 작업장sweat shop'과 유사한 개념으로 시작되었다.

오늘날 마킬라도라는 미-멕 접경지대에 위치한 멕시코의 수출 조립 가공업체들을 일컫는다. 그러나 마킬라도라는 산업 그 자체가 아니라 수출을 장려하는 특정 조약 체계로, 관세 체제에 기반한 개념이다. 특히 카리브해 지역에는 미국 및 캐나다 시장을 주요 대상으로 하는 백오피스 기능 중심의 서비스산업들이 1960년대부터 들어서기 시작하였다. 저렴한 노동력을 바탕으로 한 콜센터, 티켓 예약 서비스, 서류 작성 등의 백오피스 기능들은 인터넷 등 정보통신 부문의 혁신 이후에는 아시아권으로 옮겨 갔다. 영어 사용자가 많은 인도로 옮겨 갔던 백오피스 산업은, IT산업이 발달된 인도의 인건비가 상승하자 다시 필리핀 등으로 이전하였다. 영어가 가능한 저렴한 노동력을 중심으로 형성된 카리브해 지역의 백오피스 산업은 유니비전Univisión이나 텔레문도Telemundo 등 미국의 스페인어 기반 방송국이 성장하면서 방송 콘텐츠 제작 등으로 다변화하였다.

멕시코의 마킬라도라 지역과 산업이 발전하게 된 결정적인 계기는 역시 NAFTA 발효이다. NAFTA가 체결되면서 미국-캐나다-멕시코 간의 무역 관세가 폐지되기 시작하여, 2008년 1월 1일을 기점으로 완전히 폐지되었다. 현재 미국-캐나다-멕시코 간의 상품 수출입 시 관세가 부과되지 않는다. 세 국가의 내수시장이 마치 한 국가의 시장처럼 기능하게 되었다. 실제로 NAFTA 발효 이후 세 국가 간의 수출입이 계속 증가하였다. 멕시코는 미국에 두 번째로 큰 상품 수출 시장이며, 수입 면에서도 캐나다와 중국에 이어 세 번째로 큰 국가이다. 물론 멕시코에게 미국은 수입이나 수출 양 측면에서 가장 중요한 국가이다. 상품의 가치가 1천 달러 이상인 상품을 관세 없이 NAFTA 지역으로 수출하려면 NAFTA 원산지 규정을 증명해야 한다. 즉, NAFTA는 영내에서 생산된 상품을 그 외 지역에서 생산된 상품과는 구분하여 혜택을 부과하며, 이를 위해서는 품목별로 완제품에 들어가는 부품의 일정 비율 이상을 NAFTA 영내에서 생산하여야 한다(US International Trade Adminstration). 따라서 대미 수출의존도가 높은 국가, 즉 한국과 대만, 일본 등의 제조업체들에게 멕시코는 미국 시장으로 들어가는 새로운 입구이자 새로운 경쟁자가 되었다.

이에 따라 유럽, 일본, 한국 기업들이 북아메리카 시장으로 들어가는 전초기지로서 멕시코 북부 국경 지역에 생산 시설을 대거 조성하였고, 미국 내 제조업 아웃소싱이 본격화되면서 멕시코 북부 국경 지대는 세계적으로 주요한 제조업 지구로 성장하였다. 2000년 10월 3,655개 업체에 약 134만 8천 명이 고용되어 고용 규모 면에서 최고치를 나타내고, 2001년 6월 3,735개의 생산업체에 121만여 명이 고용되어 생산업체 수가 정점을 찍으며 멕시코 마킬라도라 산업은 전성기를 맞았다.

그러나 이후 일부 기업들이 임금이 더 저렴한 중국으로 떠나면서 마킬라도라 산업은 쇠퇴하기 시작하였다(Gilbert, 2006). 게다가 시우다드 후아레스를 중심으로 국경 지역의 치안 불안이 커지면서 상당수의 기업들이 해외로 이주하였다. 그러나 항공이나 해운 적환 없이 미국 내수시장에 접근할 수 있고, NAFTA 규정에 따라 지적재산권

보호가 비교적 잘 지켜진다는 이 지역의 장점은 기술집약적 산업체들을 꾸준히 멕시코 북부 지역에 끌어들이고 있다.

마킬라도라 산업의 성장과 변화

1960년대 멕시코 북부 접경지역 산업화 프로그램은 젊고, 교육수준이 비교적 높은 여성 노동력에 기반한 고도의 노동집약적 산업 중심으로 계획되었다. 초기, 저렴한 임금을 바탕으로 입지한 산업이 주를 이루게 되자, 전문 기술을 요하는 제조업은 입지할 수 없다는 의견까지 대두되었다. 그러나 1980년대 초반 다국적기업들이 멕시코 국경 지역에 자동차 엔진과 텔레비전 조립공장 등 기술집약적인 제조업 공장을 건설하였으며, 1980년대 중반에는 기술 및 자본집약적인 산업이 본격적으로 입지하기 시작하였다(Rees, 2006, 240). 이에 샤이켄 Shaiken(1994)은 마킬라도라 산업의 기술집약적 생산 시기가 시작되었다고 하였다.

NAFTA로 마킬라도라 산업의 입지 가능지가 전국으로 확대되자, 멕시코 북부 도시들을 중심으로 다국적기업들, 특히 자동차 생산 공장이 입지하였다. 이후 자본집약적이고 진보된 기술력을 사용하고 남성 노동력의 비중이 높은, 즉 진짜 제조업 중심의 마킬라도라 시대가 열렸다고 평가된다(김희순, 2008).

여기서 주목해야 할 점이 있다. 마킬라도라 산업체들이 단순히 저임금 지역을 선호해서 입지하는 것은 아니라는 점이다. 마킬라도라 산업의 특성상 미국과의 연계가 중요하다. 부품이나 완제품이 미국 국경을 넘어야 하고, 마킬라도라 산업체에 근무하는 외국인 관리자들은 멕시코보다는 미국에 거주하는 것을 선호한다. 산업체에 근무할 노동력을 구하기에는 도시 규모가 큰 편이 좋다. 따라서 마킬라도라의 외국인 사업주들은 미국과의 접근성이 좋고 노동력을 구하기가 용이한 대도시를 선호한다. 3천 킬로미터가 넘는 미-멕 국경에서도 마킬라도라 산업의 발달이 가장 두드러진 지역은 멕시코의 시우다드 후아레스와 티후아나이다. 시우다드 후아레스는 미국 텍사스의 엘패소와 국경을 경계로 마주 보고 있으며, 티후아나는 캘리포니아의 샌디에이고와 국경을 마주하고 있다. 두 도시 모두 마킬라도라의 수도라 불릴 정도로 많은 마킬라도라 업체가 입지하고 있다.

서부 해안 지역에 위치한 티후아나는 가장 먼저 마킬라도라 산업이 발달하기 시작한 곳으로, 봉제업 · 장난감 제조업 · 전자제품 조립 등 비교적 소규모의 노동집약적 산업을 중심으로 업체들이 입지하기 시작했다. 샌디에이고, 로스앤젤레스, 샌프란시스코 등 미국 미국 서부 해안 대도시지역으로의 접근성이 높기 때문에 일찍부터 의류 관련 업체들이 대거 입지하였고, 비교적 소규모의 멕시코계 미국인 사장의 비중이 높은 업체들이 많이 입지하였다. 게다가 국경을 마주하고 있는 미국 도시 샌디에이고의 생활환경이 매우 좋아서 외국인 관리자들의 반응도 좋아 1980년대 이후 기술 및 자본집약적인 산업체들이 대거 입지하였다. 우리나라의 삼성전자가 1980년대부터 이 지역에서 패널을 만드는 텔레비전 공장을 세우면서 전 세계에서 가장 많은 텔레비전을 만드는 도시가 되기도 했다.[2]

국경의 중앙쯤에 위치한 시우다드 후아레스는 본래 멕시코에서 미국으로 가는 길목에 있는 작은 도시였다. 미국 측 도시인 텍사스주 엘패소가 교육이나 생활 여건이 좋은 곳이어서 외국인 관리자들의 선호도가 높았다. 시우다드 후아레스시도 '셸터 플랜Shelter Plan'이라는 프로그램을 실시해 외국 기업들의 입주 과정을 돕고, 대규모 산업단지를 따로 조성하고 인프라를 적극 구축하였다. 이런 노력 덕분에 대규모 제조업체들이 다수 입지하여, 시우다드 후아레스는 티후아나와 함께 마킬라도라의 수도라 불리며 마킬라도라 산업의 전성기를 이끌었다. 그러나 연쇄살인사건이 발생하고, 마약상들로 인해 치안이 불안정해지면서 타 지역이나 중국 등 해외로 이주하는 기업들이 증가하였다.

여기에 NAFTA 발효 이후 국경지대로 국한되었던 외국인 소유 제조업 공장의 입지가 확대되자, 이곳에 있던 기업들이 인프라가 잘 갖춰져 있고 노동력 공급이 원할한 인구집중지역으로 옮겨 갔다. 특히 미-멕 국경에서 자동차로 2시간 거리인 동북부의 몬테레이가 주목받았다. 몬테레이는 멕시코시티, 과달라하라와 함께 멕시코의 주

---

2 티후아나는 삼성전자가 생산하는 텔레비전의 20퍼센트 정도를 생산하며, 이 중 80퍼센트 정도가 미국으로 수출된다. 삼성전자는 멕시코 중부 지역 케레타로에도 가전제품 생산 공장을 가동하고 있다.

요 대도시인 데다, 명문 사립대 몬테레이공과대학을 중심으로 노동력 잠재력이 매우 큰 도시다. 일찍이 멕시코 제조업의 중심 도시였던 몬테레이는 NAFTA 발효 이후 여러 외국계 기업들이 선호하는 입지가 되었다. 현재 몬테레이와 이웃 도시 살티요에는 세계적인 초국적기업들뿐 아니라 우리나라의 기아자동차 완성차 조립 공장 및 유관 부품 업체들이 입지해 있다. 2022년 LG전자는 전기자동차 관련 부품 생산기지를 살티요에 조성하기로 하였다[동아일보, 2022.4.20.].

그 밖에도 멕시코 중앙 지역에 위치한 아구아스 칼리엔테스는 주요 자동차 생산 도시로 급성장하였는데, 생산되는 자동차의 대부분이 외국계 자동차 회사에서 생산되는 수출용 자동차이다. 미-멕 국경으로부터 네 시간 거리에 위치한 치와와시는 항공 클러스터가 형성되면서 항공산업의 중심지로 급성장하였다. 지난 10여 년간 수십 개의 항공기 회사들이 이곳에 공장을 건설하였고 최근 호황을 맞은 미국의 항공기 생산업계에 많은 양의 부품을 공급하고 있다[안재섭 외 역, 2017]. 치와와의 인건비는 미국의 3분의 1 수준이다. 비록 중국에 비해서는 인건비가 높지만, 미국과의 접근성 그리고 NAFTA에 이어 미국·멕시코·캐나다협정USMCA: US-Mexico-Canada Agreement 회원국이라는 점에서 멕시코는 여전히 매력적인 생산 입지이다.

싸고 순종적인 노동력과 관대한 환경정책은 멕시코 마킬라도라 산업지구의 주요한 경쟁력이었다. 그러나 이러한 부분에서 중국이 강력한 경쟁 상대로 떠오르면서 마킬라도라 산업은 2000년 전후로 산업 규모 면에서 정점을 찍은 뒤 축소되었다. 여기에 멕시코 내의 생산 환경 및 외부 환경도 변화하였다.

우선 멕시코 도시들의 치안이 매우 위험해졌다. 다음 장에서도 이야기하겠지만, 우선 라틴아메리카 마약산업의 구조가 변하고 NAFTA로 국경을 통한 물류 유통이 용이해지면서 미-멕 국경 지역이 남아메리카 코카인의 주요 유입 경로가 되었다. 티후아나나 시우다드 후아레스처럼 날마다 대규모의 물류와 사람이 드나드는 도시에서 마약상의 영향력이 증가하였다. 게다가 시우다드 후아레스에서는 여성을 대상으로 하는 연쇄살인사건이 몇 천 건씩 발생하였다. 도시의 치안이 무너지면서 입주 기업들에게 '보호'를 명목으로 '보호비'를 뜯어내는 세력까지 등장하였다. 무엇보다도 1990년대까지 낮은 환율과 높은 실업률로 저렴했던 멕시코의 노동 단가가 상승하였다. 불안한 치안 상황에 비용까지 증가하자 기업들은 인건비가 저렴하고 안전한 지역으로 눈을 돌리기 시작하였으며, 마침 그때 중국이라는 대안이 등장한 것이다.

중국은 2000년대 초반부터 마킬라도라 입지 기업 및 미국 입지 기업들에게 대안적인 입지로 떠올랐다. 저렴하고 온순한 노동력과 느슨한 환경 규제, 게다가 기업과 국가의 입장을 강하게 대변하는 노조까지, 중국은 기업들에게 매력적인 제조업 입지로 부상하였다.[3]

---

[3] 중국도 노동조합이 있다. 중국에서 유일하게 승인된 전국적 노동조합 조직은 1925년 5월에 설립된 '중화전국총공회'이다. '중화전국총공회'는 국가행정 체계와 일치하는 조직망을 갖추고 있으며, 전국적으로 광범위하게 영향을 미친다. 각 경제 부문에 10개의 산업별 노조 전국위원회가 있으며, 각 성과 자치구, 직할시에 31개의 총공회가 있고, 총공회의 관할 아래 다시 시·구·현·

무엇보다도 기업들의 생산과 판매 입지에 변화가 생겼다. 과거 기업들은 자국 시장을 기반으로 생산 활동을 하였다. 즉, 자국에서 생산하여 자국에서 판매하였으며, 생산의 일부를 다른 나라로 '수출'하였다. 즉, 국가 간 경계가 기업 활동에 중요한 제약이 되었다. 이 제약은 수입대체산업화와 같은 국가 경제정책의 모습을 띠기도 하고, 관세나 수입쿼터 혹은 국산품 애용운동 같은 형태를 띠었다. 그러나 세계경제가 WTO 체제로 들어서고 대부분의 국가가 신자유주의정책을 따르면서 국경을 따라 형성되었던 '상품의 경계', '자본의 경계', '서비스의 경계'는 사라지거나 약해졌다. 기업들은 더 이상 자국 시장만을 대상으로 하지 않으며, 자국 중심으로 생산기지를 구성하지도 않는다. 기업들은 생산비가 가장 적게 드는 지역에 생산기지를 마련해 놓고, 그곳에서 생산한 상품을 전 세계 시장을 상대로 판매한다. 물론, 하나의 상품이 생산되는 장소는 부품별로 상이한 경우가 많아졌고, 여러 나라의 사람들이 동일한 버전과 디자인의 상품을 비슷한 가격으로 사용하게 되었다. 기업들의 생산과 판매 활동에서 국경이 갖는 의미는 약해졌다. 다수의 기업들이 초국적기업이라 불리게 되었다. 즉, 미국 기업들도 가장 큰 자국 시장 외에 세계 여러 나라에 판매하는 상품을 굳이 미국이나 미국 근처에서 생산할 필요성이 줄어들었다. 기업들은 기꺼이 미국이나 멕시코 국경

기층 공회 등이 설립되어 있다. 매우 조직적인 체계를 갖추었지만, 총공회와 산하 조직들은 현장 노동자의 요구나 정서를 대변하기보다는 기업의 사용자와 밀착되어 있거나 사용자들이 통제하는 조직으로 전락했다는 비판을 받고 있다(프레시안, 2019.4.19.).

지역을 떠나갔다.

　한편, 최근 들어 미국의 제조업도 큰 변화를 겪고 있다. 탈산업화 과정에서 외국, 특히 NAFTA 이외의 지역으로 진출했던 제조업체들을 국내로 불러들이고 있다. 오바마 정부 때부터 시작된 제조업 재입지 현상을 '리쇼어링Reshoring'이라 한다. 미국이 실시 중인 리쇼어링 정책은 마킬라도라 재성장의 원동력이 되고 있다. 중국이나 아시아 등지로 이주해 갔던 기업들이 미국 내로 귀환하기도 하지만, 인건비가 저렴하고 환경 규제와 노조의 영향력이 상대적으로 적고, 무엇보다도 미국과의 접근성이 높은 마킬라도라 지역으로 귀환하는 현상이 나타나고 있기 때문이다. 이름하여 '니어쇼어링Near-shoirng'이다. 미국과 멕시코, 캐나다는 2020년 NAFTA를 USMCA로 업그레이드 하면서 제품의 원산지 규정을 강화하였다. 마킬라도라의 니어쇼어링 현상은 지속될 것으로 보인다.

미국중심주의의 부활과 리쇼어링

2013년 7월 18일, 디트로이트시의 파산보호 신청이 수락되었다. 디트로이트는 20세기 초반 포드, 제너럴모터스, 크라이슬러 등 미국을 대표하는 자동차 회사들이 성장한, 말 그대로 자동차산업의 메카이다. 자동차산업은 최소 3천 개 이상의 부품이 투입되는 종합 산업으로, 디트로이트에서 자동차산업이 발달할 수 있었던 것은 이 지역이 철강,

금속, 화학 등 당시 최첨단 기반 산업이 발달하였기 때문이다. 즉, 20세기 초반 디트로이트는 중화학공업의 기초가 매우 튼튼한 미국의 대표적인 제조업 도시였다. 디트로이트는 포드가 테일러 시스템을 도입하여 대량생산 대량소비 시대를 연 곳이자, 포드가 시작한 고임금 정책 덕에 백인 노동자들이 중산층으로 도약하기 시작한 곳이기도 하다. 미국 경제의 전성기를 열어젖힌 미 경제의 상징과도 같은 디트로이트시의 파산은 미국인뿐 아니라 전 세계인에게도 놀라운 사건이었다. 디트로이트는 탈산업화가 선진국 제조업 노동자들에게 어떠한 영향을 주는지를 가장 잘 보여 준 사례가 되었다. 나아가 디트로이트를 비롯한 '러스트벨트rust belt'(미국 제조업 호황으로 번영하다가 불황으로 쇠락한 지역) 지역의 문제와 정서를 가장 잘 상징하는 도시가 되었다.

　디트로이트의 파산은 당시 미국 경제 및 사회가 지닌 문제를 드러냈을 뿐 아니라, 미국인들의 인식을 '미국중심'적으로 변화시킨 사건이었다. 2013년 파산 당시 디트로이트의 실업률은 18퍼센트에 달했다. 당시 디트로이트 외에도 미국 제조업 발달의 중심이었던 필라델피아와 시카고도 파산 위험이 높은 도시로 꼽혔다. 이에 미국 오바마 정부는 2012년 탈산업화를 지양하고 국내 제조업 육성을 통한 고용 증대를 꾀하는 리쇼어링 정책을 시작하였다. 리쇼어링이란 해외에 위치해 있는 제조업이나 서비스 생산 기능을 본국으로 되돌리는 조치로, 생산 비용 절감을 위해 해외로 생산기지를 옮기는 '오프쇼어링offshoirng'과 반대되는 현상이다. 굳이 구분하자면, 본국으로 생산기지를 재이전하는 현상을 '리쇼어링reshoring'이라 하고, 소비지 중심으로 이전하는 현상을 '온쇼어링onshoring'이라 한다. 이외에도 다시 돌아간다는 의미로 '백쇼어링backshoring'이라고도 한다(이연경, 2013).

　오프쇼어링에 의한 탈산업화는 기업 입장에서는 생산비 절감을 통한 이익의 증가로 이어졌지만, 국가경제 측면에서는 제조업 분야의 일자리가 감소하고 실업률이 증가하는 부작용이 있었다. 그러나 대부분의 선진국들은 탈산업화에도 불구하고 세계화 및 신자유주의 경제체제 하 금융산업의 발달로 인해 이러한 부작용에 민감하게 반응하지 않았다. 그러나 2008년 글로벌 금융위기 이후, 경제위기 극복 및 불황 타개를 위해 미국 및 유럽 등 여러 국가에서 리쇼어링이 이루어지고 있다(윤영석·박광로, 2021, 64). 우리나라에서도 유턴법을 제정하여 국내 기업들의 생산 공장을 불러들이고 있으나, 2014~2020년 사이 약 80개 정도의 기업만이 국내로 회귀하였다. 2019년 이후 유턴 기업의 수가 증가하고 있으나, 미국이나 EU, 일본 대만 등에 비해 미미한 편이다(민혁기 외, 2021, 8). 현재 리쇼어링은 글로벌 가치사슬의 재구축 과정에서 핵심적인 역할을 담당하고 있으며, 특히 첨단산업과 전략산업 분야에서 리쇼어링 현상이 강하게 나타나고 있다(민혁기 외, 2021, 7).

이러한 미국 내 산업 관련 정책 및 국민 정서에 영향을 미친 또 하나의 주요 변수는 중국의 등장이었다. 21세기 들어 국제사회에서 G1(세계 1강)으로서 미국의 위치는 위협받기 시작하였다. 중국이 경제적으로 미국을 바짝 추격하였고, 러시아는 동구 유럽 및 구 CIS 국가들에게 여전히 강력한 영향력을 미쳤다. 게다가 2000년대 미국 기업들은 중국으로 오프쇼어링하였다. 그 결과, 중국의 대미 수출액은 2000~2009년에 세 배나 증가하였고, 대미 무역흑자도 증가하였다. 그러자 트럼프 전 대통령은 대선 후보 시절부터 중국의 대미 무역흑자가 불공정무역의 산물이라고 주장하면서 중국을 강하게 비난하였다. 그러면서 미국의 산업과 일자리를 보호한다는 명분 하에 오바마 정부가 시작한 리쇼어링 정책을 강력히 추진하는 한편, 이전까지 미국이 하지 않던 보호무역 조치를 노골적으로 시행하였다. 미국의 통상법 301조 및 무역

확장법 232조 등 오랫동안 시행되지 않은 법률을 동원해 중국산 제품의 수입을 규제하였다. 물론 이러한 조치는 중국에 국한되지 않았고, 한국, 일본, EU 등에도 적용되었다. 나아가 트럼프 대통령은 세계무역기구WTO: World Trade Organization에서 무역분쟁 해결의 최종 심판 역할을 하는 상소기구Apellate Body의 위원 임명을 지속적으로 저지하였다. WTO의 무역분쟁 조정 기능을 무력화시킴으로써 자국의 이익을 보호하고자 함이었다(민혁기 외, 2021).

선진국들이 리쇼어링을 감행하게 된 데에는 2000년부터 리쇼어링 정책을 실시하여 자국 내 제조업 투자를 꾸준히 증가시킨 독일의 사례가 영향을 미쳤다. 독일은 글로벌 금융위기 여파로 미국의 실업률이 상승하던 시기, 실업률이 2009년 7.8퍼센트에서 2012년 5.5퍼센트로 하락하며 건전한 경제 상황을 나타내었다(이연경, 2013, 134). 이외에도 중국을 비롯한 개발도상국의 인건비가 상승하고, 미국의 셰일오일 및 가스 개발에 따라 에너지 비용이 감소한 점, 그리고 미국 정부의 미국 내 제조 공장 입지에 대한 혜택도 기업들이 미국으로 돌아가는 데에 영향을 미쳤다. 무엇보다도 미국으로 다시 입지하는 기업에 대한 미국 대중의 반응이 중요하게 작용하였다. 제조업의 리쇼어링이 증가하면서 국내 제조업 부문의 일자리가 증가하자, 미국 소비자들은 "Buy American, Made in All of American"라는 구호 아래, 미국 내에서 생산된 상품을 우선적으로 구매하는 사회적 분위기를 이어 나갔다. 이러한 정부 정책 및 국내 정서는 오바마 정부에서 시작되었지만 트럼프 정부에서 노골적으로 강조되었고, 바이든 정부에서도 이어지고 있다.

마킬라도라의 원조, 카리브해 지역

카리브해는 소위 "미국의 뒷마당"이라고도 불린다. 지리적으로 미국 남부 지역, 특히 플로리다반도와 가깝고, 동서 냉전시대 쿠바의 소련 미사일 배치 사건 이후 미국이 이 지역 국가들에 관심을 갖고 지원을 늘린 지역이기 때문이다.

카리브해 지역에는 많은 섬들과 국가들이 있다. 인구가 가장 많은 쿠바가 1,110만 명(2018년 추정치), 아이티가 1,110만 명(2020년), 도미니카공화국이 1,050만 명(2020년) 정도이다. 카리브해 지역에는 면적이 작고 인구도 적은 국가들이 많은데, 세인트키츠네이비스가 5만 3,800명(2020년)으로 인구가 가장 적고, 도미니카(7만 4천 명, 2020년)와 안티가 바부다(9만 8,180명, 2020년)도 전체 인구가 10만 명이 채 되지 않는다. 이외 국가들도 자메이카, 트리니다드 토바고, 푸에르토리코를 제외하고는 인구 1백만 명이 되지 않는다.

카리브해 국가들은 인구 규모가 작다는 점 외에도 과거 식민지 시절 사탕수수 플랜테이션이 이루어진 지역이라는 역사적 공통점이 있다. 과거 설탕은 고가의 상품이었지만, 이제는 사탕수수 재배로는 먹고살기가 어렵다. 게다가 카리브해 지역은 라틴아메리카의 주요 국가들처럼 광물자원이 풍부하지도 않고 어족 자원도 풍부하지 않으며, 제조업의 자생적인 발달은 더 어렵다. 한 마디로, 먹기살기 어려운 지역이다. 그러나 카리브해 지역은 동서 냉전시대에 미국의 안보에 매우 중요한 지리적 위치였으며, 이는 지금도 마찬가지다.

앞서 이야기한 것처럼 카리브해 지역은 미국에 비해 저렴한 인건비와 미국에 대한 접근성을 이용하여 일찍부터 노동집약적 산업이 발달했다. 특히 푸에르토리코는 1950년대 산업화를 시작하였는데, 당시 푸에르토리코의 무뇨스 마르틴Muñoz Martín 주지사는[4] 오퍼레이션 '부트스트랩Operation Bootstrap' 제도를 통해 수백 개에 이르는 미국의 섬유 관련 기업들을 유치하였다. 더구나 푸에르토리코가 미국의 자치주인 까닭에 미국 기업이 푸에르토리코에 입지하면 상당한 세제 혜택까지 받았다. 이에 따라 1970년대까지 푸에르토리코에서 창출된 일자리는 14만 개에 이르렀다. 그러나 노동집약적 산업에 대한 국가 간 경쟁이 심화되고, 1970년대 홍콩·대만·한국 등 아시아 국가들이 의류 생산 분야에서 경쟁력을 나타내자, 푸에르토리코 정부는 유치 산업의 방향을 석유화학 및 제약 생산업체로 전환하였다.[5]

푸에르토리코의 부트스트랩 제도는 도미니카공화국을 비롯한 카리브해 지역의 자유무역지구와 멕시코의 마킬라도라 산업에도 영

---

[4] 푸에르토리코는 1493년 콜럼버스가 탐사하여 'San Juan Buatista'(세례자 성 요한)라 명명한 이래 스페인의 식민지였다가, 1898년 미서전쟁 이후 미국령으로 편입되었다(1899년 「파리조약」). 1902년부터 미국의 자치령territory 지위를 부여받았고, 1952년 미 연방국Common Wealth 지위를 부여받았다. 따라서 푸에르토리코의 명목상 국가원수는 미국 대통령이며, 주지사를 선거로 선출한다. 푸에르토리코인들은 법적으로는 미국의 시민이지만, 푸에르토리코가 미국의 정식 주가 아니므로 선거 및 피선거권이 없다.

[5] 그러나 1996년 미국 의회가 세금 면제의 단계적 금지를 의결함에 따라, 푸에르토리코는 기존에 받았던 특혜나 산업적 기반을 유지하기가 어려워졌다. 2007년 미국 경제가 서브프라임 사태를 맞으면서 푸에르코리코 경제도 침체를 맞았다. 게다가 2017년 9월 허리케인 마리아로 4,600여 명의 사망자가 발생하고 전기, 도로 등 인프라가 파괴되었고, 재산 피해액이 900억 달러에 이르렀다(연합뉴스, 2018.5.30.).

향을 미쳤다. 미국의 카리브해 지역 개발 촉진 계획과 도미니카공화국의 세금 장려 혜택에 힘입어, 2018년까지 도미니카공화국에는 71개의 수출자유구역Zona Franca이 설치되어 665개 기업이 입주하였다. 도미니카공화국 전체 수출에서 수출자유구역이 차지하는 비중은 약 56퍼센트에 이르고, 약 16만 6천 명이 고용되어 있다[주도미니카공화국 대한민국 대사관 경제, 시장동향. 2018.8.9.]. 특히 도미니카공화국 북쪽 해안에 위치한, 아이티에 가까운 지역은 '카리브해의 홍콩'이라 불린다. 도미니카공화국의 수출자유구역에는 영국과 캐나다 기업이 가장 많은 투자를 하고 있으며, 한국과 대만 기업들도 다수 입지하였다. 이들은 대부분 미국의 소비시장을 겨냥한 조립 가공 산업체들이다. 외국계 자본의 투자를 통해 도미니카공화국은 수출주도형 경제로 성장하였으며, 새로운 일자리가 창출되었고, 국가경제도 다변화되었다. 그러나 제조업을 통해 생산된 이윤의 대부분이 외국계 기업에게 돌아가고, 대부분의 제조품이 수입된 부품을 조립하는 것이기 때문에 중간재 생산 부문이 발달할 수 없다.

　도미니카공화국 외에도 여러 라틴아메리카 국가들이 세금 우대 정책과 낮은 인건비로 외국 기업들을 유인하고 있다. 온두라스, 과테말라, 엘살바도르 등의 조립 가공 공장은 특히 섬유산업 분야의 외국인 투자자를 중점적으로 유치하고 있다. 엘살바도르의 최근 보고서에 의하면, 국내에 입지한 섬유산업체 중 노동조합이 결성된 곳은 한 군데도 없다. 미국계 유명 상품을 제조하는 엘살바도르의 섬유업체 직원은 일주일에 80시간을 일해도 생계를 유지하기가 어렵고 임신하면 해고된다고 밝혔다.

그러나 1998년부터 인텔사의 컴퓨터 칩을 주로 생산하고 있는 코스타리카는 상황이 다르다. 교육 수준이 높은 인구, 낮은 범죄율, 안정적인 정치 상황 등을 내세워 코스타리카는 현재 첨단기술 업체를 유치하고 있다. 이에 힘입어, 2010년부터 2014년 사이에 코스타리카 경제는 연평균 4.3퍼센트씩 성장했다. 최근 코스타리카가 바나나 공화국에서 첨단기술 제조업 중심지로 변모하고 있다는 전망이 나오고 있다.

최근에는 교육 수준이 높은 우루과이가 남아메리카에서 가장 매력적인 아웃소싱 지역으로 떠오르고 있다. 대부분 인도에서 담당했던 백오피스 기능의 아웃소싱은 기술적 지원, 데이터 입력, 프로그래밍 등으로 나뉘어 인건비가 더 저렴한 지역으로 이동 중인데, 인도의 다국적기업인 타타Tata와 제휴한 TCS이베로아메리카TCS Iberoamerica는 최근 우루과이에 남아메리카 최대의 아웃소싱 업체를 설립하였다. 우루과이는 미국의 동부 지역과 시간대가 같다는 장점도 있어서 백오피스 기능의 아웃소싱에 유리한 지역으로 떠오르고 있다. 인도의 고위급 엔지니어들이 잠을 자는 사이에 우루과이 몬테비데오의 엔지니어와 프로그래머들이 고객들에게 서비스를 제공하는 식이다(안재섭 외 역, 2017).

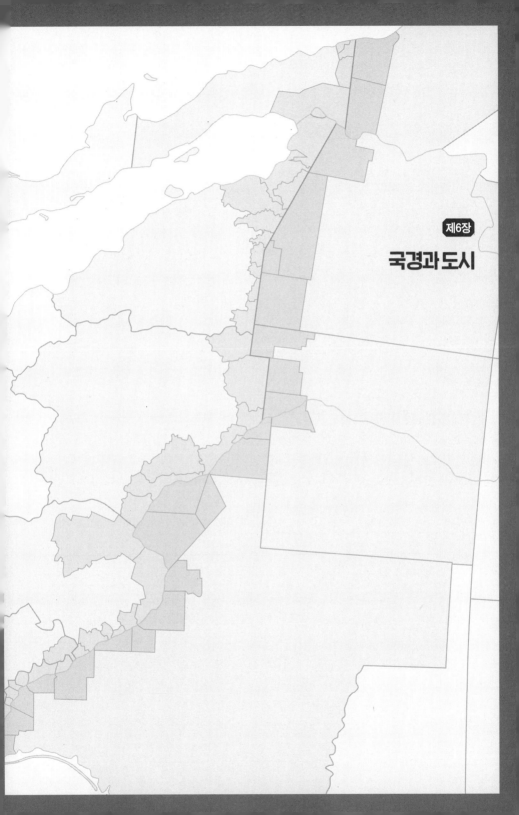

제6장

국경과 도시

사실상 국경이 없는 우리나라에는 국경도시도 없다. 그래서 "국경 도시"라는 단어를 들으면 흔히 긴 강에 놓인 철교와, 그 철교를 넘는 낡은 기차를 떠올리곤 한다. 이는 우리가 언론을 통해 가장 많이 접한 국경도시인 북한의 신의주와 중국의 단둥을 잇는 압록강 철교의 모습이다. 이곳은 단둥 지역을 방문하는 한국 관광객들이 즐겨 찾는 곳이기도 하다. 우리에게 그 국경은 '더 이상 갈 수 없는 곳,' 즉, 단절의 경계이다.

이 지역뿐만 아니라 대부분의 국경은 양국 간의 제도, 경제, 사회가 달라지고 인적 교류와 물자 흐름이 한 번은 멈추어야 넘을 수 있는 지점이다. 게다가 국경은 길고 길지만, 그 긴 경계 중에서 사람과 물자가 통과할 수 있는 지점은 한정된 일부 지점으로 제한되어 있다. 길고 긴 단절의 구간에서 일부 지역에 허락된 '통과할 수 있는 구간'으로 국경을 넘으려는 물자와 사람이 몰려들기 때문에, 이 한정된 구간에 경계를 넘는 데에 필요한 시설들이 생기고 마을이 형성된다. 이러한 현상은 근대 교통수단이 발달하기 이전, 나루터나 큰 고개의 초입에서도 나타났다. 강을 건너려는 이들은 나루터에서 기다리다 배를 탔고, 큰 고개를 넘으려는 이들은 어두운 저녁 시간을 피해 고개 아래 주막에서 날이 밝기를 기다렸다. 나루터와 고개 아래에는 객주가나 주막촌이 발달하곤 하였다.

오늘날에는 사람과 물자의 흐름에서 강이나 큰 고개는 더 이상 큰 장애가 되지 않지만, 국경 지역의 마을과 도시들은 그 국경을 넘기 위해 한 번은 멈추어야 하는, 그리고 국가 · 제도 · 경제 등 모든 것이 달라져야 하는 곳이고, 그래서 고유한 지역적 특성을 지니게 된다. 특히 미-멕 국경 지역은 그 형성기부터 양 국가 간의 인적·물적 교류가 활발하게 이루어지고, 지난 수십 년 사이에는 브라세로 프로그램, PRONAF(국경정비프로그램), 마킬라도라의 시행, NAFTA 등 제도적 변화 요인들이 작용하면서 다른 나라의 국경과도 차별되는 독특한 지역이 되었다. 이 장에서는 미-멕 국경도시들이 발달하게 된 과정에 대해 살펴보고자 한다.

국경 마을과 도시의 성장

국가 간의 법률, 제도, 경제, 문화 등 전반적인 사회적 환경이 국경을 경계로 달라진다. 이는 한 나라에서는 금지되던 일이 국경을 넘어서면 가능할 수도 있음을 의미한다. 즉, 국경을 넘는 일이 누군가에게는 삶의 해방구가 될 수도 있다. 20세기 초반 미국에서 실시한 금주법은 미-멕 국경이 미국인들에게 무엇을 줄 수 있는지 확실하게 각인시킨 계기였다. 금주법이란, 술을 만들어서도 팔아서도 마셔서도 안 된다는 법이다. 음주에 관대한 편인 우리나라 사람들로서는 정말 이해하기 어려운 법이다.

1919년 1월 16일, 미국 의회는 수정헌법 제18조와 「볼스테드법 Volstead Act, National Prohibition Act」을 통과시켰다. 이에 따라 1933년까지 미국 내에서는 알코올의 제조·운반·판매가 일체 금지되었다.

14년 가까이 미국인들은 술이 금지되는 세상에 살았다. 사실 미국에서는 개국 이래 금욕과 절제를 강조하는 청교도 정신에 따라 술을 부정적으로 보는 분위기가 지속되었으며, 술은 악의 원천으로 인식되었다. 그렇다고 금주를 법으로까지 강제하는 것은 현실적으로 어려운 일이었다. 이렇듯 무리한 입법을 강행하게 된 데에는 제1차 세계대전 직후 미국 사회에서 커진 독일에 대한 증오 감정과 여성의 사회적 지위 향상이 영향을 미쳤다.

독일은 제1차 세계대전 당시 추축국의 일원이었다. 게다가 1915년 독일 잠수함 유보트의 어뢰 공격으로 미국 여객선 루시타니아호가 격침되어 다수의 민간인이 사망하였다. 이로 인해 독일에 대한 미국 내 여론 및 국민감정이 매우 악화되었다. 당시 미국의 독일계 이민자들 중에는 양조업으로 큰 부를 축적한 이들이 많았다. 본래 독일은 맥주 제조를 중심으로 양조업이 발달하여, 독일계 이민자들 역시 전 세계 여러 지역에서 양조업으로 큰 부를 축적하였다.[1] 이에 미국 내 독일계 이주자에 대한 경제적 제재 방식으로 금주법이 채택되었다.

한편, 제1차 세계대전에 남성들이 참전하여 여성들의 경제적·사회적 진출 기회가 확대되면서 사회적 지위도 향상되었다. 이러한 사회적 분위기에서 '여성기독교금주연맹' 등 여성단체가 가정폭력

---

[1] 우리나라에서 인기가 있는 칭타오 맥주도, 독일이 1898년부터 1914년까지 칭타오가 속한 자오저우만膠州灣을 조차지로 삼았을 당시 독일의 맥주 제조 기술이 이전되면서 시작되었다.

의 주요 원인인 남성들의 음주를 막고자 의회에 금주법 통과를 압박하였다. 결국 미 의회는 알코올중독과 범죄 예방 등을 이유로 금주법을 통과시켰다.

그러나 금주법은 기대했던 것과는 전혀 다른 결과를 낳았다. 미국 내에서는 오히려 밀주 관련 산업이 발달하였다. 술의 생산과 유통이 불법이 되면서 양성적인 술 공급 통로는 거의 막혔다. 그러자 술의 가격이 치솟으며 밀주 산업이 번성했다. 불법 양조장들은 밀주를 제조하였고, 비밀 술집들이 이를 판매하였다. 수익이 높고 불법인 산업에는 조직폭력배들이 관련되기 마련이어서, 당시 미국의 마피아 조직들이 밀주 산업에 적극 뛰어들었다. 국경을 넘어서도 술이 수입되었다. 물론 불법이었다. 미국의 공무원들은 캐나다 및 멕시코와의 국경선, 그리고 해안선을 통해 밀수입되는 외국산 주류의 유입을 막아야 했고, 국내에서는 밀주 제조 시설, 밀주 판매상, 밀주 판매 조직까지 수사해야 했다. 그런데 미국 전역에서 이 분야에 배당된 인력은 겨우 1,500명이었다고 한다.

국내에서 술을 마시기 어려워진 사람들은 외국으로 눈을 돌렸다. 미국 내에서 술을 마시는 것이 불법이 되면서 국경 너머에서 술을 마시는 관광객이 급증하였다. 미-멕 국경을 넘어 술을 마시고 여흥을 즐기려는 관광객들은 멕시코의 국경도시들로 몰려들었다. 미-멕 접경지역의 멕시코 측 도시들에서는 미국에서 넘어오는 관광객을 대상으로 하는 요식업 및 유흥 산업이 빠르게 발달하였다. 특히 대도시인 샌디에이고와 맞붙어 있고 로스앤젤레스에서 자동차로 2

시간 거리에 있는 티후아나는 미 서부 지역 주민들이 즐겨 찾는 관광지가 되었다. 이들은 매춘과 도박 산업의 주요 소비자이기도 하였다. 국경도시들에는 윤락업소와 도박장도 들어섰다. 라틴아메리카 최초로, 가장 큰 카지노가 들어선 곳도 티후아나이다. 티후아나는 쿠바의 아바나와 함께 북아메리카 관광객들이 찾는 도박 명소가 되었다.[2] 1933년 금주법이 종료된 후에도 티후아나를 비롯한 멕시코 측 마을들은 미국인들이 국경을 넘어 일탈을 즐기는 지역, 죄를 짓고도 잡히지 않는 도피 지역으로 인식되었다.

금주법이 미국인들에게 미-멕 국경 지역의 이미지를 '유흥 지역'으로 각인시켰다면, 브라세로 프로그램은 멕시코인들에게 미-멕 국경의 이미지를 '돈 벌러 가는 곳'으로 각인시켰다. 1941년 미국의 노동력 부족을 해결하기 위해 멕시코 노동자들을 초청한 브라세로 프로그램은 미-멕 국경 지역, 특히 멕시코 측 국경 마을과 도시들이 성장하는 중요한 계기가 되었다. 당시만 해도 교통 통신이 발달하지 않았던 데다, 멕시코의 면적은 한반도의 10배 정도로 매우 크다. 미국에서 일자리를 구하려는 노동자들은 접경지역으로 직접 가야만 했고, 미국 내에서 계약기간이 만료된 노동자들은 국경 가까이에 머물면서 다시 미국 쪽 일자리를 찾았다. 프로그램이 지속된 기간 동안 미-멕 국경 지역의 멕시코 측 마을들에는 미국 이주를 희망

---

[2] 쿠바의 도박 산업은 1959년 카스트로 혁명 이후 금지되었다. 멕시코 티후아나와 쿠바 아바나의 도박 산업은 규모가 꽤 컸으며, 결국 미국은 도박으로 인한 달러 유출을 막고자 1931년 네바다에 미국 국내 최초로 도박장을 허가하였다.

하는 노동자들이 몰려들었다. 브라세로 프로그램이 시작되기 직전인 1940년 당시만 해도 미-멕 국경 지역의 멕시코 측 구역에는 도시다운 도시가 거의 없었다. 유일하게 시우다드 후아레스가 인구 5만 5천 명으로 멕시코 도시 순위 25위에 들었다. 브라세로 프로그램이 1964년 종료되고, 멕시코 정부가 북부 국경 지역에 대한 일련의 개발정책을 발표한 직후인 1970년에는 4개 도시(시우다드 후아레스〔42만 명, 6위〕, 메히칼리〔39만 6천 명, 8위〕, 티후아나〔34만 명, 10위〕, 마타모로스〔18만 6천 명, 23위〕)가 도시인구 순위 25위 안으로 진입하였다. 네 개 도시의 인구만 해도 130만 명이 넘었다.

1930년대 이전까지 금주법이 멕시코 국경 마을의 발전을 주도하고, 1940년 이후에는 브라세로 프로그램이 이 지역의 도시 발전을 이끌었다면, 1980년대부터 미국을 비롯한 외국 기업들의 입지, 즉 마킬라도라 산업이 그 역할을 담당했다. 1982년 멕시코의 모라토리엄 선언과 1994년 NAFTA의 발효로 미-멕 국경 지역이 제조업 공장, 특히 미국 내수시장으로 수출하는 외국계 기업들이 미국 외부에 입지하는 생산기지로 떠오르기 시작하였다. 1990년대는 마킬라도라 산업의 성장기로, 멕시코 국경 지역으로 취업을 희망하는 사람들이 몰려들었다. 2000년, 국경의 2개 도시(티후아나〔127만 명, 6위〕, 시우다드 후아레스〔122만 명, 8위〕)의 인구가 100만 명을 넘어섰고, 메히칼리(55만 명, 22위)와 레이노사(52만여 명, 25위)가 인구 50만 명을 넘어섰다.

과거 멕시코의 도시 체계는 수도인 멕시코시티만 발달하고 나머지 도시들은 발달이 지체된, 전형적인 수위도시형首位都市形이었다. 마치 우리나라 인구의 상당수가 서울을 중심으로 모여 있고, 지방 도시들은 인구 규모가 상대적으로 작은 것과 유사한 형태였다. 그런데 북부 국경 지역의 도시인구가 급속히 증가하면서 도시 구조에 두드러진 변화가 일어났다. 멕시코의 도시 체계는 멕시코시티 중심의 수위도시형 도시 체계에서 중규모 도시가 성장한 체계로 변화하였다.[3]

미-멕 국경 지역의 마킬라도라 산업은 제조업체의 수나 고용 규모 면에서 2000년 무렵 정점에 이르렀다가, 멕시코의 노동비가 상승하고 국경 지역 도시들의 치안 상태가 악화되면서 당시 새로운 생산기지로 떠오른 중국으로 대거 이주해 나갔다. 그러나, 앞 장에서 이야기한 것처럼 오바마 정부 시절부터 미국은 외국으로 생산기지를 옮긴 자국 기업들에게 미국으로 다시 돌아올 것을 권유하였고, 이는 미국 제조업의 국내 재입지, 즉 리쇼어링reshoring으로 이어졌다. 미국으로의 리쇼어링 과정에서 미-멕 국경 및 멕시코 북부 지역의 장점이 다시 부각되어 기업들의 이 지역 입지가 증가하였다. 그 결과 북부 접경 도시들의 성장이 이어져, 2021년에 티후아나(218만 명, 6위)는 인구 2백만 명을 넘어섰고, 시우다드 후아레스(145만 명, 9위), 메히칼리(112만 명, 13위), 레이노사(92만 명, 23위)도 인구가 지속적으로 증가하였다. 마타모로스는 54만 명으로 34위를 기록하였다.

---

[3] 유럽이나 북아메리카 국가들은 수위도시성이 낮고, 아프리카·아시아·라틴아메리카 등 개발도상국에서는 수위도시성이 높은 경향이 있다.

국경의 쌍둥이 도시들

3,145킬로미터의 긴 미-멕 국경을 따라 국경과 접한 도시는 미국과 멕시코 양측을 합해 40개 정도이다. 3천여 킬로미터의 국경에 40개 정도의 도시가 있으니 이론상으로는 80킬로미터마다 도시가 있는 셈이고, 땅이 넓은 미국이나 멕시코의 상황을 고려하면 도시 간 간격이 비교적 짧은 편이다. 그러나 실제로 미-멕 국경을 따라 발달한 도시들은 대부분 미국과 멕시코 측에 하나씩, 즉 국경을 사이에 두고 두 개의 도시가 마주 보고 있다. 이러한 도시들을 '쌍둥이 도시twin cities' 혹은 '쌍자도시'라 한다. 미-멕 국경을 따라서는 18쌍의 쌍둥이 도시들이 발달해 있다.[4]

서쪽으로는 태평양안의 샌디에이고-티후아나를 시작으로 동쪽으로 멕시코만의 브라운스빌-마타모로스까지 약 스무 쌍 가까운 도시들이 국경을 사이에 두고 마주하고 있다. '쌍자도시雙子都市'라는 용어는 지리학에서 오래전부터 하천이나 경계를 두고 나란히 발달한 도시들을 일컫는다. 미-멕 국경 지역에서 이 용어가 일반화된 데에는 마킬라도라 산업체들의 '트윈 플랜츠twin plants'의 영향도 있는 것으로 알려져 있다.

트윈 플랜츠란 마킬라도라 산업체들이 입지할 때 국경의 남쪽 멕시코 도시에는 마킬라도라 제조업 공장을 설치하고, 북쪽의 미국 도

---

[4] 한편, 멕시코의 테카테나 카마르고처럼 미국 측에 도시가 발달하지 않은 지역도 있다.

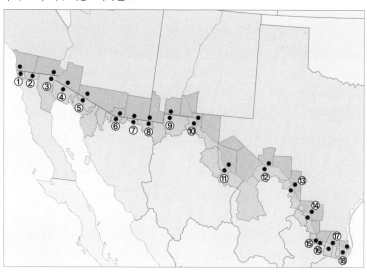

① 티후아나-샌디에이고 ② 테카테 ③ 메히칼리-칼렉시코 ④ 산 루이스 리오 콜로라도-유마 ⑤ 소노이타-루크빌 ⑥ 노갈레스-노갈레스 ⑦ 나코-나코 ⑧ 아구아 프리에타-더글라스 ⑨ 라스 팔로마스-콜럼버스 ⑩ 씨우다드 후아레스-엘패소 ⑪ 오히나가-프레시디오 ⑫ 씨우다드 아쿠냐-델리오 ⑬ 피에드라스 니그라스-이글 패스 ⑭ 누에보 라레도-라레도 ⑮ 미겔 알레만 ⑯ 카마르고 ⑰ 레이노사-멕알렌 ⑱ 마타모로스-브라운스빌 (멕시코 도시-미국 도시 순)

시에는 창고와 사무실을 설치하는 형식을 의미한다. 즉, 하나의 기업에서 업무를 구분하여 멕시코 측에는 직접적인 생산 시설을, 미국 측에는 관리 및 마케팅 관련 업무를 배치한 데서 유래한 것이다. 미-멕 국경 지역의 미국 측 도시에는 창고들이 입지한 모습은 쉽게 찾아볼 수 있다. 그러나 모든 제조업체들이 미국 측에 사무실과 창고를, 멕시코 측에 공장을 두는 것은 아니다. 멕시코 공장에서 생산된 제품이 바로 트레일러에 실려 미국 내 여러 지역으로 운송되는 경우도 많다. 또한 제조업보다는 농산물 집하용 창고들이 상당히 많이 건설되어 있는데, 특히 멕시코 노갈레스에는 수출용 농산물이 집하되는 냉장창고들이 집중되어 있다. 그러나 전체적인 노동 분업의 측면에서 미국과 멕시코에 입지한 기업들의 시설들이 다른 기능을 갖는 점은 분명하다.

쌍둥이 도시 혹은 쌍자도시라는 용어 때문에 미-멕 국경 지역에 나란히 위치한 도시들이 경제적·문화적으로 유사성이 높다는 인상을 줄 수 있지만 실제로는 그렇지 않다. 우선, 두 국가 간의 경제적 격차가 도시경관에서도 그대로 드러난다. 미국 도시는 부유함이, 멕시코 도시는 빈곤함이 나타난다. 그러나 미-멕 국경 지역에 접한 미국 측 도시들은 멕시코 측 도시보다는 부유해도 지역 소득은 미국 평균에 비해 낮은 편이다. 도시 경제구조 면에서는 소매업 및 운송업에 특화되어 있다. 반면 상대적으로 초라해 보이는 멕시코 측 도시들은 여타 멕시코 지역에 비해 소득이 높은 편이다. 경제구조 면에서는 제조업과 상업에 특화되어 있다. 미-멕 국경 지역에 마킬라도라 산업지구가 발달하고 도시들이 성장하면서 이들 지역에서 미국과 멕시코 문화가 융합된 새로운 혼종적 문화가 탄생할 것이라고 예상한 사람들도 있었다. 그러나 그것은 이상에 불과했다(Arreola, 1996, 358). 미-멕 국경에 위치한 미국 측 도시들에도 멕시코계를 비롯한 라틴계 인구의 비중이 높고, 이들의 문화가 발달한 것이 특징이다.

쌍둥이 도시라는 용어에는 두 도시의 발생 기원이 유사하다는 의미가 내포되어 있지만, 대부분의 미-멕 국경 도시들은 발생 시기와 기원이 저마다 다르다. 하나의 마을이나 도시가 있던 지역에 국경선이 생기면서 다른 편 국경에 국경도시 기능을 나누어 가진 상대 도시가 형성되었기 때문에, 발생 시기가 한 세기 혹은 그 이상 차이 나는 경우가 대부분이다. 이 장에서 살펴볼 티후아나도 샌디에이고 남측으로 국경이 설정된 이후 멕시코 측에 마을이 생기고 도시로 발달한 경우이다. 샌디에이고는 1769년 스페인 제국이 당시 북아메리카 식민지에 건설한 여러 프레시디오(군사기지) 및 미션(선교 개척지) 중 하나로 건설되었고, 티후아나는 샌디에이고 근처의 작은 마을이었다가 1880년대에 이르러서야 성장하였다. 멕시코 쪽의 또 다른 도시인 시우다드 후아레스와 미국의 엘패소는 이와 정반대의 경우이다. 1659년 시우다드 후아레스가 파소델노르테Paso del Norte라는 이름으로 건설되어 상업 중심지로 성장하였고, 국경 설정 이후 국경 북쪽으로 미국 측 도시가 발달하였다.

미-멕 국경의 형성은 지리적으로 국경에 바로 인접한 지역에서만 도시를 발전시키지 않았다. 멕시코 누에보레온주의 '대도시 몬테레이'는 미-멕 국경 형성 이후 국경으로 향하는 길목에 위치한 '작은 마을 몬테레이'의 성장 가능성을 예측하고 의도적으로 성장시킨 경우이다.

샌디에이고의 이웃 도시 티후아나

티후아나는 멕시코 대륙부의 가장 북서쪽에 위치한 국경도시로,

"멕시코의 모서리"라고 불린다.[5] 따라서 티후아나와 국경을 접한 샌디에이고는 미국에서 가장 남서쪽에 위치한 도시가 된다. 티후아나는 할리우드 영화에 자주 등장하는 멕시코 지명이기도 하다. 특히 주인공이 죄를 짓고 도망갈 때 나오는 단골 목적지 중 하나다. 미-멕 국경도시 중 가장 역동적인 도시이자 마킬라도라의 수도라 불리는 대표적인 산업도시지만, '방탕한 도시'라는 이미지가 아직까지도 남아 있다. 1848년 미-멕 국경이 형성될 당시 샌디에이고 미션의 외곽에 위치한 작은 마을에 불과하던 티후아나는, 2022년 현재 약 222만의 인구가 사는 멕시코에서 네 번째로 큰 도시로 성장하였다. 국경 너머 샌디에이고 역시 인구 330만 명의, 미국에서 여덟 번째로 큰 도시로 성장하였다. 양 도시 간에는 약 24킬로미터의 국경이 지나고 있는데, 이를 사이에 두고 550만 명이 사는 거대한 도시가 형성되어 있는 셈이다. 미-멕 국경 3,145킬로미터를 통틀어 가장 많은 인구가 이 지역에 밀집되어 있다.

티후아나와 샌디에이고 간의 산 이시드로 포트는 두 개의 보행자 전용 출입국소와 한 개의 자동차 전용 출입국소로 이루어져 있다. 날마다 평균 7만 대의 자동차와 2만 명의 사람이 국경을 넘는 미국 최대의, 세계에서 네 번째로 통행량이 많은 월경越境 지점이다. 산

---

5 티후아나라는 지명의 어원은 정확히 알려지지 않았으나, "바다와 함께junto al mar"라는 원주민 어에서 왔다는 설과, "붉은색의 언덕"이라는 의미의 원주민 언어인 Tijuan 혹은 Ticuan에서 왔다는 설도 있다. 티후아나-샌디에이고 지역에는 스페인 식민시기 이전부터 쿠미아이족이 거주하고 있었다.

이시드로에서 국경은 넘는 방법은 걸어서 혹은 자동차를 타고 출입국소를 통과하는 것이다. 미국에서 멕시코로 넘어갈 때에는 도보의 경우 간단한 절차를 거치고, 자동차로는 아무런 제지 없이 국경을 넘을 수 있다. 미국에서 운전을 잘못하다 보면 멕시코로 가게 된다는 말이 있는데, 국경의 몇몇 출입국 지점이 고속도로상에 위치하기 때문이다. 그러나 멕시코에서 미국으로 갈 때에는 까다로운 입국심사를 받아야 한다. 산 이시드로 포트는 24시간 운영되어 언제든 출입국이 가능하지만, 멕시코 측에서 미국으로 입국하려면 평균 77분을 기다려야 한다. 산 이시드로 포트가 가장 한가한 때는 새벽 1시경이지만, 그래도 평균 59분을 기다려야 하고, 가장 많은 사람이 몰리는 오후 4시경에는 119분을 기다려야 한다(2023년 1월 1일, US Customs and Border Protection). 국경을 넘으려는 이들이 많기 때문이다.

도보로 건너는 산 이시드로 출입국소 바로 앞은 샌디에이고의 트램 노선과 버스 노선들의 종점이다. 트램과 버스는 새벽부터 늦은 밤까지 운영된다. 국경을 넘어 미국으로 출퇴근하는 사람들이 새벽부터 밤 늦게까지 이용할 수 있게 하기 위해서다. 산 이시드로 자동차 전용 출입국소는 미국과 멕시코의 주요 고속도로가 시작되는 지점이기도 하다. 산 이시드로에서 북쪽으로 향하는 미국 측 도로인 I-5(주간 고속도로 5번)는 미국 서부 해안을 따라 쭉 이어지며, 북쪽 끝은 시애틀이다. 산 이시드로 포트에서 남쪽으로 향하는 도로는 멕시코의 1번 연방 고속도로로, 바하 칼리포르니아 반도를 남북으로 가로지른다.

티후아나-샌디에이고의 바다를 처음으로 탐험한 유럽인은 1542년 후안 로드리게스 카브리요Juan Rodríguez Cabrillo이다. 그러나 티후아나가 속한 바하 칼리포르니아 지역은 스페인의 식민지배 기간 동안 스페인 왕정의 관심에서 벗어난 변방 지역이었다. 스페인의 부왕령인 누에바에스파냐의 변경에 속하였던 이 지역에 1769년에야 선교사 프레이 후니페로 세라Fray Junípero Serra가 선교를 위한 마을(미션misión)을 세웠으며, 그 이름을 디에고 성인의 이름을 따 샌 디에고San Diego라 하였다.

스페인 식민정부가 세운 변경의 미션이자 프레시디오로, 하나의 지역이었던 티후아나와 샌디에이고가 각기 다른 제도를 지닌 사회로 분리된 것은 미-멕 전쟁 이후이다. 1848년 「과달루페 이달고 조약」으로 샌디에이고항은 미국에 속하게 되었고, 항구 남쪽의 작은 마을 티후아나는 멕시코의 가장 서쪽에 위치한 국경 마을이 되었다. 미-멕 국경이 설정된 이후 미국 정부는 태평양안 최남단 도시인 샌디에이고에 해군기지를 건설하였다. 샌디에이고는 골드러시 이후 미국 서부 해안의 주요 도시로 발달하였다. 이후 티후아나도 국경도시로 발달하기 시작하였으며, 이에 걸맞는 새로운 경제 및 사회구조가 형성되기 시작하였다.

티후아나의 이니셜은 'TJ'이다. 미국인들에게 TJ는 "멕시코로 가는 관문Gateway to Mexico"을 의미한다. 티후아나가 발달하기 시작한 것은 미국인들의 왕래가 잦아지면서다. 미-멕 국경이 형성된 이후 티후아나는 서부 지역에서 가장 접근성이 높은 멕시코 마을이 되었고, 미국 서부 지역 주민들은 이국적인 정취를 찾아 티후아나를 방문하기 시작하였다. 1880년대부터 티후아나는 이미 멕시코 북서부 지역의 주요 관광지로 부상하였으며, 인구가 증가하자 1889년 6월 11일 도시로 승격되었다. 1915년 샌디에이고에서 파나마 캘리포니아 엑스포The Panama-California Exposition가 열렸을 때에는, 티후아나도 페리아 티피카 멕시카나Feria Típica Mexicana라는 축제를 개최하여 엑스포를 방문한 관광객들을 유치하였다.

티후아나가 본격적인 관광도시로 발전한 것은 1920년대로, 미국에서 금주법이 시행되자 술을 마실 수 있고 접근성 높은 티후아나가 미국인들에게 인기 있는 관광지가 되었다. 당시 티후아나시는 미국의 관광 수요에 맞춰 시설과 제도를 정비하였다. 1927년 아구아 칼리엔테 관광 복합단지Companía Mexicana de Agua Caliente가 개발되었고, 1928년에는 카지노가, 1929년에는 경마장이 개장하였다. 경마장은 1935년 멕시코 정부가 전국의 카지노 영업을 금하여 문을 닫았다가 1974년 재개장하였다. 라틴아메리카의 주요 스포츠 베팅 회사인 그루포 칼리엔테Grupo Caliente가 1916년 티후아나에서 설립되었고, 현재도 티후아나에 본사를 두고 여러 종류의 도박 사업을 하고 있다. 지금은 미국에서도 카지노를 허가한 주가 여럿이지만, 미국은 원래 카지노에 엄격한 나라였다.[6] 1931년 네바다에 카지노가 처음 생기

---

[6] 미국에서 카지노 설립이 처음 허가된 것은 1931년 네바다주에서다. 이후 1976년 뉴저지주 애틀랜틱시티에 대규모 카지노가 개장하였으나, 다른 지역에서는 카지노 사업의 폐해를 이유로 설립이 금지되었다. 1990년대 들어 카지노 입지가 가능한 주가 빠르게 증가하여, 콜로라도

기 전까지 티후아나는 미국인들이 손쉽게 들러서 술과 여흥을 즐기는, 카지노와 경마장까지 갖춘 대표적인 유흥도시였다. 마치 지금의 라스베이거스처럼 말이다.

티후아나는 국경도시들 중 미국 관광객들에게 가장 사랑받는 도시였다. 미국인 관광객들의 방문이 늘어나면서 이곳에는 다양한 관광산업이 발달하였다. 우선 유흥에서 빠질 수 없는 주류 산업도 발달하였다. 미국 관광객들은 술을 마시고 유흥을 즐기러도 오지만, 면세혜택으로 가격이 싼 주류를 사러 국경을 넘었다. 이에 힘입어 1928년 멕시코의 주요 와인 회사인 엘에이세또L.A. Cetto가 티후아나에서 창립되었다. 주류뿐 아니라 의약품은 미국인 관광객들이 티후아나에서 사 가는 주요 쇼핑 품목이다. 가격도 저렴하지만, 양국 간에 의료 체계가 다르기 때문에 처방전 없이 살 수 있는 약품들을 구할 수 있다. 지금도 티후아나의 관광 중심지에는 미국보다 저렴한 주류를 파는 상점들과 의약품을 파는 약국들이 밀집되어 있다.

또한, 티후아나는 북아메리카 지역에서 관광객들이 의료 행위를 목적으로 가장 많이 방문하는 도시이다. 민간 의료보험을 바탕으로 형성된 미국의 의료수가 체계 때문에 미국의 의료 비용은 매우 비싸고 보험이 적용되는 범위가 좁다. 이로 인해 의료보험이 적용되지

(1990), 미시시피강 유역 5개 주(1990~1997)에 리버보트 카지노Riverboat casino가 개설되었으며, 인디언 보호구역이 있는 20개 주(1990~1997)에도 각 부족마다 한 개씩 카지노 허가권이 부여되었다. 당시 도시 경제가 어려웠던 디트로이트(1996)나 관광업이 주요 산업이었던 뉴올리언스(1992)에도 카지노가 설립되었다.

않는 경우가 많은 성형수술이나 치과 시술을 중심으로 티후아나에서 의료관광이 발달하기 시작하였다. 미국에서는 종종 티후아나에서 성형수술을 받다 사망한 관광객 기사가 뜨고, 이를 미국 연방수사국이 수사를 하곤 한다. 미국 의사들은 티후아나에서 의료 시술을 받는 것이 위험하다고 경고하지만, 국경을 넘어 의료 시술을 받는 관광객 수는 계속 증가하고 있다. 티후아나가 위치한 바하 칼리포르니아주에서만 2018년 240만 명의 관광객이 의료 목적으로 방문하여, 연간 17억 달러 이상을 지출하였다. 이는 2014년 80만 명에서 크게 증가한 규모이다(Los Angeles Times, 2022.12.10.).

브라세로 프로그램이 실시된 1941~1964년 기간에도 미국에 취업하고자 하는 멕시코 노동자들이 티후아나에 몰려들었다. 티후아나가 단순히 국경의 관문 차원을 넘어 멕시코의 주요 제조업 및 서비스업 중심지로 성장한 것은 1960년대부터이다. 마킬라도라 제도가 실시되고 나서도 초기에는 미-멕 국경 지역에 제조업체는 별로 들어서지 않았다. 그러다가 값싼 노동력을 이용하는 섬유산업 중심의 경공업들이 티후아나에 입지하기 시작하였다. 1970년대 들어 경공업 중심의 마킬라도라 산업이 도시 전역에 들어서면서, 티후아나는 멕시코에서 가장 많은 마킬라도라 산업체가 입지한 도시가 되었다. 당시는 미국과 같은 선진국에서도 아직 탈산업화가 이루어지기 이전이었기 때문에, 도시민들이 소비하는 의류 제품은 도시 내에서 생산되는 경우가 많았다. 뉴욕의 경우 대규모의 푸에르토리코 이민자들이 의류산업에 종사하였고, 로스앤젤레스에서도 멕시코계 인구의 의류

산업 종사 비중이 높았다. 서부 해안을 따라 발달한 도로와 철도망, 그리고 인접한 샌디에이고 및 로스앤젤레스로의 높은 접근성 등으로 티후아나에는 섬유산업 중심의 마킬라도라가 성장하였다. 1970년, 멕시코 정부는 당시 인구 34만 명에 불과했던 티후아나에 로드리게스 국제공항TIJ을 건설하는 등 티후아나의 발전을 도모하였다.

멕시코 역사의 한가운데에 섰던 1994년

1994년은 티후아나의 성장이 가속화된 시기이자, 티후아나가 멕시코 정치사의 한가운데에 섰던 시기다. 1994년 1월 1일, 미국-멕시코-캐나다 간의 자유무역협정인 NAFTA가 발효되었으며, 동시에 치아파스의 농민봉기가 시작되었다. 같은 해 3월 23일에는 당시 여당이었던 제도혁명당PRI의 대선 후보였던 콜로시오Luis Donaldo Colosio Murrieta가 티후아나에서 선거 유세를 하던 중 괴한의 총격에 사망하는 사건이 발생하였다.

제도혁명당은 1929년에 집권하여 2000년 국민행동당PAN의 폭스Vicente Fox 대통령이 당선되기 전까지 무려 71년간 멕시코의 여당이었다. 특히 제도혁명당은 현직 대통령이 다음 대선 후보를 지명하는 "데다소dedazo"(손가락이라는 의미)라는 제도로 권력을 이양하였는데, 콜로시오는 당시 현직 대통령이었던 살리나스Carlos Salinas de Gortari(1988~1994) 대통령의 지명을 받아 여당의 대선 후보가 되었다. 그러나 당시 살리나스 대통령은 부정선거로 당선되었다는 의혹을 받았으며, 1992년 주요 공기업의 민영화 과정에서 카를로스 슬림

Carlos Slim을 비롯한 일부 가문에 특혜를 주었다는 의심을 받고 있었다. 게다가 NAFTA의 타결 및 발효에 중심적인 역할을 하였던 살리나스 대통령은 사파티스타 민족해방군EZLN의 봉기가 자칫 NAFTA 시행에 미칠 수 있는 부정적인 영향을 우려하여 신속하게 치아파스 지역에 무력 진압을 시도하였다. 그러나 이로 인해 멕시코 군부는 1968년 뜰라멜롤꼬 학살(수도 멕시코시티의 뜰라멜롤꼬 광장에서 정부군이 반정부 시위대 수백 명을 학살한 사건) 이후 가장 맹렬한 비난에 처하게 되었으며, 이는 결국 멕시코 내 군부의 영향력 축소로 이어졌다 (Wagner and Schultz, 1995).

콜로시오 후보는 멕시코 북부 접경주인 소노라주의 작은 도시 막달레나데키노 출신으로, 몬테레이공과대학ITESM을 졸업하고 미국 펜실베이니아대학에서 공부하였으며, 소노라주의 하원의원으로 당선되어 정계로 진출하였다. 그는 멕시코시티와 멕시코자치국립대학UNAM 출신의, 기존의 멕시코 중앙 정치엘리트들과는 출신배경이 달랐으며, 오랜 기간 집권으로 부패한 제도혁명당 내에서도 강력한 개혁을 공약으로 내세워 대중의 인기와 기대를 받았다. 따라서 콜로시오의 당선은 살리나스 고르타리 대통령으로서도 그리 달갑지 않았으리라는 의견도 있었다. 게다가 당시 치아파스 농민봉기에 대해 콜로시오가 보여 준 대처 및 협상 능력은 멕시코의 기존 정치세력이 보기에 썩 만족할 만한 것이 아니었다. 농민봉기에 강경한 태도를 보인 정부와 달리 콜로시오는 그렇지 않았다. 그러나 멕시코 정치의 특성상 여당 후보인 콜로시오가 스스로 사임하지 않는 이상 차기 대통령이 될 확률이 매우 높았기에 결국 제거되었다는 설이 돌기도 했다. 당시 콜로시오 암살 사건은 멕시코 사회에 정치적으로 큰 충격을 주었다. 콜로시오 암살은 멕시코의 정치적·사회적 불안정을 상징하는 사건으로 받아들여져 멕시코로 유입되었던 외국자본들이 황급히 멕시코를 떠났고, 이는 결국 1994년 멕시코 외환위기의 원인이 되었다. 콜로시오 암살의 배후는 아직까지 밝혀지지 않았다.

콜로시오 암살과 함께, NAFTA에 반대하는 치아파스 농민봉기가 1994년 멕시코의 정치·경제·사회를 뒤흔들었다. 1994년 1월 1일, NAFTA와 신자유주의에 대한 반대를 표명하며 멕시코 남부 치아파스주의 농민들이 봉기하였다. 이름하여 '사파티스타 민족해방군 EZLN: Ejército Zapatista de Liberación Nacional'이다. 그들은 치아파스의 주도인 툭스틀라구티에레스를 비롯한 여러 지역에서 무장봉기를 일으켰다. 평범한 농민들이 주를 이룬 민족해방군의 무기는 쇠스랑 등 농기구였고, 갓난아기를 업은 젊은 엄마들까지 봉기에 가담하였다. 그들은 산크리스토발, 라스마르가리타, 알타미라노, 오코싱고 등 치아파스주의 4개 지역을 점령하였다.

이들이 봉기한 가장 중요한 원인은 NAFTA의 농산물 수출 및 수입 관련 조항이었다. 멕시코는 NAFTA를 통해 과일, 채소, 화훼 등을 미국에 수출하고, 옥수수와 밀 등 곡물류를 수입하기로 하였다. 미국의 밀과 옥수수는 멕시코 시장에서 상당히 경쟁력이 있었다. 멕시코 사람들은 밀과 옥수수로 또르띠야를 만들어 타코를 비롯한 일상식을 해 먹는데, 기계화된 넓은 농장에서 생산된 미국의 밀과 옥수수는 멕시코산 옥수수에 비해 가격이 3분의 1밖에 되지 않았다. 게다가 멕시코 정부는 자유무역협정을 체결하며 옥수수 부문에 제공하던 보조금까지 폐지하였다. 그런데 그때까지 멕시코에서 소비되던 옥수수의 상당량을 소농들이 생산하고 있었다. 주로 자급자족적 농업을 하는 멕시코의 소농들은 원주민 비율이 높고, 멕시코 남부나 중부의 빈곤한 지역에 거주하며, 먹고 남은 옥수수 등을 시장에 내다 팔아 겨우 생계를 유지하는 사람들이었다. 즉, 미국의 밀과 옥수수가 수입되면 적은 수입이나마 가져다주던 농사를 포기해야 하는 가난한 농부들이었다.

1994년 멕시코 농민봉기를 "치아파스 농민봉기"라고도 하는데, 주요 봉기 지역이 소위 '빈곤한 남부'에 위치한 치아파스주였기 때문이다. 그러나 아이러니하게도 치아파스주는 RGDP, 즉 지역별 총생산 면에서는 매우 부유한 지역이었다. 멕시코 전체 수력발전량의 50퍼센트를 생산하고, 석유의 21퍼센트, 천연가스의 47퍼센트를 생산하며, 옥수수 · 콩 · 담배 · 카카오 · 바나나 등 주요 작물의 3대 생산지이자 멕시코의 주요 목재 생산지였다. 이렇듯 풍부한 천연자원 생산지이지만, 그 이익은 대부분 중앙정부로 유입되고 지역 주민들은 그 혜택을 거의 받지 못하였다. 더구나 열대우림을 보호한다고 화전火田을 강력하게 제한하고, 원주민 공동 토지인 에히도ejidos도 제대로 재분배되지 않아 농촌지역에 거주하는 원주민 소농들은 극도의 빈곤 상태에 놓여 있었다.

치아파스 농민들은 1994년 1월 1일 미국-멕시코-캐나다 북미자유무역협정NAFTA이 발효된 순간에 맞춰 봉기를 선언하였다. 이들이 요구한 것은 "고용, 토지, 주택, 음식, 건강, 독립, 자유, 민주주의, 정의, 평화"였다. 정부 전복 같은 과격한 주장은 없었다. 사파티스타 민족해방군EZLN과 정부군의 무력충돌은 불과 12일 정도 지속되었다. 민족해방군은 라 콘돈 우림지역의 일부 비좁은 지역을 점령한 채 정부군과 간헐적인 충돌만 벌였다. 그런데 치아파스 농민봉기가 일약 신자유주의에 저항하는 상징적인 사건으로 전 세계에 알려지게 되었다.

이들은 1910년 멕시코혁명 당시 토지 환수를 주장한 에밀리아노 사파타Emilio Zapata의 정신을 이어받아 에히도 환수 및 원주민 농민의 생존권을 주장하였다. 90년대 초까지만 해도 인터넷 보급률이 전 세계적으로 높지 않았으나, 사파티스타 민족해방군 지도부는 인터넷을 사용하여 자신들의 봉기를 전 세계에 공표하고 해방군의 주장과 투쟁 경과를 알렸다. 치아파스 정글에서 일어난, 자칫 묻혀 버릴 수 있었던 농민봉기는 인터넷을 타고 국제적인 이슈가 되었다. 그래서 치아파스 농민봉기는 '최초의 인터넷 민중운동'이라 불리기도 한다. 국제 여론을 의식한 멕시코 정부는 강력한 진압을 하지 못하였다. 그러나 치아파스 농민봉기는 콜로시오 암살 사건과 함께 1994년 멕시코 외환위기의 주요 원인 중 하나로 작용하였다.

살리나스 정부를 이어 집권한 세디요Ernesto Zedillo Ponce de León 정부(1994~2000)는 1996년 2월에 산 안드레스 평화협정을 맺고 사파티스타 민족해방군에게 해당 지역의 자치권과 자결권을 허용하였으나,

실질적으로는 무력진압을 실행하였다. 그 결과, 1997년 말 악테알 마을에서 민간인 45명이 살해되는 등 일련의 크고 작은 사건이 발생하였다. 이에 유엔 및 국제 인권단체들이 세디요 정부에 지속적으로 항의하였다. 이후 71년간 이어진 제도혁명당의 집권을 종식시킨 국민혁명당의 폭스 대통령은 민족해방군 집행부와의 대화를 지속하고, 2001년 3월 원주민 농민들의 멕시코시티 쏘깔로까지의 대장정을 허가하는 등 표면적으로는 평화 관계를 유지하였다. 그러나 2000년, 폭스 정권은 '푸에블라 파나마 계획PPP: Plan Puebla-Panama'을 발표하였다. 미국으로 이어지는 고속도로 건설, 천연자원 및 에너지 개발, 관광 개발 등을 담은 상대적으로 빈곤한 멕시코 남부 지역 및 중앙아메리카에 대한 대대적인 개발 프로젝트였다. 이는 당시까지 신자유주의화 정책의 주요 수혜 지역이었던 멕시코 북부뿐 아니라 남부의 신자유주의화 및 세계화를 진행시키는 계획으로, 사파티스타 민족해방군의 주장과는 정면으로 배치되는 사업이었다.

죽음의 도시, 시우다드 후아레스

두 번째로 이야기할 국경도시는 시우다드 후아레스이다. 앞서 이야기한 티후아나에서 국경을 따라 동쪽으로 약 1천 킬로미터 정도 떨어진 내륙 한가운데 치와와 사막에 위치한 도시로, 치와와주에 속한다. 치와와 사막은 북아메리카 지역에서 가장 광활한 사막으로, 멕시코의 치와와주와 미국의 뉴멕시코주, 텍사스주에 이른다. 시우다드 후아레스와 미국 측 쌍자도시 엘패소는 미국의 콜로라도고원과 로키산맥이 멕시코 쪽으로 이어지는 곳에 자리하고 있어서, 높은 봉우리들이 도시 주변에 솟아 있다. 그란데강(혹은 Río Bravo)이 시우다드 후아레스와 엘패소 사이를 지나며 미국과의 국경선의 일부를 이루고 있다.

시우다드 후아레스는 2022년 기준 인구수 156만 명의 대도시로, 멕시코에서 아홉 번째로 인구가 많은 도시이다. 엘패소-시우다드 후아레스 연담도시聯擔都市(대도시를 중심으로 주변 도시들의 시가지가 연결되어 있는 지역)의 인구 규모는 270만 명에 달한다. 1965년 멕시코의 마킬라도라 지구 설정 이후 마킬라도라 산업이 입지하기 시작하였으며, 티후아나와 함께 마킬라도라 산업이 발달한 대표적인 도시이다. 시우다드 후아레스는 마킬라도라의 수도라고도 불리며, 비교적 대규모 산업체들이 산업단지에 입지한 것이 특징이다.

시우다드 후아레스는 1659년 건설되었는데, 이는 국경도시들 가운데 꽤 초기에 형성된 경우이다. 당시 시우다드 후아레스의 지명은 '북쪽으로 가는 길'이라는 의미의 "파소델노르테Paso del Norte"였다. 도시명이 보여 주듯 시우다드 후아레스는 로키산맥의 남부를 가로지르며 북부로 향하는 경로를 개척하면서 세워진 도시였다. 파소델노르테는 교통의 요지답게 지금은 미국 땅이 된 산타페(뉴멕시코주)와 멕시코의 치와와 사이에서 상업 중심지로 발전하였다. 본래는 하나의 마을이었지만, 1848년 미국과 멕시코의 국경이 리오그란데강을 기점으로 설정되면서 북쪽 마을과 남쪽 마을의 운명이 바뀌었다. 강 북쪽 구릉지에 있던 마을 일부는 미국에 속하고, 강 남쪽의 마을 일부는 멕시코 영토로 남게 되었다. 주요 도로와 국경이 만나는 지역답게 일찍부터 병영을 비롯한 군사시설들이 국경을 중심으로 양쪽에 들어섰고, 이를 중심으로 시가지가 성장하였다. 본래 한 마을이었던만큼 1930년대까지 인구와 물자의 이동이 자유로웠다.

파소델노르테는 1882년 철로가 놓이면서 근대적인 도시로 발전하기 시작하였다. 은행, 전화, 전신 등의 시설들이 들어서고 상업이 발달하였다. 19세기 말과 20세기 초 파소델노르테는 포르피리아또 정부의 자유무역정책에 힘입어 빠르게 발전하였다. 미-멕 전쟁으로 북쪽 영토의 상당 부분을 미국에게 내준 멕시코 입장에서 파소델노르테는 전략적으로도 멕시코 북부 국경도시 중 가장 중요한 도시가 되었다. 1862년부터 1867년까지 프랑스 점령 기간에는 멕시코 대통령인 베니토 후아레스Banito Juárez가 북부 치와와주로 정부를 옮겼는데, 이 기간 동안 파소델노르테는 멕시코 정부군의 주요 주둔지였다. 1888년, 베니토 후아레스 대통령을 기리며 도시명을 파소델노르테에서 '시우다드 후아레스Ciudad Juárez'로 변경하였다. 1910년 멕시코혁명이 발발하자 판초 비야Pancho Villa를 비롯한 여러 혁명가들이 시우다드 후아레스를 차지하고자 했다. 국경도시인 시우다드 후아레스에서 미국과의 국경무역으로 벌어들이는 관세수입이 국가 재정에서 큰 몫을 차지했기 때문이다. 혁명 기간 동안 시우다드 후아레스의 시가지는 대부분 파괴되었고, 도시민들도 대부분 피난을

갔다. 1919년 혁명이 종료되자, 시우다드 후아레스는 다시 관광업과 도박업, 경공업이 발달하면서 인구가 증가하였다.

1961년 멕시코 정부는 국경도시지역에 대하여 국경정비프로그램 PRONAF: Programa Nacional Fronterizo에 착수하였는데, 당시 이미 주요 국경도시로 인식되던 시우다드 후아레스에는 시가지 정비 및 산업화가 집중적으로 추진되었다. 미국과 멕시코 교역의 요지답게 시우다드 후아레스에는 마킬라도라 산업이 발달하였다. 사우스South(1990)는 미국 측 도시의 사회적·문화적 수준이 마킬라도라 산업의 입지에 영향을 미친다고 보고, 대표적인 경우로 시우다드 후아레스를 들었다. 마킬라도라 산업에서는 유능한 관리인의 지속적인 고용이 주요한 요인으로 작용하는데, 관리인들의 도시 선호도가 산업체 입지 도시 선정에 영향을 미친다는 것이다. 시우다드 후아레스는 미국 측 도시인 엘패소에 대한 파견 관리인들의 선호도가 높아서 마킬라도라 산업입지에 유리하게 작용하였다는 것이다. 한 마디로, 마킬라도라 산업입지 면에서 시우다드 후아레스는 미국 측 도시인 엘패소가 살기 좋은 도시라는 점이 유리하게 작용했다.

이러한 입지적 유리함과 더불어, 시우다드 후아레스는 셸터 플랜과 산업단지를 잘 갖추어 투자 규모가 큰 사업체가 입지할 수 있는 여건을 조성하였다. '셸터 플랜Shelter Plan'이란 공장을 처음 설립할 때 법률 자문부터 건물 임대에 이르기까지 마킬라도라 산업체의 설립을 전반적으로 도와주는 일종의 정착 서비스이다. 시우다드 후아레스시 정부는 이 서비스를 적극 제공하여 멕시코의 제도와 절차를 잘 모르는 외국계 투자자들의 투자 리스크를 줄여 주었다. 또한, 산업체 규모가 클수록 산업단지가 제공하는 공업용수 및 전기, 도로, 창고 등의 서비스 선호도가 높은 점에 착안하여 산업단지를 중심으로 마킬라도라 업체가 입지하기에 좋은 환경을 제공하였다. 그 결과, 시우다드 후아레스에는 대규모 자본이 소요되는 대규모 산업체들이 주로 입지하였다. 시우다드 후아레스가 위치한 치와와주는 외국자본 투자 면에서 멕시코의 32개 주 중 다섯 번째 안에 들며, 시우다드 후아레스-엘패소 도시 구역은 북아메리카에서 가장 중요한 제조업 지역이 되었다.

마킬라도라 산업체들이 입지하면서 시우다드 후아레스는 티후아나와 함께 미-멕 국경 지역에서 가장 빠르게 성장하는 도시가 되었다. 그러나 동시에 1990년대 이후 한 해 수백에서 수천 건에 달하는 살인사건이 일어나고, 멕시코 경찰이 마약과의 전쟁을 벌이는 전 세계에서 가장 위험하고 폭력적인 도시라는 오명도 얻게 되었다. 폭력 사건으로 인해 시우다드 후아레스 시민들이 엘패소로 피신을 가는 사태가 벌어졌고, 마킬라도라 산업체들이 다른 도시나 다른 국가로 사업체를 옮기는 일이 빈번하게 일어나 도시의 존폐 위기까지 대두되었다.

1년에 수백 명의 여성이 살해되는 '보더타운'

2007년 시우다드 후아레스를 배경으로 한 영화 〈보더타운Border Town〉(2006)이 베를린국제영화제에 초청되었다. 이 영화의 제작과

주연을 맡은 라틴계 미국 배우 제니퍼 로페즈는 이 영화제에서 엠네스티가 주는 '사면에 기여한 예술가상Artist for Amnesty'을 수상했다. 이 상은 인권탄압을 막고 생명을 구하는 역할을 한 예술가나 집단에게 수여되는 상으로, 로페즈가 영화제작자이자 배우로서 멕시코 접경도시에서 수백 명의 여성들이 지속적으로 살해되는 사건을 고찰했다는 것이 선정 이유였다(배윤기, 2010, 78).

영화는 1993년부터 시우다드 후아레스 외곽 사막 지역에서 젊은 여성들의 시신이 연쇄적으로 발견된, 사건이라기에는 너무나 오래 지속되고 여러 건이 발생한 사회적 현상을 다루었다. 피해 여성들 대부분은 13세 이상의 학생이나 점원, 마킬라도라 공장 노동자들로, 성폭행이나 폭행, 심각한 훼손을 당한 상태로 도시 외곽의 공사장이나 철로변 땅에 얕게 파묻힌 채 발견되었다. 영화의 주요 내용은 현지 언론인 알폰소 디아스(안토니오 반데라스 분)와 미국인 기자 로렌(제니퍼 로페즈 분)이 취재하는 과정이다. 영화에서 로렌은 살인범을 유인하기 위해 마킬라도라 공장에 취직하는데, 여기서 3교대로 끊임없이 이어지는 작업과 노동과정이 철저하게 통제되는 모습이 잘 드러난다. 또한, 작업 과정에 대한 철저한 통제와는 대조적으로 20대 초반의 여성이 주를 이루는 노동자들의 안전에 대해서는 무감한 다국적기업들의 행태가 결국 여성 노동자들을 연쇄살인의 희생양으로 만들고 있음을 보여 준다.

물론 이런 사건이 시우다드 후아레스에서만 일어나는 것은 아니었다. 시우다드 후아레스에서 400킬로미터 떨어진 치와와시에서도 유사한 사건이 일어났다. 영화가 개봉되기 직전인 2004년에만 두 도시에서 일어난 여성 연쇄살인사건이 400건에 이르렀다. 이러한 사건에서 가장 중요한 부분은, 영화에서도 다룬 것처럼 1년에도 수십에서 수백 명의 여성이 살해되고 있음에도 이 일련의 사건으로 인해 처벌 받은 사람이 거의 없었다는 점이다. 멕시코 수사 당국은 연쇄살인범에 대한 수사를 충분히 하지 않았고, 설사 기소가 되더라도 가벼운 형량만이 선고되었다(Washington Office on Latin Americas, 2005). 멕시코 정부는 이 연쇄살인이 언론에 알려지고 주목을 받게 되면 외국 기업들이 이 지역을 위험지역으로 인식하게 되고, 그러면 기업들의 투자가 줄어들까 봐 오히려 사건을 은폐하고 수사도 제대로 하지 않았다. 이러한 정부의 잘못된 태도 때문에 해마다 살인사건이 더 증가하였고, 도시 전체가 '위험한 도시'라는 오명을 쓰게 되었다.

시우다드 후아레스에서 여성을 타깃으로 하는 연쇄살인이 일어난 데에는 1990년대 이 도시가 가진 인구 및 경제, 사회학적 특성이 복합적으로 작용하였다. 살해 대상은 대부분 젊다기보다는 어린 여성, 특히 마킬라도라의 여성 노동자들이었다. 일반적으로 외국에 생산기지를 두는 초국적기업들이 가장 선호하는 노동력은 10대 후반부터 20대 초반의 여성 노동자들이다. 젊은 여성 노동자들은 말귀를 잘 알아듣고 체력이 좋기 때문에 일도 잘한다. 게다가 이들은 상당수가 집안의 가장이다. 가족의 부양을 도맡거나 돕고, 형제들의 학비를 대기도 한다. 과거 우리나라가 처음 산업화를 시작한 시기에 수많은 소녀 노동자들이 장시간 노동으로 적은 임금을 받아서 가족들을 부양했던 것처럼 말이다. 더구나 멕시코를 비롯한 라틴아메리카에서는 개방적인 사회 분위기와 낙태 및 피임을 금지하는 가톨릭 전통으로 미혼모가 많다. 미혼모나 소녀 가장들은 책임감이 강하고 말을 잘 듣는다. 지각이나 결근도 잘 하지 않는다. 그에 비해 남성 노동자들은 주말에 술을 마시고 노느라 월요일에 지각이나 결근이 잦다. 사회적 경험이 적은 소녀 노동자들은 노동조합도 잘 결성하지 않는다. 즉, 가족을 부양해야 하고 순종적이고 말귀도 잘 알아들으며 일도 곧잘 하는 어린 여성 노동자들은 마킬라도라를 비롯한 많은 초국적기업 생산기지에서 선호하는 노동력이다.

1990년대 이후 자본집약적 산업들의 진출이 계속해서 늘고 남성 노동자들의 비중도 늘어나고 있지만, 낮은 인건비를 기반으로 하는 마킬라도라 산업은 기본적으로 어린 여성 노동자들을 많이 고용한다. 따라서 국경도시, 특히 대규모 초국적기업들의 생산기지가 발달한 시우다드 후아레스에서 이러한 여성 노동자들의 규모가 매우 크다. 대규모 초국적기업들은 24시간 생산시설을 가동하는 경우가 많기 때문에 3교대로 근무를 시킨다. 3교대 근무를 하게 되면 근무 일정이 계속해서 바뀌고, 한 달에 며칠 이상은 늦은 시간이나 새벽에 출퇴근해야 한다. 멕시코는 우리나라처럼 대중교통이 잘 발달하지 않았다. 물론 2000년대 이후 많이 개선되었지만, 기본적으로 엘리트 계층이 지배하는 라틴아메리카 국가들의 도시는 그 수요에 비해 대중교통 시설이 부족하다. 게다가 가난한 여공들이 사는 빈곤한 지역에는 대중교통이 들어가지 않는 경우가 많고, 그나마 새벽이나 늦은 밤에는 운행하지 않는다. 따라서 새벽에 출근하거나 퇴근하는 여성들이 혼자 어둡고 위험한 길을 걸어가는 일이 혼하다. 이들이 흉악범들의 손쉬운 먹잇감이 되는 것이다.

국경은 시우다드 후아레스에 또 다른 폭력의 원인도 제공하였다. 20세기 말 콜롬비아의 마약 카르텔 세력이 미국 정부의 '마약과의 전쟁'으로 약화되면서, 미국으로 유입되던 마약 운송 경로가 바뀌었다. 바로 미-멕 국경이 미국 시장으로 가는 주된 유입 통로가 되었다. 본래 라틴아메리카의 마약산업은, 코카인은 콜롬비아에서 직접 미국으로 유입되고 미-멕 국경을 따라서는 멕시코의 마리화나가 유입되는 구조였다. 그러나 콜롬비아에서 미국으로의 코카인 유입이 어려워지자, 콜롬비아의 코카인 카르텔들이 운송 경로를 다변화시켰고, NAFTA 발효 이후 미국으로의 물류 규모가 크게 증가한 미-멕 국경 지역이 코카인 유입의 주요 경로가 되었다. 이에 멕시코 마약 카르텔들은 기존의 마리화나 생산 및 유통 중심에서 코카인 운송으로, 일종의 업종 변경 또는 다변화를 시도하였다. 이러한 변화는 마약 카르텔 조직에도 영향을 미쳤다. 마약 조직인 후아레스 카르텔이 20여 년간 장악하고 있던 이 지역을 시날로아 카르텔이 넘보면서 두 마약 조직 간에 잔인한 세력 다툼이 끊이지 않았다. 그러나 시우다드 후아레스가 본격적으로 위험한 도시가 된 것은 2008년 초반부터였다.

미-멕 국경을 통해 유입되는 코카인의 규모가 증가하자, 2006년 12월 멕시코 정부는 미국 정부의 강력한 후원을 등에 업고 마약과의 전쟁을 선포하였다. 멕시코의 칼데론 대통령Felipe Calderón은 1만 명 규모의 정부군을 투입하여 마약과의 전쟁을 수행하였다. 2009년 10월부터 2010년 9월까지 미-멕 국경에서 미국 국경순찰대가 압수한 마약은 3,170톤에 이르렀고, 6,800여 개를 무기를 압수하였다. 그러나 이는 오히려 치안이 더 불안해지는 원인이 되었다. 한 지역을 장악한 마약상이 정부군에 의해 사라지면, 다른 마약상이 그 지역을 차지하기 위해 다시 치열하게 영역 다툼을 하는 악순환의 연속이었다. 마약과의 전쟁을 선포한 칼데론 대통령의 재임 시기인 2006년부터 2012년 사이에 멕시코에서만 약 6만여 명이 마약 관련 사건으로 숨졌으며, 시우다드 후아레스의 살인율도 연간 수천 명 대로 높아졌다. 같은 기간 멕시코에서 실종된 사람의 숫자는 2만 6,121명에 이른다. 2012년 12월 니에토Enrique Peña Nieto(2012~2018) 대통령이 취임한 이후 직접적인 살인사건 건수는 줄어들었다. 그러나 납치 사건은 급증하였다(Cnnespañol, 2016.1.8.).

이러한 상황에서 민병대가 등장하면서 폭력 양상은 더 복잡해졌다. 민병대는 마약과의 전쟁이 일어나는 지역에서 흔히 조직되는, 전직 군인이나 경찰 출신의 민간 무장단체로, 일반 시민들과 기업들을 보호한다는 명목 하에 일종의 '보호비'를 받는다. 특히 시우다드 후아레스에는 외국계 기업들이 다수 입지하고 있기에 민병대 세력은 기업들에게 매달 4천 달러에서 8천 달러의 보호비를 받아 갔다. 불안한 치안 상황에 적지 않은 액수의 보호비까지 부담하게 된 외국계 기업들은 시우다드 후아레스를 떠나갔다. 2010년 초반에만 시우다드 후아레스에서 8천 개 이상의 소기업이 다른 지역이나 국가로 이주해 나갔으며, 이러한 경향은 이후로도 지속되었다. 치안 불안은 결국 시우다드 후아레스의 실업률 증가와 경제 상황 악화로 이어졌다.

　연쇄살인사건과 마약과의 전쟁으로 인해, 티후아나와 함께 "마킬라도라의 수도"라 불리던 시우다드 후아레스는 이제 "죽음의 수도"라 불리게 되었다. 마약상들에 의한 총격 사건이 시가지에서 일상적으로 벌어졌으며, 마약과 관련된 사람들뿐 아니라 일반 시민들까지 무고하게 희생되었다. 2010년 3월에는 시우다드 후아레스의 미국 총영사관에서 근무하는 직원 부부 등 3명이 마약 조직의 총격으로 숨지는 일까지 발생하였다. 이에 미국 정부는 시우다드 후아레스를 비롯해 티후아나, 노갈레스, 누에보 라레도, 마타모로스 등 국경도시와 몬테레이의 미국 영사관 직원의 가족들에 대한 소개령疏開令, 즉 멕시코를 떠나 미국으로 복귀할 것을 명령하였다. 이러한 치안 불안은 당시 칼데론 대통령의 개혁정치에 대한 멕시코 대중의 불신으로 이어졌다. 2010년 1월, 시우다드 후아레스의 주택가에서 파티를 벌이던 청소년들이 총격을 받고 15명이 살해당하는 사건이 발생하였다. 이에 칼데론 대통령은 시우다드 후아레스를 두 차례나 직접 방문하며 치안 개선 의지를 보였다. 당시 치안에 불안을 느낀 기업들이 줄줄이 이주하여 시우다드 후아레스 경제 자체가 존폐 기로에 몰리고, 시우다드 후아레스에서 시작된 칼데론 대통령에 대한 불신이 멕시코 전체로 퍼져 나갔기 때문이다. 당시 칼데론 대통령은 멕시코시티의 대통령 집무실을 당분간 폐쇄하고 시우다드 후아레스의 안정화와 정상화에 전념하겠다고 하였으나, 오히려 그해 (2011) 시우다드 후아레스의 살해 피해자 수는 3,700명을 넘어 역대 최고치를 기록하였다.

마약상으로 인한 멕시코 국경 지역의 치안 불안이 비단 시우다드 후아레스에만 그친 것은 아니지만, 시우다드 후아레스는 마약상들로 인한 치안 불안의 정점에 있는 도시였다. 〈표 5〉를 보면 2009년 1,600여 명이던 살인사건 피해자 수가 연간 1천 명씩 증가하여 2011년에는 3,600명을 넘었다. 당시 시우다드 후아레스의 인구는 130만여 명으로, 우리나라의 울산보다 조금 더 인구가 많은 도시에서 해마다 몇 천 명씩 살해당한 것이다. 치안 불안이 극에 달했던 2010년 시우다드 후아레스의 살인율, 즉 인구 10만 명당 살해 피해자 비율은 271.7이었다. 당시 대한민국의 살인율은 2.5였다. 당시 시우다드 후아레스에서는 우리나라의 100배 이상에 달하는 살인사건이 날마다 일어났던 셈이다.[7]

당시 불안정한 치안에 공포를 느낀 시민들 중 10만 명 이상이 국경선 너머 엘패소로 이주하였으며, 시우다드 후아레스 시장의 가족들까지 미국으로 피신하였다. 이들 중에는 범죄단체의 협박 메시지를 받았다며 미국 엘패소 경찰에 신변 보호를 요청한 이들도 있었는데, 여기에는 언론인들이 다수 포함되어 있었다. 본래 미국 경찰은

---

[7] 2021년 우리나라의 살인율은 1.3이다(KOSIS).

마약 카르텔에 쫓기는 이들에게 신변 보호를 허용하지 않았으나, 당시 멕시코에서 피신 온 이들에게는 예외적으로로 신변 보호를 제공하였다. 그러나 그 심의 과정이 간단치 않아서 모든 이들이 미국 경찰의 신변 보호를 받을 수는 없었다.

2012년 니에토 대통령이 집권하면서 시우다드 후아레스의 살해 피해자 수는 감소 경향을 나타내었다. 니에토 대통령은 멕시코의 전통적 집권 세력이던 제도혁명당 출신이었다. 이후 니에토 대통령의 뒤를 이어 진보 성향 연합체 국가재건운동당MORENA: Movimiento

| 표 5 | 시우다드 후아레스의 살해 피해자 추이

연도	살해 피해자 (명)	살해 피해자 중 여성 비율(%)	인구 (천 명)	살인율*
2008	1,623	5.4	1,310	123.9
2009	2,754	6.0	1,322	208.3
2010	3,622	8.4	1,333	271.7
2011	2,086	9.3	1,351	154.4
2012	803	11.7	1,369	58.7
2013	535	17.4	1.387	38.6
2014	429	10.5	1,405	30.6
2015	311	14.8	1,423	21.9
2016	546	10.3	1,442	37.9
2017	772	12.4	1,461	52.8
2018	1,259	8.3	1,480	85.1
2019	1,499	11.4	1,499	100.0
2020	1,649	11	1,519	108.4
2021	1,421	12.2	1,540	92.3

* 인구 10만 명당 살해 피해자 수   출처: El Paso Matters, 2022.2.3.

Regeneración Nacional의 로페즈 오브라도르Andrés Manuel López Obrador (2018~) 대통령이 당선되면서 시우다드 후아레스의 살해 피해자 수는 다시 증가하였다. 이것이 우연일까? 이에 관한 자세한 이야기는 다음 장에서 해 보자.

PRONAF, 월경 소비를 막으려는 멕시코의 노력

쇼핑은 외국 여행에서 빼놓을 수 없는 즐거움이다. 따라서 외국인을 대상으로 하는 소매업은 관광산업에서 중요한 부분을 차지한다. 미-멕 국경 지역에서는 예전부터 소매업이 발달하였다. 미국인들은 국경을 넘어가서 미국보다 저렴한 주류나 약품을 많이 구매한다. 외부에서는 잘 주목하지 않지만, 국경을 넘나드는 멕시코인들의 소매 행위 역시 그 규모가 크고 오래되었다. 국경에서 멀리 떨어진 멕시코시티 주민들도 휴가철이면 차를 몰고 국경을 넘는다. 미국의 아울렛에서 저렴한 옷이며 화장품, 전자제품 등을 잔뜩 사 가지고 온다. 미-멕 국경 지역의 미국 측 도시들은 미국의 다른 지역보다 소득은 낮은 편이지만 도소매업이 발달하였는데, 이는 멕시코인들의 소비 때문이다. '치베라스chiveras'라 불리는 멕시코 쇼핑객들은 상당히 많은 돈을 국경 근처에서 소비한다. 이들이 소비하는 규모가 멕시코가 마킬라도라 산업에서 벌어들이는 수입과 맞먹는다는 추정이 있을 정도로 멕시코인들의 '미제美製' 사랑은 대단하다.

국경을 넘는 소비 행위는 국경 지역에 거주하는 멕시코 주민들에게는 더 일상적이었다. 국경을 넘나드는 일이 지금처럼 어렵지 않던 시절, 주민들은 계란 한 줄이나 우유 한 병을 사러도 미국 도시나 마을 상점에 갔다. 이처럼 멕시코인들은 미국 측 '생활용품' 구매를 선호하는 데에 비해, 미국인들이 멕시코 측 물건을 사는 일은 훨씬 드물었다.

멕시코 정부가 국경정비프로그램PRONAF을 실시한 이유 중에는 국경을 넘어 이루어지는 구매 행위로 유출되는 외화를 막기 위한 목적도 있었다. 멕시코 정부는 국경 지역의 생활환경 개선 외에도, 국경을 따라 위치한 도시에서 공산품을 생산하여 멕시코 국경에 위치한 미국 측 도시 주민들에게 판매하고자 하였다. 당시 멕시코 정부가 의도한 것은, 지금과 같은 마킬라도라 형태의 수출형 가공업이 아니라 당시 수입대체산업화 정책을 통해 멕시코에서 생산된 내수용 "메이드 인 멕시코Made in Mexico" 공산품의 판매였다. 이는 당시 미-멕 국경을 둘러싼 양 지역 간의 소매업 부문에서 멕시코 측 적자가 이미 심각한 수준이었음을 의미한다.

멕시코 정부는 국경에서 멀리 떨어진 멕시코 내륙지역에 위치한 기업들의 정책 참여를 독려하고자 세금 혜택과 물류비 보조금까지 지급했다. 국경 지역에서 판매되는 상품에 대해서는 연방 세금의 1.8퍼센트를 감면해 주고, 항공·철도·해운 요금의 25퍼센트를 보조해 주었다(Martinez, 2018, 117). 멕시코 정부는 국경 지역에서 상업을 발전시키면 지역의 고용율이 높아지고 지역 주민들의 생활수준이 향상될 것이라 기대했다. 관광객 유치를 위해 국경도시들에 박물관과 문화센터를 건설하기도 했다(Martinez, 2018, 117). 1961년부터 시행한

PRONAF(국경정비프로그램) 덕에 국경을 넘어 미국으로 쇼핑을 가는 멕시코인의 증가세가 조금 늦춰졌다. 1962년 이전에 연평균 8.67 퍼센트씩 늘어나던 구매 행렬은 이후 연평균 3.7퍼센트씩 증가하는데에 그쳤다(Martinez, 2018, 117)

멕시코 국경도시들 중 PRONAF 투자가 가장 집중적으로 이루어진 도시는 시우다드 후아레스였다. 1969년 멕시코 정부는 16개 지역을 대상으로 PRONAF를 실시하였는데, 시우다드 후아레스에만 당시 예산의 30퍼센트가 집중되었다. 이후 시우다드 후아레스의 차미잘 지구에는 PRONAF 센터와 거대한 상업지구, 문화센터, 미술관과 역사박물관 등이 건설되었으며, 그 주변 지역에 다수의 식당 및 숙박 시설들이 세워졌다. 자동차 경주장, 투우장, 골프장을 비롯한 관광 관련 시설들도 들어섰다.

그러나 멕시코 정부의 노력에도 불구하고 멕시코로 유입되는 관광 및 소매 분야의 수입은 개선되지 않고 오히려 악화되었다. 시우다드 후아레스의 경우 1965년부터 1970년 사이 국경을 넘어 미국 물건을 구매하는 이들의 수가 13퍼센트 이상 증가하였지만, 시우다드 후아레스 시민들이 시내에서 소비하는 경우는 1.7퍼센트 감소하였다. 시우다드 후아레스 시민들이 미국에 가서 소비하는 금액은 엘패소 주민들이 멕시코에서 소비하는 금액의 두 배에 달하였다. 1970~1971년 시우다드 후아레스 시민의 70퍼센트가 엘패소를 방문하였으며, 이들이 한 해 동안 엘패소에서 소비한 금액은 5,790만 달러에 달했다. 소비 품목은 식료품, 의류, 가구 등 일상에 필요한 품목들이었다. 시우다드 후아레스 시민들은 엘패소에서 기본적인 식료품 구입에만 매일 1만 3,600달러 이상을 지출하였다(Martinez, 2018, 117-118). 1950~1953년에는 양 국가 간의 국경을 넘는 인구가 비슷했으나, 1970년에는 미국인이 국경을 넘는 경우보다 멕시코인이 국경을 넘는 경우가 3천만 명 정도 많았으며, 이들의 주요 월경 목적은 상품 구매였다.

엘패소를 비롯한 미-멕 국경 지역의 도시들은 멕시코계 소비자들의 중요성을 일찍부터 알아차렸다. 미국 측 마을이나 도시들은 멕시코로 돌아가는 노동자들이 집에 가져갈 선물을 사러 들르거나 멕시코 측 거주민들이 일상용품을 구매하러 가는 지역이 되면서 소매업이 발달하였다. 1960년대 말 엘패소 소매업 매출의 약 30퍼센트가 멕시코 소비자로 인해 일어났고, 1968년에는 엘패소 시내에서 물건을 사는 사람의 네 명 중 한 명이 멕시코계 소비자였다. 엘패소 경제에서 멕시코 소비자의 중요성은 지속적으로 증가하였다.

심지어 멕시코 정부는 국경 지역 거주민들의 미국 쇼핑을 막고자 엘패소와 시우다드 후아레스 간의 전차 운행을 중단하는 무리수를 두기도 하였다. 1889년부터 운행되고 있던 양 도시 간 전차가 1973년 시우다드 후아레스의 상인들의 요구로 중단된 것이다. 이는 결국 양 도시 간의 치열한 "교통-전쟁"을 불러왔다. 전차 운행 중단에 엘패소 지역 상인들은 분노하였고, 당시 엘패소 시장이 멕시코 중앙정부에 전차 운행 재개를 직접 요청하기에 이르렀다. 결국 1974년 엘패소 시장과 시우다드 후아레스 시장, 그리고 멕시코 중앙정부 측 관료가 한자리에 모여 협상을 진행하였다. 협상 내용은 전차 운행을 재개하는 대신에 전차 노선과 터미널 시설 등 보수와 개선을 진행하고, 엘패소에서 텍사스의 주세를 감면하는 한편 시우다드 후아레스의 관광을 활성화시킬 조치들을 취하는 것 등이었다(Martinez, 2018, 120).

1974년 텍사스대학 엘패소캠퍼스 내 경제 및 사업 연구처의 조사에 의하면, 멕시코 사람들이 엘패소에서 물건을 사는 이유는 53.8퍼센트가 가격이 더 저렴하기 때문이었고, 29.4퍼센트가 품질이 더 좋아서, 미국에서만 살 수 있는 것이어서라는 답변이 16.8퍼센트였다. 당시 "엘패소 중심가는 멕시코인들을 위한 쇼핑센터"라는 말이 나올 정도였다(Martinez, 2018, 119).

맥주가 키운 북부의 술탄, 몬테레이

스스로를 "북방의 술탄Sulatnana de Norte"라 부르는 몬테레이는 20세기 초 라틴아메리카 최초로 용광로가 설치된 이후 줄곧 멕시코 북부의 주요 제조업 도시였고, 라틴아메리카 제조업에서 가장 중요한 도시였다. 몬테레이는 티후아나나 시우다드 후아레스와 달리 국경에 위치한 도시는 아니다. 일명 '나프타NAFTA 하이웨이'로 불리는 멕시코 85번 고속도로를 따라 자동차로 2~3시간이면 국경도시 누에보라레도에 이르는, 국경에 가까이 위치한 도시이다. 국경을 넘으면 멕시코 85번 고속도로가 미국의 35번 고속도로로 바뀌고, 그대로 차를 몰고 가면 다시 2~3시간 안에 미국의 샌안토니오에 도착한다.

몬테레이의 인구 규모는 495만여 명으로, 멕시코시티(2,200만 명)와 과달라하라(526만 명)에 이어 멕시코 3위인 멕시코 북부 최대의 인구집중지역이다. 몬테레이시 자체의 인구는 120만 명 정도이지만 주변의 산타카타리나, 가르사 가르시아, 산 니콜라스, 과달루페 등과 시가지가 연속되어 있고, 코아윌라주의 살티요까지 연결되는 몬테레이 메트로폴리탄을 구성하고 있다.

몬테레이는 멕시코 도시 중 가장 부유한 도시, 가장 발전한 도시이자 현대적인 도시로 손꼽힌다. 멕시코의 대표적인 명문 사립대인 몬테레이공과대학을 비롯하여 유수의 대학과 교육시설들이 입지하여 교육수준이 높은 도시로도 알려져 있다. 멕시코 주요 기업의 본사와 지사가 다수 입지하고 있으며, 주요 다국적기업들도 이곳에 있다. 또한 몬테레이는 멕시코 북부 내륙지역의 농업·목축업·가금업 등의 주요 소비시장이자 상품 공급처이고, 대규모 군사기지가 입지해 있다. 일찍이 유럽-북아메리카-멕시코시티를 잇는 상업의 중심지이기도 하다. 20세기 초 포르피리아또 정부 시기 철도교통의 발달로 중공업이 발달하기 시작하였으며, 특히 수입대체산업화 시기에 중간재 산업이 발달하였다. 당시 라틴아메리카 제조업의 특성이 부품 개발이나 중간재보다는 '완제품' 생산 위주로, 주로 부품이나 중간재는 외국에서 구매하는 경향이 강했던 것과 달리 몬테레이는 중간재 산업이 발달하였다는 점이 주목할 만하다. 그래서 멕시코시티와 함께 멕시코의 주요 제조업 도시이며, NAFTA 발효 이후 외국계 기업들이 가장 주목한 멕시코 도시이다. 몬테레이는 2016년 기아자동차가 대규모 자동차 조립공장을 가동시키면서 우리나라에도 알려졌다.[8] LG전자도 가전제품 생산 공장을 몬테레이에 건설하여 가동하고 있으며(산업통상자원부·외교부, 2021, 95), LG전자의 전기자동차 부품 생산업체인 LG마그나가 멕시코에 건설하기로 한 첫 해외 생산 공장도 몬테레이와 함께 산업지구를 구성하고 있는 코아윌라주 살티요의 라모스 아리스페 지역에 예정되어 있다(동아일보, 2022.4.20.).

세계 지역을 구분할 때 예전에는 미-멕 국경선을 경계로 북아메리카와 중앙아메리카를 구분하는 것이 당연하였다. 그러나 NAFTA 발효 이후 멕시코가 북아메리카에 속하는지 중앙아메리카에 속하는지가 모호해졌다. 위치상으로 멕시코는 북아메리카에 속하지만, 북아메리카라고 분류하기에는 경제적·사회적 지표가 캐나다나 미국과 상당한 차이가 나기 때문이다. 최근에는 멕시코 북부 지역, 즉 미-멕 국경 지역과 몬테레이는 북아메리카로, 멕시코시티를 중심으로 하는 멕시코 중앙 고원지역과 남부, 유카탄 등은 중부 아메리카로 분류하기도 한다. 이제 몬테레이가 멕시코시티와 구분되는 사회로 인식되고 있음을 의미한다. 실제로, 몬테레이는 멕시코에서 가

---

[8] 기아자동차 몬테레이 공장은 몬테레이 메트로폴리탄을 구성하고 있는 페스케리아시에 위치하고 있다. 연간 30만 대의 자동차를 생산할 수 있으며, USMCA 원산지 규정이 충족될 경우 미국과 캐나다에 무관세로 수출할 수 있다. 또한 멕시코는 현지 생산량의 10퍼센트까지 무관세 수입쿼터를 부과하고 있어서, 기아자동차 몬테레이 공장이 30만 대를 생산할 경우 한국의 기아현대자동차는 3만 대까지 무관세로 멕시코에 자동차를 수출할 수 있다.

장 미국적인 도시이다. 도시경관 면에서도 마치 텍사스의 대도시를 보는 듯하다. 미-멕 국경 지역에서 남쪽으로 2~3시간 정도 더 내려와야 하지만, 라틴아메리카 도시들 중 제조업 관련 발전의 역사가 가장 오래되고, 관련 인프라가 가장 잘 갖춰져 있으며, 경제적으로 가장 자유로운 도시로 꼽을 수 있다.

몬테레이가 경제적으로 멕시코에서 가장 중요한 도시로 발달할 수 있었던 가장 중요한 계기는 미국과의 국경선 설정이다. 몬테레이는 미-멕 전쟁 이전까지는 멕시코시티나 미국과의 교역이 거의 없는 작은 농업 중심지로, 1827년까지만 해도 인구 1만 2천 명의 작은 소도시에 지나지 않았다. 몬테레이의 시작은 1596년까지 거슬러 올라간다. 몬테레이는 몬테마요르Diego Montemayor라는 사람이 세운, 스페인식 격자형 가로망으로 연결된 작은 마을이었다. 당시 몬테레이의 역할은 기껏해야 이웃 도시 살티요로 가는 중간 기착지 정도였다. 지금은 오히려 살티요가 몬테레이의 위성도시처럼 인식되지만, 식민 시기 후반까지 살티는 텍사스의 샌안토니오와 멕시코만의 탐피코항 사이에 위치한 상업 중심지였다. 당시 탐피코항을 통해 수입된 유럽산 물품들이 살티요를 거쳐 멕시코시티까지 판매되었으며, 샌안토니오는 북아메리카의 프랑스 식민지 및 영국 식민지들과 교역하는 주요 무역 중심지였다. 1824년 누에보레온주가 형성되면서 살티요는 코아윌라주에, 몬테레이는 누에보레온주에 속하게 되었고, 몬테레이는 누에보레온주의 주도로 선정되었다.

그러다가 1848년 현재와 같은 국경선이 확정된 이후 몬테레이의 입지는 매우 주요해졌다. 당시 스페인계 목장주이자 정치가인호세 데 노리에가José de Noriega는 몬테레이를 "국경의 수도"라 칭하였다. 멕시코시티에서 산루이스포토시를 지나 몬테레이, 그리고 국경을 넘어 텍사스의 샌안토니오-댈러스로 이어지는 길은 미-멕 국경의 확정 이후 미국으로 연결되는 가장 중요한 교통로가 되었으며, 탐피코-샌안토니오-멕시코시티를 연결하는 교역 중심지로 주목을 받았다.

몬테레이가 본격적으로 개발된 것은 뽀르피리아또 집권기로, 당시 누에보레온주의 주지사였던 레예스Bernardo Reyes(1885~1909)가 몬테레이의 전략적 중요성을 알아보고 적극적으로 개발정책을 펴면서부터다. 1888년 국경도시인 라레도와 멕시코시티를 연결하는 철도가 몬테레이를 경유하면서 몬테레이는 멕시코 중앙 지역과 미국을 연결하는 주요 지역이 되었고, 1891년 멕시코만의 탐피코와 몬테레이 간 철도가 완공되었다. 그 후 미-멕 국경의 동쪽 끝 국경도시인 마타모로스와의 철도가 연결되면서 미국 북동부로의 접근성이 더욱 높아졌다. 이렇게 철도망이 집중되면서 몬테레이는 멕시코 북동부에서 가장 전략적인 도시로 급부상하였다. 또한, 도시 내부에도 여러 철도 지선들이 부설되었다. 주변 지역의 풍부한 광업 자원과 철도교통의 발달로 외국계 자본들에게 매력적인 도시로 떠올랐다. 미국 등 외국자본이 광산업을 중심으로 활발하게 유입되면서, 몬테레이는 멕시코 제1의 중공업 도시로 발전하였다. 1892년 납 주조장이 건설되고, 여러 철강 및 금속 회사들이 연이어 설립되었다. 1900년 안토니오 바사고티Anotnio Basagoti를 비롯한 몬테레이 자본가들이 몬테레이 철강회사Fundidora de Fierro y Acero de Monterrey를 설립하여 1901년 제철소를 건설하였으며, 1903년에는 라틴아메리카 최초로 용광로가 설치되었다. 이후 몬테레이는 멕시코의 대표적인 철강산업 중심지로서 "멕시코의 피츠버그"라 불렸다. 몬테레이는 철강산업뿐 아니라, 원료 광물 생산과 금속 및 비금속 광물 주조 공업의 연계를 바탕으로 1910년까지 멕시코의 주요 중공업이 집중되었다(Dicken, 1939, 137-139).

멕시코는 식음료 면에서도 매우 발달한 나라로, 맥주 회사가 도시 발달에 중요한 역할을 하였다. 맥주 하면 흔히 독일이나 벨기에를 떠올리지만, 멕시코는 세계 1위의 맥주 수출 대국이다. 네덜란드와 벨기에, 독일 등이 그 뒤를 따른다. 2018년 멕시코의 맥주 수출액은 44억 달러로, 2위인 네덜란드의 20억 달러의 두 배, 독일의 세 배가 넘는다. 멕시코는 총 맥주 생산량에서도 중국, 미국, 브라질에 이어 세계 4위이다. 한편, 유럽계 맥주들이 전 세계에 수출되는 반면에, 멕시코 맥주는 주로 미국으로 수출된다. 미국은 연간 35억 달러어치를 수입하여 멕시코 맥주 수출의 약 80퍼센트를 차지하는 반면, 2위인 중국의 점유율은 4퍼센트밖에 되지 않는다(Kotra 해외시장 뉴스, 2019.6.10.). 이는 미국에 거주하는 3천만 명 이상의 멕시코계 인구가 자국산 맥주를 선호하기 때문이기도 하고, 미국인들 사이에서도 멕시코 맥주에 대한 선호도가 강하기 때문이기도 하다. 그 이름 때문에 매출이 많이 줄었다는 '코로나Corona' 맥주는 멕시코시티에 기반을 둔 모델로그룹Grupo Modelo(1925년 설립)에서 생산하는 맥주로, 해외로 가장 많이 수출되는 멕시코의 대표 맥주이다. 맑은 유리병에 라임을 꽂아 마시는, 우리가 영화에서 자주 보는 그 맥주가 바로 코로나 맥주이다. 멕시코시티 기반의 모델로그룹과 몬테레이 기반의 쿠아테목-목테수마 양조회사는 멕시코 맥주산업을 이끄는 양대 산맥이다.

쿠아테목-목테수마 양조회사의 기원은 1890년 설립된 쿠아테목 양조회사Cervecería Cuauhtémoc로, 이 회사가 멕시코 3대 기업 세력의 하나인 몬테레이그룹Gruop Monterrey의 기원이다. 멕시코의 대표적인 맥주인 솔Sol, 도스 엑끼스Dos Equis, 테카테Tecate 등을 생산하고 있다. 몬테레이의 발전에는 이 쿠아테목 양조회사의 역할이 크다. 쿠아테목 양조회사는 세 명의 멕시코 사업가들(무게르사-사다-가르사Muguerza-Sada-Garza 가문)과 독일계 미국인 죠셉 슈나이더Joseph M. Schnaider가 설립하였다.[9] 첫 번째로 생산한 맥주는 카르타 블랑카Carta Blanca라는 이름의 맥주였는데, 성공적이었다. 맥주 생산에 성공한 무게르사-사다-가르사 가문은 이후 맥주와 관련된 중간재(유리병, 병뚜껑, 박스, 라벨 등)를 생산하고자 기업을 설립하였다. 각 기업들은 이후 멕시코의 주요 기업인 알파그룹Grupo Alfa, 비트로그룹Grupo Vitro, 비사VISA: Valores Industriales S.A. 등으로 성장하였으며, 이들이 몬테레이그룹을 구성한다.

---

[9] 이후 베라크루스 오리사바에서 시작한 맥주 회사인 세르베세리아 목테수마Cervecería moctezuma(1894년 창립)를 1988년에 인수하여 세르베세리아 쿠아테목 목테수마Cervecería Cuauhtémoc moctezuma가 되었다. 현재는 네덜란드의 하이네켄에 인수되어 하이네켄 인터내셔널Heineken International의 자회사가 되었다.

쿠아테목 양조회사는 맥주 생산 및 관련 산업의 발달뿐 아니라, 여러 면에서 사회발전에 기여하였다. 우선, 몬테레이그룹은 친기업가적인 입장으로 잘 알려져 있지만, 쿠아테목 양조회사는 노동자들에게 좋은 대우를 하는 회사로 인식되었다. 예를 들어 1907년 노동시간을 12시간에서 9시간으로 단축하였으며, 1918년에는 쿠아테목 소사이어티Sociedad Cuauhtemoc를 설립하여 노동자 복지 향상에 노력하였다. 무게르사Muguerza 가문은 1934년 몬테레이에서 무게르사 병원을 설립하였다. 현재 무게르사 병원은 몬테레이의 이웃 도시인 살티요, 타마울리파스주의 국경도시 레이노사, 치와와주의 치와와시, 푸에블라주의 푸에블라시, 유카탄주의 메리다시 등에서 11개 병원 체인을 운영하고 있다. 무게르사 병원 체인은 미국식 의료 시스템과 산업을 도입하여 미국인 의료관광의 상당 부분을 흡수하고 있다.

무엇보다도 쿠아테목 양조회사가 한 일 중 가장 두드러진 것은 몬테레이공과대학Tec de Monterrey의 설립이다. 1943년 당시 쿠아테목 양조회사의 소유주였던 유헤니오 가르사 사다Eugenio Garza Sada가 몬테레이공과대학을 설립하였다. 가르사 사다는 전문적인 행정 및 기술 인력을 양성하여 몬테레이에 기반한 기업들에 도움을 줄 목적으로 대학을 설립하였다고 밝혔다. 당시 주요 기술 인력을 해외에 의존하던 멕시코는 제2차 세계대전의 발발로 전문기술 인력의 수급에 어려움을 겪었으며, 1940년대에 빠른 경제성장을 구가하던 몬테레이의 기업들 또한 인재 양성 필요성을 느끼고 있었다. 몬테레이공과대학의 캠퍼스는 본래 몬테레이에만 있었으나, 1960년대에 적극적으로 캠퍼스 건립을 추진하여 멕시코시티와 푸에블라, 살티요, 과달라하라 등 전국 25개 도시에 33개의 캠퍼스가 있으며, 재학생의 규모가 9만 명이 넘는다. 텍 데 몬테레이Tec de Monterrey 혹은 ITESMInstituto Tecnológico y de Estudios Superiores de Monterrey이라 불리는 몬테레이공과대학은, 현재 멕시코국립자치대학UNAM, 멕시코기술자치대학ITAM과 함께 멕시코의 명문 대학으로 손꼽히며, 멕시코 최고의 명문 사립대학이자 라틴아메리카 최고의 공과대학으로 알려져 있다.

몬테레이그룹

몬테레이그룹은 개별 기업의 명칭이 아니라, 멕시코에서 가장 영향력 있는 엘리트 집단을 일컫는 용어다. 이 기업들이 몬테레이 지역을 기반으로 발생하고 성장하였기 때문에 '몬테레이그룹'이라고 부른다.

"그루포 몬테레이Grupo Monterrey"라는 용어가 멕시코 사회에서 널리 사용되기 시작한 것은 1940년대 이후 이들 세력이 정치적으로나 사회적으로 존재감을 나타내면서부터다. 몬테레이그룹의 기원은 1890년 쿠아테목 양조회사의 창립으로 본다. 이후 몬테레이그룹은 혼인과 사회적 결속을 통해 세력을 확대·유지하고 있으며, 그룹의 핵심적인 가문은 가르사-사다Garza-Sada 가문, 알파그룹Grupo Alfa, 펨사FEMSA(음료, 맥주), 세멕스Cemex(시멘트 회사) 등이다. 몬테레이그룹은 단순히 유력한 지역 기업들 간의 모임을 넘어 정치적으로 강력한 힘을 지니고 있으며, 과감하고 혁신적인 경영을 실천하고 기술 및 경영 기법 발전에도 적극적이다. 이러한 몬테레이그룹의 기업가정신 덕에 몬테레이 지역이 멕시코 최고의 경제발전 지역이 될 수 있었다고 평가받는다(The New York Times, 1974.10.24.).

몬테레이그룹이 정치세력으로 부상하기 시작한 것은 1911년 멕시코혁명 이후이다. 혁명 전에 포르피리아또 정부는 친기업가적이고 외국자본에도 매우 호의적이었다. 그러나 혁명 이후 집권한 세력은 자신들이 타도했던 포리피리아또 정부의 정책과는 정반대의 정책을 펼쳤고, 국정 기조를 노동자와 개혁 중심으로 선회하였다. 이에 몬테레이그룹도 기업가의 정치적 역할이 중요함을 인지하고, 1929년 보수 성향의 멕시코 기업가들의 이익을 대변하는 COPARAMEXConfederacion Patronal de la Republica Mexicana 창당에 기여하였다. 몬테레이그룹은 친노동자 성향의 대표적인 대통령인 카르데나스Cardenaz 대통령(1934~1940)이 몬테레이를 방문하였을 때 정부 정책에 강력하게 항의하였으며, 친민중적인 성향을 보인 에체베리아 Echeverría Álvarez 대통령(1970~1976) 재임 시에도 반정부적 성향을 드러냈다. 따라서 멕시코시티, 즉 멕시코 중앙정부 입장에서 몬테레이그룹은 경제적 부유함을 무기로 중앙정부에 호락호락하지 않은 못마땅한 세력이었다. 이에 대해 멕시코 중앙정부는 몬테레이그룹을 "독립적"이라고 표현하기도 했다(The New York Times, 1974.10.24.).

2000년, 마침내 71년간 이어진 제도혁명당의 장기 집권을 끝낸 폭스Vicente Fox 대통령(2000~2006), 그리고 연이어 칼데론Felipe Calderón 대통령(2006~2012)을 배출한 국민행동당PAN은, 몬테레이를 중심으로 북부 지역에 세력 기반을 둔 친기업가적 성향의 정당이다. 국민행동당은 몬테레이그룹과 미국에 이주한 라티노들의 적극적인 지지를 받았고, 몬테레이그룹과 국민행동당의 성장은 멕시코 정계의 인맥 변화로 이어졌다. 멕시코 정계는 전통적으로 멕시코시티 출신의 멕시코국립자치대학UNAM 출신 중심으로 구성되었으나, 명문 사립대학인 멕시코기술자치대학ITAM과 ITESM 출신에 미국 유학파 출신(MIT, Harvard, Penn State 등) 인사들로 교체되기 시작하였다. 2012년 제도혁명당의 니에토Enrique Peña Nieto 대통령(2012~2018)이 집권하였지만, 2018년 진보 성향의 연합체인 국가재건운동당MORENA: Movimiento Regeneración Nacional의 로페즈 오브라도르 대통령(2018~)이 당선될 수 있었던 것은 멕시코 정계의 인적 개편이 뒷받침되었기 때문이다.

제7장

국경이 만들어 낸 위험

앞 장에서 이야기한 멕시코의 국경도시 시우다드 후아레스는 한때 세계에서 가장 위험한 도시로 손꼽혔다. 인구 130만 명의 도시에서 날마다 열 명 이상의 사람이 살해된 해도 있으며, 비교적 안정되었던 시기에도 하루에 두 서너 명씩은 살해되었다. 과거 우리나라 사람들이 멕시코에 대해 갖고 있던 이미지는 챙이 넓은 모자인 솜브레로, 선인장, 그리고 1980년대 이후 빈곤해진 삶 정도였다면, 최근에는 마약상이 활개 치고 총격이 난무하는 무법천지의 위험한 곳이 되어 버렸다. 비단 멕시코뿐 아니라 엘살바도르나 브라질 등 라틴아메리카는 무장 폭력배들이 일반 시민들을 대상으로 강도나 납치를 일삼는, 말 그대로 아노미의 상태로 비쳐진다. 라틴아메리카가 어쩌다 이렇게 된 것일까?

2015년 넷플릭스에서 제작한 드라마 시리즈 〈나르코스Narcos〉는 이러한 질문에 어느 정도 답해 주었다. 드라마는 콜롬비아의 마약왕 에스코바르와 마약산업의 성장, 그리고 미국의 마약과의 전쟁을 다루었다. 이전에는 금기시되었던 마약산업과 마약상을 다루었다는 점에서 인기를 끌었고, 이후 마약산업을 다룬 유사한 시리즈들이 제작되었다. 그런데 드라마는 남아메리카의 콜롬비아에서 벌어진 일을 다루었다. 마약으로 죽음의 도시가 된 시우다드 후아레스와는 몇 천 킬로미터 떨어진 곳이다. 브라질의 마약상들이 활개 치는 리우데자네이루 같은 항구도 콜롬비아의 메데진과는 대륙의 북단과 남단으로 멀리 떨어져 있다. 이 국가들은 서로 멀리 떨어져 있고, 심지어 대륙이 다른 경우도 있지만, 마약산업으로 연결되어 있다.

1993년 콜롬비아의 마약왕 에스코바르가 미국 마약단속국의 수사로 사망하면서, 라틴아메리카의 마약산업 문제는 해결되는 듯 보였다. 그러나 그것은 마치 나비효과처럼, 위험한 라틴아메리카로 나아가는 하나의 변곡점이었을 뿐이다. 에스코바르의 죽음과 미국 마약단속국의 승리는, 시우다드 후아레스와 멕시코의 많은 도시를 마약 카르텔들의 전쟁터로 만들고, 브라질 파벨라의 평범한 도시민들의 삶과 마을을 망가뜨렸으며, 중앙아메리카 지역 갱단의 부흥기를 이끌어 결국 주민들을 고향에서 내몰았다. 에스코바르의 죽음이라는 날개짓이 일어나게 된 배경과 그 날개짓이 폭풍이 되는 과정에는 미국 정부, 멕시코 정치권, NAFTA 등과 심지어 동서냉전의 시대적 상황과 불량주택지구까지 라틴아메리카 사회의 상당 부분이 얽혀 있다. 21세기 라틴아메리카 치안 불안의 원인은 마약을 빼고 이야기할 수 없으며, 미-멕 국경은 그 불안정의 주요 축이다. 그 긴 이야기를 조금만, 아주 조금만 풀어 보고자 한다.

국경 마약산업의 업그레이드

2006년부터 미국과 멕시코 정부는 미-멕 국경을 넘는 마약산업에 대한 대대적인 단속, 즉 마약과의 전쟁을 벌였다. 당시 멕시코 정부군과 미국 국경순찰대는 상당량의 마약과 무기를 압수하였고, 상당수의 마약상들을 소탕하였지만, 미-멕 국경지대의 치안은 더욱 불안해졌다. 더구나 당시 미-멕 국경 지역에 한정되던 치안 불안정이 멕시코 주요 도시를 넘어 촌락 지역으로까지 확산되면서, 멕시코는 더 이상 전국에 안전한 곳이 없다는 말이 나올 정도였다. 그러한 상황에서 멕시코 정부는 대체 무얼 했던 것일까? 앞 장에서 살펴본 것처럼 시우다드 후아레스의 살해 피해자 수를 보면, 국민행동당의 칼데론 정부(2006~2012)에서 최고 3,700여 명까지 이르렀다가 제도혁명당의 니에토 정부(2012~2018)에서는 1천 명 이하로 감소하였고, 다시 오르바도르(약칭 AMLO) 정부(2018~) 때 1천 명 이상으로 증가하였다. 이러한 현상은 결코 우연이 아니다.

멕시코는 오랜 기간 미국에 마약을 제공해 왔다. 멕시코 북부 지역에서는 전통적으로 대마초와 양귀비를 재배하여 마리화나와 헤로인으로 가공하여 수출해 왔다. 예전에는 미-멕 국경 지역에도 경비가 허술한 지역이 많았고, 미국 정부는 멕시코에서 들어오는 마약을 의도적으로 눈감아 주었다. 미국 정부의 입장에서 멕시코는 주요한 이웃 국가였다. 미국과 3천여 킬로미터의 국경을 마주하고 있는 멕시코의 국내 정치 상황은 미국의 안보와 직결되기 때문에, 동서 냉전시대에 멕시코의 지지는 주요한 사안이었다. 또한, 멕시코는 미국에 안정적으로 석유를 제공하는 주요 자원 수출국이었다. 따라서 멕시코로부터의 마약 유입은 미국이 멕시코와 협상하거나 멕시코에 개입할 때 사용할 수 있는 주요한 카드로, 미국은 이를 적절히 사용하였다.

멕시코 국내 정치의 측면에서도 마약산업은 통치에 필요한 수단 중 하나였다. 어느 사회건 마약 유통이라는 거대한 범죄가 오랜 기간 지속되려면 범죄 조직과 치안 당국 혹은 정치세력 간의 결탁이 필요하다. 이는 특히 라틴아메리카 사회에서는 매우 합리적인 추론으로, 멕시코에서는 그러한 관계가 비교적 공공연하고 구조적이며 오래되었다.

멕시코혁명 정신의 계승을 기치로 내세우며 1929년 창설된 제도혁명당은 2000년 국민행동당이 승리하기 전까지 무려 71년간 집권하였다. 이는 세계사적으로도 소련공산당 다음으로 긴 것이다. 제도혁명당은 멕시코혁명(1911~1919) 정신을 이어받았지만, 오랜 집권 기간 동안 그 정신은 퇴색하였고, 이미 1980년대 후반부터 부정부패와 부정선거 등으로 정치적 기반이 약화되었다. 특히 "후원주의clientelism"라 불리는, 즉 특정 집단의 이익을 보장해 주는 대신에 정치적 후원을 약속받는 제도는 부정부패의 온상이었다. 후원 관계는 도시 노동자 집단이나 농민 집단 등 사회적 집단과도 맺어졌지만, 마약 세력의 후원은 거대한 정치자금과 밀접한 관련이 있었다. 제도혁명당의 영향 아래 경찰과 군부, 공무원들이 마리화나 산업을 묵인하고 협조하는 대신, 통치 자금의 상당 부분을 마약 세력으로부터 제공받았다. 그러나 오랜 기간 어느 정도의 균형을 이루며 묵인되던 마약상들의 활동은 멕시코 사회의 변화와 함께 깨졌다.

가장 중요한 변화는 정치권의 변화였다. 즉, 제도혁명당이 실각하고 국민행동당이 집권하면서 마약산업과 정치권의 균형이 무너졌다. 2000년 집권한 폭스 대통령의 국민행동당은 몬테레이를 중심으로 하는 북부 자본가 세력과 미국에 이주한 라티노 세력의 지지를 기반으로 하였다. 즉, 신자유주의에 기반한 부유한 북부 자본가 세력의 후원을 받는 폭스 대통령의 집권 기간에는 정치권과 마약산업계 간의 후원 시스템이 안정적으로 작동하기 어려웠다. 이 시기 권력 공백이 발생한 마약산업계에서 각 카르텔들이 몸집을 불리기 시작하였고, 이는 카르텔 간의 세력 다툼으로 이어지고 시가지 총격전 등으로 나타났다(Mercille, 2011, 1642-1643: 김유경, 2016, 265-266에서 재인용). 시우다드 후아레스의 피해자 규모가 정권에 따라 변화한 데에는 이러한 정치적 변화가 주요한 원인이었다.

정치권의 변화 못지않게 멕시코 마약산업을 변화시킨 것은 멕시코의 경제적 격동이었다. 1982년 멕시코 정부의 모라토리엄 선언과 1994년 NAFTA의 발효는 멕시코 마약산업의 중요한 성장 동력이 되었다. 수입대체산업화 기간 동안 축적된 외채에 대한 지급불능을 선언한 멕시코의 모라토리엄 선언은 라틴아메리카 경제 전체에 엄청난 후폭풍을 불러왔다. 멕시코는 모라토리엄 선언 이후 페소화가 폭락하고, 많은 기업이 도산하였다. 특히 국가경제의 주요 축이던 공기업들이 문을 닫거나 민영화되었다. 이 민영화 과정은 소위 '물티라티나스Multilatinas'라 불리는 라틴아메리카식 재벌들이 대거 등장하고 카를로스 슬림이 세계 최고 부자가 될 수 있는 기반을 마련해 주었으나, 멕시코 국민 대부분에게는 고통스러운 시간이었다. 실업률은 치솟았고 실질소득은 큰 폭으로 감소하였다. 게다가 정부는 재정적자를 줄이기 위해 긴축재정을 실시하였다. 보건과 교육, 복지 분야에 대한 정부 지출이 크게 감소하였고, 공공요금은 큰 폭으로 인상되었다. 공식 부문 경제의 비중은 줄어들고, 비공식 부문 경제가 급속히 증가하였다. 특히 노동자 계층과 빈민계층의 어려움이 가중되었다. 수입대체산업화 시기에 증가하였던 중산층도 상당수가 빈곤층으로 전락하였다. 이 시기 경제적으로 어려워진 이들에게 특별한 기술도, 학벌도, 경력도 요구하지 않으면서 쉽게 큰돈을 벌 수 있는 마약산업은 매우 매력적인 일자리였다.

한편, NAFTA의 발효로 미국과 멕시코 간의 교역량은 이전과 비교할 수 없이 증가하였다. 미국 기업들뿐 아니라 미국 내수시장을 겨냥한 여러 국가의 제조업 공장들이 미-멕 국경의 멕시코 측 지역에 입지하였다. 부품과 완제품을 실은 트럭과 기차들이 양국을 자유롭게 오갔다. 게다가 미국과 멕시코는 농산물 부문 시장을 개방하여 멕시코에서 생산된 아보카도, 토마토, 상추, 아스파라거스 등의 채소와 과일들이 날마다 국경을 넘어 미국 시장으로 향하였다. NAFTA는 부품과 완제품, 농산물, 자본, 서비스, 기업 등이 국경을 넘어 오갈 수 있게 하였기 때문에, 그 틈에 마약을 끼워 넣는 일은 어려운 일이 아니었다.

미-멕 국경 지역에서 마약 거래가 증가하게 된 데에는 무엇보다도 미국의 역할이 가장 컸다. 미국은 라틴아메리카 마약의 최종 목적지, 즉 시장이다. 그것도 세계에서 가장 거대한. 미국은 라틴아메리카의 마약산업 전체가 성장하고 확산하는 과정에서 가장 중요한 역할을 하였으며, 미-멕 국경 지역의 주력 상품을 마리화나에서 코카인으로 바꾸는 계기를 제공하였다.

이 장의 뒷부분에서 자세히 다루겠지만, 미국은 1980년대 콜롬비아 마약 시장에 소위 "마약과의 전쟁"을 선포하고 메데진 카르텔과 칼리 카르텔을 소탕하였다. 1970년대 후반 코카인이 콜롬비아에서 미국으로 처음 유입되던 때부터 콜롬비아 마약 카르텔들은 미국으로 직접 코카인을 반출하였다. 그러나 미국이 마약과의 전쟁을 선포한 후 콜롬비아 마약 조직을 소탕하고 콜롬비아 및 카리브해 지역에서 유입되는 화물 및 여객에 대한 단속을 강화하자, 콜롬비아 마약 카르텔들은 직접적인 이윤은 줄어들지만 상대적으로 안전한 방식을 택하였다. 즉, 미국으로의 직접적인 코카인 반출은 지양하고 대신에 제3국을 거치는 경로를 택하였다. 콜롬비아에서 생산된 코카인은 니카라과나 엘살바도르 등 중미 지역을 거쳐 멕시코를 경유한 후, 미-멕 국경을 통해 미국으로 유입되었다. 이에 멕시코 북부 지역에서 마리화나를 재배해 미-멕 국경을 통해 미국으로 판매하던 멕시코의 마약 카르텔들은 기존의 마리화나에서 코카인 중개업으로 업종을 변경하였다.

멕시코의 마약 카르텔들이 코카인 중개업으로 업종을 변경한 데에는 마리화나의 주요 소비지였던 미국 시장의 변화도 영향을 미쳤다. 오랜 기간 동안 미국에서 마리화나는 연방법상 1급 마약으로 분류되어 왔으며, 2022년 현재까지도 미국 식품의약품안전청FDA의 승인을 받은 규격화된 마리화나 제품은 없다(허순철, 2016). 그러나 1996년 캘리포니아주에서 의료용 마리화나가 합법화된 이래 2022년 현재 워싱턴 D.C.를 포함하여 38개 주가 의료용 마리화나를 합법화했다. 또한, 2014년 콜로라도주가 기호용 마리화나를 합법화한 이후 2022년 현재 워싱턴 D.C.를 포함해 20개 주가 기호용 마리화나를 합법화하였다. 심지어 바이든 대통령은 마리화나의 합법화를 대선 공약으로 내세웠다(Voice of America Korea, 2022.10.7.).

이렇듯 미국 사회가 마리화나를 합법화하면서 마리화나 가격은 하락하였고, 마리화나 유통은 비공식 부문에서 공식 부문으로 전환되어 갔다. 본래 마약은 값비싼 고가의 소비재다. 불법이기 때문에 생산자와 판매자가 제한되고, 불법이라는 위험을 안고서 생산하고 판매하기 때문에 부르는 게 값이다. 즉, 판매자가 시장가격을 주도하는 상품이다. 그러나 마리화나를 합법화하면서 생산자가 늘어났고 판매자도 늘어났다. 마리화나를 밀매하거나 미성년자에게만 팔지 않으면 소지 및 판매가 불법이 아니게 되어 가고 있다. 따라서 이제 마리화나는, 최소한 미국의 30개 주에서는 고가의 귀한 상품이 아니게 되었다. 즉, 전통적으로 북부 지역에서 마리화나를 재배해 미-멕 국경을 통해 수출하던 마약 카르텔들은 1996년 이후 주요 시장과 수익율을 잃어 갔다. 따라서, 콜롬비아 마약왕 에스코바르의 사망 이후 대두된 새로운 마약 운송 경로, 즉 중앙아메리카 지역과 멕시코를 거쳐 미-멕 국경을 통해 미국으로 운송하는 경로에서 코카인을 중개하는 것이 매력적인 대안으로 떠오른 것이다.

예전에는 남아메리카에서 생산되어 미국으로 직접 수출되던 코카인이 콜롬비아에 대한 미국의 개입 이후 라틴아메리카의 다른 지역을 통해 미국으로 유입되기 시작하였으며, 그로 인해 라틴아메리카 사회에 예상치 못한 변화가 일어났다. 마약산업은 미국과 라틴아메리카의 관계, 그리고 라틴아메리카 사회가 지닌 특성과 취약성 등과 뒤엉켜 라틴아메리카 사회를 매우 위험한 사회로 만들었다. 그중 미-멕 국경 지역은 라틴아메리카에서 생산된 마약의 최종 통과 지점으로서 새로운 폭력의 중심지가 되었다.

아메리카의, 아메리카에 의한 마약 코카인

마약에는 여러 종류가 있다고 한다. 대마초, 코카인, 아편 등은 천연 성분에서 유래한 것이며, 흔히 필로폰이라 불리는 메타암페타민은 화학약품에서 추출한 것이다. 우리나라에서 마약은 총기와 함께 드라마나 영화에서나 볼 법한 물건이지만, 라틴아메리카를 여행하다 보면 길거리에서 대마초나 코카인 잎 등을 파는 상인을 볼 수 있다. 호기심에 구입했다가는 큰일 날 수 있다.

현재 라틴아메리카에서 가장 큰 사회적 문제를 야기하는 마약은 코카인이다. 코카인은 라틴아메리카에서 생산되어 미국에서 주로 소비되는, 가장 '아메리카스러운' 마약이기도 하다. 코카인은 아메리카 대륙, 특히 안데스 산지 동사면東斜面, 아마존 지역이 원산지이다. 라틴아메리카에서 코카인이 마약으로 정의된 것은 1960년으로 그리 오래되지 않았다. 3천여 년 전부터 남아메리카의 안데스산맥 동사면 지역에서 주로 재배되었던 코카 잎은, 안데스 주민들에게

'신성한 풀'로 인식되어 종교의식과 차, 술, 식용 분말, 치실 등의 원료로 사용되어 왔다. 특히 코카로 만든 차는 고산병에 효험이 있는 것으로 알려져 있다(오후, 2018). 주요 코카 생산 지역은 전통적으로는 페루와 볼리비아였으나, 1980년대 이후 콜롬비아가 주요 코카 재배지로 떠올랐다. 볼리비아에서는 아이마라족과 케추아족이 코카 잎을 오랜 기간 약용이나 주술용으로 사용해 왔으며, 융가스 지역에서 전통적으로 코카를 재배해 왔다. 페루에서는 1950년대까지 쿠스코 남부 지역에서 코카가 주로 재배되었는데, 당시까지 코카 재배와 생산은 합법이었을 뿐 아니라 코카가 일상에서 흔히 사용되었다. 콜롬비아에서는 카우카의 나시족과 같은 소수 부족에서 사용하고 그 외 지역에서는 코카가 거의 재배되지 않았다(Gootenberg and Dávalos, 2018, 5).

최근 코카인의 주요 생산지인 볼리비아가 코카인에 대한 인식을 바꾸고자 하였다. 2006년 초 집권한 모랄레스 대통령은 코카 잎 재배 양성화 정책을 도입하고, 안데스 지역의 '코카 잎 씹는 전통'을 국제사회에서 인정 받으려는 소위 "코카 잎 외교"를 전개하였다. 모랄레스 대통령 집권 후 볼리비아에서는 코카 잎 재배와 코카인 생산량 및 유통량이 급증했다. 이러한 볼리비아 정부의 노력에도 불구하고, 2007년 유엔은 코카 잎 씹는 행위를 금지하도록 권고했다. 그러나 2011년 7월, 모랄레스 대통령은 이 전통을 지키겠다며 유엔의 「마약방지협약」(마약 및 향정신성물질의 불법거래방지에 관한 국제연합협약) 이행 거부를 공식 선언했다. 모랄레스 대통령은 2011년 유엔 마약회의에 참가하여 코카 잎 씹는 행위의 정당성을 주장하였다. 그

는 "코카 잎은 절대 코카인이 아니다"라면서, 코카 잎은 전통 종교의
식에, 그리고 약재로 사용되는 풀로 안데스 지역 전통 식품의 원료
가 된다는 사실을 강조하였다(연합뉴스, 2013.3.12.).

　남미의 신성한 풀이었던 코카 잎에 대한 과학적 연구가 시작된
것은 1800년대이다. 1855~1860년경 독일에서 페루산 코카 잎에서
코카인 알카로이드 성분을 추출해 내는 기술을 개발하였다. 이후
1884~1905년 미국과 페루에서 코카인을 현대 의약품 원료로 개발
하기 시작하였다. 미국에서는 코카를 넣은 음료인 코카콜라가 개발
되었고, 페루에서는 코카 추출 산업과 코카 수출업이 발달하였다.
그러나 20세기 들어 코카인의 지위는 급격한 변화를 맞이하였다.
1905년 이후 미국에서 코카인 중독자들이 등장하기 시작하면서 코
카인의 합법적 지위는 상실되기 시작하였고, 1920년 급기야 미국 내
코카인 사용이 금지되었다. 그러나 20세기 초반까지도 네덜란드는
당시 식민지였던 자바섬(현재 인도네시아령)에서, 일본은 포르모사섬
(현재의 대만)에서 코카인을 재배하였다. 페루에서는 1940년대까지
코카인 사용이 합법이었고, 우아야가강 우아누코 계곡에서 코카인
산업이 지속되었다.

　1947~1950년 페루에 친미 군사독재정권이 들어서며 코카인을 불
법화하였으나, 1950년대부터 1970년대 초까지 볼리비아 · 쿠바 · 칠
레를 중심으로 코카인 유통이 암암리에 이루어졌다. 그러나 1961년
유엔은 안데스 지역에서 재배되는 코카 잎을 향정신성 식물 목록에
포함시키고 안데스산맥에서의 코카 재배를 금하였다(Gootenberg, 2008).

한편 1960년대 이후 남아메리카의 코카인 재배와 유통은 국제사회의 여러 사건과 상황에 영향을 받기 시작하였다. 특히 당시 미국과 소련이 조성한 냉전체제는 코카인 재배에까지 영향을 미쳤다. 1960년경, 당시 라틴아메리카의 상황은 미국으로 하여금 이 지역 농민들을 아마존 정글에 묶어 두어야 한다고 생각하게 만들었다. 당시 라틴아메리카에서는 촌락의 농민들이 도시로, 도시로 쏟아져 들어오고 있었다. 라틴아메리카의 도시화는 수입대체산업화 시기인 1940~1970년대에 본격적으로 진행되었다. 산업화를 위한 자본이 일부 거점 도시로 집중되었기 때문에, 개발 과정에서 소외된 촌락민들, 특히 가난한 농민들은 도시로 향하였다. 따라서 당시 대부분의 라틴아메리카 도시에 불량주택 지구들이 대규모로 조성되고 그 범위가 빠르게 확장되었다. 냉전이 한창이던 당시, 미국과 라틴아메리카 국가의 정부들은 이 도시 빈곤층을 잠재적 폭동 세력으로 인식하였고, 이들에 대한 엘리트들의 인식은 이데올로기적인 것으로 진화하였다. 즉, 도시빈민들을 잠재적 공산주의자로 인식한 것이다.

여기에 1959년 쿠바에서 카스트로 혁명이 발발하였다. 쿠바혁명을 주도한 체 게바라Che Guevara가 볼리비아의 산타크루즈 농민봉기를 돕기 위해 합류한 사실은 미국과 라틴아메리카 엘리트들을 더 조급하게 만들었다. 엘리트 계층은 혁명의 잠재적 가능성을 근본적으로 봉쇄하고자 농민들을 계속해서 농촌의 토지에 묶어 두려 하였다. 라틴아메리카 농민들은 대토지 소유주들의 토지를 배분하는 토지개혁을 요구하고 있었다. 그러나 라틴아메리카 정치엘리트의 상당수가 대토지에 기반을 두고 있었기 때문에 농민들이 요구하던 토지개혁은 실행될 수 없었다. 이에 당시 국제기구와 미국, 라틴아메리카 엘리트들은 농민들을 아마존으로 보내어 정글 지역을 개척하게 하는 방법을 택했다.

케네디 대통령 시절, 미국이 중남미 여러 나라와 결성한 '진보를 위한 동맹Alliance for Progress'은 콜롬비아·볼리비아·페루 등의 농민들에게 아마존 정글로 들어가 농업개발을 하라고 독려했다. 농민들은 농지와 농사에 필요한 창고 및 각종 서비스를 제공해 주겠다는 정부의 약속을 믿고 아마존 열대우림지역으로 이주하였다. 실제로 1960년대에 발표된 열대우림지역 개발계획들에 의하면, 새로운 정착지에는 도로와 학교를 비롯한 사회기반시설이 건설되고 정착민들에게는 주택을 비롯한 편의시설과 정착금이 지원될 예정이었다. 당시 페루의 우아야가 계곡과 볼리비아의 차파레 지역이 정부와 미국의 원조 프로그램이 주도하는 농업개발 중심지로 지정되었다. 초기에는 정부의 약속이 지켜지는 듯했다. 당시 페루에서는 우아야가 강이 시작되는 지역인 우아나코 지역이 수도인 리마를 제외하고는 가장 발전하는 지역으로 손꼽힐 정도였다(Gootenberg and Dávalos, 2018, 2).

그러나 아마존 개발 프로젝트는 실패하였다. 우선, 아마존은 예상보다 농업 생산성이 낮았다. 울창한 열대우림이 조성되어 있지만 그 토양은 오랜 기간 산화된 척박한 토양이었던 탓이다.[1] 게다가

---

[1] 당시까지 사람들은 울창한 삼림으로 뒤덮인 아마존의 토양이 매우 비옥할 것이라고 생각하였

1970년대 말 라틴아메리카 경제가 악화되고 1982년 멕시코의 모라토리엄 선언 이후 라틴아메리카 경제가 큰 추락과 변화를 겪으면서 상황은 더 나빠졌다. 정부는 아마존으로 보낸 농민들을 신경 쓸 여력이 없었다. 게다가 라틴아메리카 대부분의 국가들이 신자유주의 경제체제로 돌아서면서 정부의 역할과 영향력도 축소되었다. 수만 명의 빈곤한 농민들이, 정부가 약속한 재정적 지원도, 학교도, 행정 및 사법 서비스도, 사회기반시설도, 일자리도 받지 못한 채 정글에 남겨졌다.

농민들은 기대했던 것처럼 상품성 있는 농산물을 생산하지도, 안정된 삶을 살지도 못했다. 그들은 모두 해당 지역 출신이 아닌 아마존 개발을 위해 이주해 온 농민들이었다. 정부가 약속한 지원이 이행되기를 기다리는 긴 세월 동안에도 농부들은 먹고살아야 했다. 농부들은 커피와 재배 고도가 비슷하지만 커피보다 더 높은 가격에 팔리는 작물인 코카인을 재배하기 시작하였다. 이 지역에는 코카인 제조 및 유통과 관계된 조직들이 1950년대 초반부터 있었기 때문에 농민들은 이들을 통해 생산된 코카를 손쉽게 판매할 수 있었다 (Gootenberg and Dávalos, 2018, 1-3). 코카인은 농부들에게 커피보다 더 수익성

다. 그러나 이는 잘못된 생각이었다. 오랜 기간 동안 고온다습한 환경에 노출된 토양은 빠르게 산화하여 양분이 적고 척박한 라테라이트성 토양이 된다. 아마존의 토양은 대부분 라테라이트성 토양이다. 고온다습한 환경으로 인해 식생들이 빠르게 성장하고 빠르게 부식하면서 표면에만 비옥한 양분이 계속해서 쌓여 식생이 유지된다. 아마존에서 농사를 지으려면 비료를 많이 투입해야 하며, 이 점이 아마존 개발의 주요한 장애 요인이 되었다.

좋은 환금작물이었다.

한편, 1973년 칠레에서 피노체트 정권이 쿠데타로 집권하면서 자국 내 코카인 유통을 강력하게 단속하였다. 이에 코카인 유통이 콜롬비아로 확대되었다. 콜롬비아 마약 카르텔이 유통을 주도하면서, 1970년대 초반 코카인은 비싸고 사치스럽고 '가벼운' 마약으로 미국 시장에 재등장하였다. 아이러니하게도, 라틴아메리카 개발을 위해 국제사회가 원조하여 건설한 도로가 마약 확산에 일조하였다. 베네수엘라에서 볼리비아의 산타크루즈에 이르는 아마존 서부 지역을 가로지르는 도로인 카레테라 마르히날 데 라 셀바Carretera Marginal de la Selva는 1960년대 미주개발은행IDB과 세계은행, 미국의 해외원조 기금 등이 추진하여 건설되었다. 페루의 우아야가 계곡, 볼리비아의 차파레 지역, 콜롬비아의 메타 지역을 연결하는 이 도로를 따라 코카인이 신속하게 이동했다. 즉, 그 유명한 콜롬비아 마약조직인 메데진 카르텔과 칼리 카르텔이 주도하는 마약산업 시대가 열리게 된 데에는 지역발전을 위해 건설한 이 고속도로가 중요한 역할을 한 것이다.

이후 콜롬비아에서도 국내 마약산업이 발달하고 국내 폭력 상황이 심화되면서 남동부 지역을 중심으로 마약 재배면적이 급속히 증가하였다(Gootenberg, 2008). 오늘날, 중부 페루의 동쪽에 위치한 우아야가 계곡과 볼리비아 저지대에 위치한 차파레 지역, 콜롬비아 남동부의 메타 지역 등은 라틴아메리카에서 생산되는 코카인의 99퍼센트를 생산하는 코카인 산지다.

라틴아메리카를 이해하는 사회적 코드로서 코카인이 중요한 이유는, 냉전시대 라틴아메리카의 개발 전략의 실패로 안데스산맥의 농부들이 생존을 위해 코카인을 재배하게 되었기 때문이다. 즉, 안데스산맥 지역의 코카인 재배는 의도하지 않았던 사회적 결과물이다(Gootenberg, 2018, 1). 냉전시대 엘리트들은 라틴아메리카의 농촌지역이 발전해야 사회 전체가 안정될 것이라 믿었다. 발전한 지역은 공산주의 혁명으로부터 안전하다고 여겼다. 그러나 발전의 핵이 되어 주변 농촌지역에까지 영향을 미칠 것이라 생각한 지역에는 토지도 없고 빈곤한 농민들만 남았다. 도시화와 이촌향도離村向都 현상이라는 일반적인 현상의 본질을 이해하지 못하고 지역 상황도 고려하지 못한, 미국과 라틴아메리카 해당 정부가 주도한 하향식 경제개발정책은 결국 실패하였다.

게다가 농민들은 세계 체제의 주변부에 속하는 라틴아메리카 국가 내에서도 더 빈곤하고, 더 소외된 계층이었다. 그들이 사는 지역은 허약한 정부의 영향력이나마 거의 미치지 않는 지역으로, 농민들은 오랜 기간 빈곤에 시달렸고 정부가 제공한 사회기반시설은 허술하기 짝이 없었다. 농민들은 무법 지대나 다름없는 국경 지역에서 무장 세력과 마주해야 했다. 특히 콜롬비아에서는 콜롬비아무장혁명군FARC: Fuerzas Armadas Revolucionarias de Colombia과 M-16을 비롯한 다수의 무장 세력들이 안데스산맥과 아마존 지역에 수십 년간 은둔하며 정부와 대치하였다. 그들은 무기 구입과 군사력 유지 자금을 마련하고자 주민들에게 코카인을 재배시키고 이를 사들여 판매하였다.[2] 오랜 기간 FARC를 비롯한 반정부 무장 세력이 산악 지역에 자리잡고 있고, 세계 최대의 코카인 제조 및 판매상들이 활약한 콜롬비아 산악 지역에서 코카인 재배면적이 급속히 확대된 것은 너무나 당연한 일이었다. 심지어 코카인을 재배하는 마을들에서는 현금과 코카인이 함께 유통되어 지역 경제가 코카인과 불가분의 관계가 되었다(내셔널지오그래픽, 2004.7.).

경제적인 측면에서 봐도, 마약은 재배자들에게 수익성이 매우 높은 작물이다. 생산자가 제한되어 있고, 유통 가격이 여타 작물에 비해 높고, 세계 시장가격의 영향을 덜 받는다. 따라서 행정력이 잘 미치지 않는 지역의 농부들에게 마리화나나 코카인과 같은 마약 작물의 재배는 매력적인 대안 중 하나다. 게다가 커피와 코카인 모두 해발고도 1천~2천 미터에서 재배되기 때문에 남아메리카에서 코카인은 커피의 훌륭한 대체작물이다. 실제로 콜롬비아에서는 국제 커피가격이 낮아지면 코카인 재배면적이 증가한다. 커피 가격이 낮아서 줄어든 수입을 메꾸고자 코카인을 재배하는 것이다. 그래서 미봉책이기는 해도, 미국은 콜롬비아 농부들이 커피 대신에 코카인을 재배하지 않도록 콜롬비아산 커피를 다량으로 구입하고 있다.

---

2   이러한 행태는 탈레반이 지배하는 아프가니스탄의 양귀비 재배와 비슷하다.

미국의 개입이 오히려

유엔마약범죄사무국UNODC: United Nations Office on Drugs and Crime에
의하면, 2010~2020년 마약 사용자는 2억 7,500만 명에 달하였다
(UNODC, 2021, 3). 2019년 현재 전 세계적으로 마약 사용으로 인한 직접적
사망은 50만 건 이상이며, 마약중독으로 정상적인 생활을 영유하지
못하는 인구는 1,800만 명에 이르는 것으로 추정된다. 마약 투약 과
정에서 HIV나 C형간염이 전파되기도 하고, 마약 사용자들은 범죄
연관성도 높은 것으로 알려져 있다.

이 수치들은 국제기구를 비롯한 국제사회가 마약 문제를 소비자
건강 측면에서 바라보고 있음을 의미한다. 마약산업에서 소비지와
생산지는 국제적으로 분리되어 있다. 마약의 주요 소비 지역은 부
유한 유럽 및 북미 지역이고, 생산지는 남아메리카·남부아시아·
동남아시아·아프리카 북부 지역 등 개발도상국 비중이 높은 지역
들이다. 마약 소비자 및 해당 사회의 피해는 매우 뚜렷하기 때문에,
국제적으로 마약 문제는 소비 지역 및 소비자의 입장에 초점이 맞춰
져 있다.

분명 마약은 사회적 불안정성을 높인다. 소비지에서 마약은 범죄
자를 양산한다. 선진국들은 이에 적극 대처한다. 한편, 마약의 최대
소비국인 미국의 경우, 2022년 현재 마리화나 단순 소지로 기소된
사람이 6,500명에 이르지만 바이든 대통령은 이들을 사면하였다.
바이든 대통령은 마리화나와 관련하여 백인과 흑인, 중남미계가 비

슷한 비율로 마리화나를 사용하고 있지만, 흑인과 중남미계가 불균형적인 비율로 더 많이 체포되고 기소되며 유죄판결을 받는다며 인종차별과 연관지어 지적하기도 하였다. 미국 마약단속국은 여전히 마리화나를 "의료 용도가 없고, 남용 가능성이 높은 1급 약물"로 규정하고 있지만, 바이든 대통령은 이러한 규정에 문제가 있다면서 각 주 주지사들이 마리화나 소지 사범들을 사면할 것을 촉구하였다. 심지어 마리화나 소지와 관련된 범죄 기록이 고용과 주거, 교육의 기회에서 불필요한 장벽을 형성하게 한다고 했다(Voice of America Korea, 2022.10.7.).

마약 생산지는 사회적으로 불안정한 곳이 대부분이다. 마약 작물 재배는 대부분의 나라에서 불법이기 때문이다. 따라서 세계의 주요 마약 작물 재배 지역들, 예를 들어 아프가니스탄 국경 지역이나 미얀마 산악 지역과 같은 곳은 산세가 험하고 반군들이 주둔하고 있어 행정력이 제대로 미치지 못하는 특징이 있다. 아프가니스탄 집권 세력 중 하나인 탈레반은 자신들이 집권했을 때에는 양귀비 재배를 금지하지만, 자신들이 집권하지 않았을 때에는 농민들에게 양귀비 재배를 권하였다. 탈레반은 양귀비 생산액의 10퍼센트를 세금으로 거둬들이고 거래에도 직접 참여함으로써 세력 유지 자금을 마련했다. 탈레반의 개입으로 아프가니스탄은 세계 양귀비 재배량의 80퍼센트를 담당하며, 유럽에서 소비되는 헤로인의 95퍼센트를 생산하고 있다. 탈레반이 반군의 위치에 있던 2018년, 양귀비 및 아편 생산은 아프가니스탄 GDP의 11퍼센트를 차지하는 주요 산업이었다(BBC News Korea, 2021.8.26).

여기서 주목할 점은, 아시아 서남부 아프가니스탄에서 양귀비·아편·헤로인의 재배와 생산이 탈레반 세력의 유지 및 통치 자금을 위해 이루어졌지만, 그로 인한 사회적 위험성은 크게 증가하지 않았다는 점이다. 물론 양귀비 재배로 탈레반이 지속적으로 세력을 유지하고, 결국 집권 세력이 되었지만 말이다. 이는 양귀비 재배와 유통에서 탈레반 세력이 강력한 통제권을 갖고 있었고, 외부 세력의 개입이 비교적 적었기 때문이라고 볼 수 있다.

이와 대조적으로, 현재 라틴아메리카 전역에 걸쳐 나타나는 폭력 상황의 근본적인 원인은 마약, 특히 코카인의 생산 및 유통이다. 두 지역 상황의 가장 큰 차이점은 아프가니스탄 헤로인 수출 지역인 유럽은 아프가니스탄과 마약과의 전쟁을 벌이지 않았으나, 미국은 콜롬비아 및 멕시코를 상대로 마약과의 전쟁을 벌였다는 점일 것이다. 아프가니스탄에는 탈레반이라는 강력한 세력이 마약의 생산과 유통을 통제할 수 있었다면, 라틴아메리카 지역에서는 그러한 세력이 없었다는 점도 차이점이다.

결국, 폭력 상황의 시작점은 콜롬비아였을 것이다. 비교적 소소했던 멕시코의 마리화나 카르텔과 달리, 파블로 에스코바르로 대표되는 콜롬비아의 마약 카르텔들은 공격적인 물량 공세를 펴며 미국 시장을 넓혀 갔다. 미국의 마약 시장에 코카인을 소개하여 새로운 시장을 창출한 콜롬비아 마약 카르텔들은 미국 내 라티노 사회를 통해 코카인을 유통시키고, 페이퍼컴퍼니를 내세워 거래를 합법화하면서 불법과 합법, 비공식과 공식의 경계를 넘나들었다. 또한 에스코바르는 각종 자선사업을 하고, 도시 빈곤층을 위해 주택을 지어주었으며, 축구클럽까지 창설하였다. 그는 대중의 지지를 얻어 국회의원에까지 당선되었으며, 1970년대 말 포브스가 선정한 세계 10대 부자에 선정되기도 하였다. 그는 19세기부터 지속된 콜롬비아의 폭력적인 정치 상황을 이용하여 코카인 유통에 방해가 되는 경찰과 군인, 언론인과 고위직 관리들의 살해를 사주하였으며, 법무부 청사를 폭파하기까지 하였다(Bowley, 2013). 행정부를 압도하는 콜롬비아 마약 카르텔의 전횡에 대해 콜롬비아 정부는 무력했으며, 결국 미국이 콜롬비아 내정에 간섭할 빌미를 주었다.

그러나 이는 에스코바르만의 잘못은 아니었다. 당시에도 미-멕 국경을 통한 마리화나의 유입은 오랜 기간 이어져 왔고, 멕시코의 마리화나 수출은 미국 입장에서 필요 시 멕시코를 압박할 좋은 구실 중 하나였다. 비교적 너그럽던 미국의 입장이 바뀐 것은 냉전의 후퇴라는 국제 정세의 변화 때문이다. 1980년대 미국을 중심으로 하는 제1진영과 소련을 중심으로 하는 제2진영 간의 긴장감이 느슨해지기 시작했다. 자본주의의 효율성이 결국 제1진영의 경제적 우위로 나타나고, 소련의 영향력이 약화되면서 탈냉전 기류가 조성되었다. 미국 정부에게는 공산주의를 대신하여 국가안보를 위협할 새로운 존재가 필요하였다(이성형, 2005, 159-160).

미국 정부는 1982년부터 미국으로 유입되는 마약의 공급원을 차단함으로써 국내 마약 소비를 줄이고자 하였다. 즉, 주요 마약 생산 지역에 군사력을 동원함으로써 마약의 생산과 이동에서 미국이 주도권을 갖고, 이를 통해 마약 카르텔과 마약산업을 퇴치하려 하였다. 이를 위해 마약을 국가안보를 위협하는 대상으로 재정의하였고, '마약과의 전쟁war on drugs'이라는 용어가 1986년 4월 미국의 〈국가안보결정문 221호〉에 처음 사용되었다. 이로써 미국은 자국의 안전을 위협하는 마약과의 전쟁을 위해 라틴아메리카의 주요 마약 생산국, 특히 코카인 생산국인 볼리비아 · 페루 · 콜롬비아 등에 자의적으로 무력을 파견 · 행사할 수 있게 되었다. 미군은 1986년 볼리비아의 마약퇴치 작전에 투입되었으며, 콜롬비아의 마약 카르텔을 소탕하는 대대적인 군사작전을 실시하였다.[3] 소련의 붕괴로 공산진영이 무너진 후 미국 정부는 마약 퇴치를 통한 안보의 확립을 더욱 공고히 하였다. 친미적 행보를 보이던 파나마의 독재자 노리에가가 반미 성향을 드러내며 파나마 운하의 운영권을 둘러싸고 민족주의적 행보를 보이자, 미국의 부시 행정부는 노리에가가 콜롬비아 마약 카르텔의 코카인 거래에 개입했다는 명분을 내세워 1989년 파나마를 침공하기도 했다(한겨레신문, 2017. 5. 30.).

마약과의 전쟁은 미군의 직접적인 침공이나 작전 형태로도 이루어지지만, 관련 군사작전에 대한 미국의 재정적 지원 형식으로도 이루어졌다. 1989년 부시 행정부는 콜롬비아에 6,500만 달러의 무기를 지원하고, 페루 · 볼리비아 · 콜롬비아에는 2억 6,100만 달

---

[3] 1980년대 콜롬비아 마약 카르텔 소탕을 명목으로 시작된 미군의 군사작전은 최근까지도 간헐적으로 이어지고 있다.

러 규모로 군부 및 경찰을 지원하였다. 클린턴 행정부에서는 콜롬비아 개발을 위한 군사 및 외교 원조 상호협정 「플랜 콜롬비아Plan Colombia」(2000~2001, 13억 달러)를 지원하였으나, 원조액의 75퍼센트 정도가 군사작전과 관련된 예산에 배정되어 콜롬비아 남부에서 마약 생산을 저지하는 목적으로 사용되었다(이성형, 2005, 161-164).

　1990년대 들어 테러가 국제사회의 주요 문제로 떠오르기 시작하자, 미국 정부는 마약에 대해 "전쟁"이라는 용어 대신 "게릴라"나 "테러"와 같은 용어를 사용하기 시작하였다. 미국 정부는 라틴아메리카의 반군 조직에 '마약 게릴라narcoguerilla'라는 용어를 사용하였다. 특히 콜롬비아혁명군FARC이 코카 재배 농민들과 관계가 있다는 점을 들어 "게릴라"라는 표현을 사용하였다. 심지어 이들은 콜롬비아의 주요 마약 카르텔인 메데진 카르텔, 칼리 카르텔과 더불어 콜롬비아의 3대 마약 카르텔이라 불리기까지 하였다(이성형, 2005, 162). 그러나 2000년대 들어 9·11 테러가 발생하면서 마약과의 전쟁도 변화하였다. 마약과의 전쟁은 게릴라를 거쳐 이제 "마약 테러리즘narcoterrorism"이라는 용어로 대체되었다. 불과 몇 년 전까지 게릴라로 취급되었던 콜롬비아혁명군은 이제 아메리카 대륙에서 가장 위험한 '국제 테러 집단'으로 지목되었다. 콜롬비아에 존재하던 여러 반군 세력을 가리키는 용어도 "게릴라"에서 "테러리스트"로 변하였다(이은아 역, 2010).

　콜롬비아의 마약 카르텔을 겨냥한 전쟁을 통해 미국은 남아메리카산 코카인이 유입되는 밀매 루트에 대한 규제를 강화하였다. 그러나 이는 중앙아메리카를 경유하여 멕시코를 거쳐 미-멕 국경으로 유입되는 다른 루트가 강화되는 결과를 낳았다. 즉, 중앙아메리카를 거치던 마약 루트가 온두라스나 니카라과 해안과 내륙 교통을 통해 멕시코로 마약을 들여온 후, 이를 다시 미-멕 국경을 통해 미국으로 들여보내는 루트로 바뀐 것이다. 앞서 이야기한 것처럼 멕시코의 마약산업은 기존의 마리화나 생산 및 판매 중심에서 코카인 유통 중심으로 전환되었다(김유경, 2016, 266). 마약 카르텔에게 정치적 후원을 덜 받았던 국민행동당의 폭스 대통령과 칼데론 정부 시기에는 마약 카르텔로 인한 폭력이 증가하였다. 특히 칼데론 정부는 마약 카르텔의 폭력에 대한 군사적 통제를 극적으로 강화·확대하였다. 이에 미국은 인권침해를 막고 마약으로 인한 부패를 제거한다는 명분하에 칼데론 정부의 마약 카르텔 소탕을 적극 지원하였다.

더 나아가, 미국은 「메리다 이니셔티브Mérida Initiative」를 발의하여 멕시코의 마약 전쟁을 도왔다. 이 안보협력협정은 NAFTA의 안정적인 실행을 위해 회원국들 간에 체결한 〈북미안보번영동맹SPP: Security and Prosperity Partnership of North America〉이라는 지역방위 프로그램에서 유래하였다. 북미안보번영동맹은 경제 안보를 위해 미국-캐나다 국경의 군사화를 강화하고, 테러 위협을 포함한 여타 위협에 공동으로 대응하자는 합의였다. 즉, 세 국가의 안보와 번영을 해치는 군사적·물리적 위협에 공동으로 대응하는 것이었다. 그러다 2009년 북미안보번영동맹이 폐기되고, 그 대신 메리다 이니셔티브가 이를 대체하게 되었다. 메리다 이니셔티브는 기존의 안보와 번영을 위한 파트너십보다 조직범죄, 특히 멕시코의 마약 카르텔과의 전쟁에 중

점을 두는 방향으로 대폭 수정되었다(Watt, 2011, 2: 김유경, 2016, 270에서 재인용).

　미국은 3년간 14억 달러를 멕시코와 중미 지역의 마약 단속 프로그램에 지원하기로 하였으며, 이는 대부분 멕시코 군부 및 마약 단속 기관의 무기와 장비 구입, 훈련 및 제도 개선 프로그램에 사용되었다(김유경, 2016, 270-271). 즉, 콜롬비아의 마약과의 전쟁 및 복구 사업을 위해 실시된 「플랜 콜롬비아」가 마약 생산 근절에 초점을 맞춘 데에 비해, 「메리다 이니셔티브」는 마약 조직 소탕에 중점을 두었다. 그러나 미국의 개입은 오히려 마약 카르텔과 정부군 간의 잦은 무력 충돌을 낳았고, 하나의 카르텔이 소탕되면 다른 카르텔이 그 지역을 차지하고자 또다시 무력 충돌을 하는 악순환으로 이어졌다. 미국이 멕시코의 마약 카르텔 소탕에 개입한 멕시코의 「메리다 이니셔티브」는 결국 이 지역에서 일어나는 폭력의 빈도와 강도만 높였다.

미국이 만들어 낸 괴물, 바하도스

미국은 현재의 미-멕 국경 상황에 또 다른 측면에서 원인을 제공하였다. 소위 '바하도스bajados'라 불리는 중앙아메리카 범죄 조직의 탄생과 성장에는 미국의 정책이 끼친 영향이 크다. 바하도스란 "미국에서 쫓겨 내려온 자들"이라는 의미로, 미국이 「불법이민자추방법 IIRAIRA: Illegal Immigration Reform and Immigrant Responsibility」을 통해 본국으로 강제송환한 사람들을 뜻한다. 바하도스를 이해하기 위해서는

'바나나 공화국'으로까지 거슬러 올라가야 한다.

중앙아메리카 지역은 소위 "바나나 공화국"이라 불리는 지역이다. 바나나 공화국이란 커피 · 바나나 등 한두 가지 농산물이 국가 수출의 대부분을 차지하며, 정치적으로는 독재정치를 비롯한 불안정한 상황이 연속되거나 반복되며, 경제적으로는 빈곤한 중앙아메리카 국가들 및 에콰도르를 일컫는 말이다. 과테말라, 온두라스, 엘살바도르, 니카라과, 에콰도르 등이 속하는 이 지역은 19세기 후반 미국의 키스Keith 형제가 철도 공사를 하고 그 대금으로 국토의 약 7퍼센트에 해당하는 토지를 받았다는 공통점이 있다. 이후 이 지역에서는 바나나가 대규모로 생산되어 미국으로 수출되었으며, 그 사업은 미국의 농기업이 전담하였다. 키스 및 미국계 농기업들의 횡포로 이 지역은 미국의 정치적 · 군사적 개입을 반복적으로 받았고, 독재정권의 집권이나 국내 치안 불안정, 내전 상황이 반복되었다.

냉전시대에 과테말라의 아르벤스 대통령은 미국 농기업 유나이티드 프루트 컴퍼니United Fruits가 사용하지 않는 토지를 구입하여 농민들에게 분배하였다. 이에 미국 정부는 거짓 뉴스와 여론 조작으로 아르벤스 대통령을 몰아내고 독재자 아르마스의 쿠데타를 도왔다. 이로 인해 과테말라는 1960년부터 1996년까지 내전을 겪었다. 나머지 국가들도 미국의 개입이 직간접적인 원인이 되어 1970~1980년대에 정치적 불안정과 내전을 겪었다. 따라서 바나나 공화국들은 정치적으로는 불안정하고 경제적으로는 낙후되었으며, 국가의 행정 장악력은 매우 낮았다.

이에 미국 정부는 1980~1990년대 내전을 이유로 과테말라, 엘살바도르, 니카라과, 온두라스 출신 이주민에게 임시보호비자TPS를 발급하고「니카라과 조정 및 중앙아메리카 구호법NACARA: Nicaraguan Adjustment and Central American Relief Act」등을 제정하여 이주민 수용정책을 실시하였다. 당시 내전 상태였던 과테말라와 엘살바도르, 니카라과, 온두라스 등 중앙아메리카 국가들에서 미국으로의 이주가 급증하였고, 미국 내에 국가별 커뮤니티가 발달하였다. 새로이 이주한 이들은 기존 이주민 세력, 특히 멕시코계의 텃세를 경험해야 했고, 이들로부터 자국민을 보호하고자 민족별로 갱단이 발달하였다. M13(Mara Salvatrucha 13)은 1980년대 로스앤젤레스를 중심으로 구성된 폭력 집단이다. 엘살바도르 내전(1980~1992) 동안 미국으로 이주한 엘살바도르인들이 당시 이미 거점을 확보하고 있던 멕시코계 미국인과 흑인들로 이루어진 갱 집단들에 대적하고자 만든 자경 폭력 집단이다. Mara는 갱, Salva는 El Salvador, Trucha는 교활함이나 영민함을 의미하며, 13은 M의 알파벳상 순서이다. B18(Barrio 18)은 온두라스에서 이주한 젊은이들이 중심이 되어 로스앤젤레스에서 결성한 폭력 조직이다(림수진, 2017, 56).

미국 정부는 1994년부터 자국 내 이주민 중 범죄자를 추방하는「불법이민자추방법」에 따라 엘살바도르 · 온두라스 · 과테말라 커뮤니티의 갱단들을 본국으로 돌려보냈다(Marcy, 2014, 18). 미국 내에 형성된 M13과 B18 등의 폭력 조직 가담자들이 본국으로 송환되었다. 2000년대 초까지 중앙아메리카로 추방된 범죄자들의 규모는 12만 9

천 명에 달하였다. 2012년 한 해에만 온두라스와 과테말라 출신 범죄자 1만 4천 명, 엘살바도르 출신 범죄자 9천 명이 본국으로 송환되었다(Runde, et.al, 2016, 7). 바하도스들은 이후 중앙아메리카 지역에서 범죄 조직이 급성장하는 주요 원인이 되었다. 중앙아메리카 지역으로 돌아온 두 그룹은 고국인 온두라스와 엘살바도르뿐 아니라 과테말라와 멕시코, 그리고 미국 전역에 연결망을 갖춘 강력한 집단으로 성장하였다(림수진, 2017, 56).

한편, 1990년대 중앙아메리카 지역에서 내전이 전반적으로 종식되자, 콜롬비아 마약 카르텔들은 멕시코의 마약 카르텔과 협조하여 중앙아메리카의 태평양 연안에서 멕시코로, 다시 미-멕 국경으로 이어지는 새로운 마약 수송 루트를 구축하였다(Marcy, 2014, 4). 멕시코 마약 카르텔은 마약 수송 루트를 구성하고자 이 지역의 대표적인 갱단 조직인 MS13 및 B18과 손을 잡았다. 이를 계기로 엘살바도르와 온두라스, 니카라과 등의 갱단들은 기존의 폭력 집단에서 마약 조직으로 진화하였다. 라틴아메리카와 카리브해 지역의 조직범죄를 전문으로 하는 비영리 저널리즘 및 수사기관인 '인사이트 크라임Insight Crime'에 의하면, MS13은 조직원 규모가 10만 명이 넘으며, 아메리카 대륙 전체에서 가장 잔인한 폭력 집단으로 손꼽힌다. 이들은 마약 거래뿐 아니라 상인들에게 자릿세를 걸고, 납치를 산업화하는 등 치안 불안정의 주요 원인이 되고 있다.[4]

---

4 2018년 인구 10만 명당 국가별 살해율은 멕시코 29, 과테말라 23, 온두라스 39, 엘살바도르

오바마 시절, 미국 정부는 중앙아메리카의 북부삼각지대에서 유입되는 이주민 집단인 카라반들을 난민 지위로 대우하였다. 이는 미국 정부가 과테말라·온두라스·엘살바도르 지역을 정상적인 국가체제가 유지되지 않는 곳으로 인식했음을 의미한다. 이에 중앙아메리카 출신, 특히 북부삼각지대 이주민들은 자국 내 폭력과 혼란 상황을 들어 미-멕 국경에서 망명 신청을 하였다. 망명을 신청한 이주민들은 "체포 후 석방catch and release" 정책에 따라 일단 미국으로 입국하고 이후 심사를 받게 되었다.

카라반 중 상당수는 미-멕 국경을 넘으면서 난민 신청을 하는데, 망명 신청이 받아들여지면 난민 인정 재판을 받을 때까지 미국 내에 거주하게 된다. 그사이에 취업을 하고 교육과 의료혜택을 받을 수 있어서, 실질적으로 미국의 이주노동자 계층에 유입된다. 이는 적절한 입국 서류를 받을 수 없는 빈곤한 국가 주민들이 미국에 입국할 수 있는 주요 방법이다. 일찍이 미국 정부가 난민 지위를 인정해 준 북부삼각지대 국가 주민들이 미국 이주에 적극적이었던 이유이기도 하다. 난민 신청을 바라고 미국 국경을 향해 먼 거리를 걸어서 이동하는 카라반에 대해서는 다음 장에서 이야기해 보자.

52, 니카라과 80이다. 같은 시기 미국은 5, 한국은 1이었다(Worldbank International Homicides).

마약산업의 최대 피해자들

브라질의 도시들, 특히 불량주택지구의 규모가 가장 큰 리우데자네이루는 마약상들이 평범한 라틴아메리카 사람들의 일상을 어떻게 파괴하는지를 잘 보여 준다. 정도의 차이는 있지만, 마약상들이 활보하는 라틴아메리카 도시들에서는 유사한 패턴의 사회적 부작용이 나타나고 있다. 국제사회에 이 문제를 화두로 던진 것은 2002년 베니스영화제 개막작으로 초대된 영화 〈시티 오브 갓CIDADE DE DEUS〉였다. 이 영화는 실존인물이었던 마약상 리틀체Little Che가 호싱냐라는 파벨라 지구에서 성장하는 과정을 화자인 주인공이 관찰하는 이야기이다. 영화에 등장하는 아이들은 축구를 하듯 자연스레 총을 접하고, 아르바이트로 마약 조직의 심부름꾼이 된다. 당시 이 영화는 마약산업이 가난하지만 평범한 라틴아메리카 도시빈민들에게 어떠한 영향을 주는지를 잘 그려 내었고, 이후 라틴아메리카의 불량주택지구에 대한 국제사회의 관심을 이끌어 내었다.

영화의 배경이 된 호싱냐는 리우데자네이루의 600개가 넘는 파벨라 중 하나이다. 브라질의 불량주택지구를 일컫는 용어인 '파벨라'는 본래 이촌향도민들이 만든 마을이다. 우리나라의 1960~1970년대처럼, 산업화와 도시화로 농촌을 떠나 도시에 정착한 사람들은 경제적 기반도 없는 도시에서의 삶이 고되지만 자녀들의 삶은 자기보다 나으리라는 희망에 하루하루 열심히 살아간다. 19세기 말 브라질의 노예해방 과정에서 형성되기 시작한 파벨라는, 20세기 중반 도시화와 산업화 과정에서 이촌향도민들이 산등성이나 하천변 등 비어 있는 공유지나 사유지에 무단으로 주택을 지으면서 확장되었다. 즉, 대부분의 주택이 소위 '무허가'이자 '불법점유 주택'이었다. 그러나 가난하지만 근면하고 용감한 이촌향도민들은 더 나은 삶을 위해 열심히 일했고, 국가에서 제공하지 않는 서비스들을 스스로 해결하면서 마을을 가꾸어 갔다. 그런데 1980년대 중반 '뜨라피깡치trafficante' 혹은 '반지두bandido'라고 불리는 마약 거래상들이 파벨라에 들어오면서 가난하지만 평범했던 마을이 폭력으로 물들어 갔다. 불량주택지구는 예전부터 마약상들이 마약을 거래하기 좋은 장소였지만, 마약상들이 이 지역들을 거점으로 삼기 시작하면서 불량주택지구 내 폭력이 본격적으로 증가하였다.

라틴아메리카의 많은 도시가 그렇지만, 특히 빈곤한 도시민들이 거주하는 불량주택지구는 마약상들이 근거지로 삼기에 이상적인 장소이다. 도시의 언덕배기에 위치한 불량주택지구들은 좁고 구불구불한 골목들이 이어져 있다. 동네 사람에게는 숨을 데가 많지만, 동네 지리를 모르는 외부인에게는 움직이기도 어려운 지형이다. 게다가 언덕 위에 서면 동네를 오가는 사람들의 움직임을 한눈에 볼 수 있다. 무엇보다, 이곳에는 의무교육만 간신히 마치고 가난 때문에 상급학교에 진학하지 못했으나 아동보호법 때문에 일자리를 얻지 못한 청소년들이 많다. 이 아이들은 마약상들에게 매우 좋은 인력이다. 마약상들은 마치 사탕을 나눠 주듯 아이들에게 총을 나누어 준다. 아이들은 총격이 일상적으로 일어나는 거리에서 어떻게 하면 몸을 낮추고 총알을 피하는지를 익힌다. 상당수의 아이들은 촉법 연령이어서 죄를 지어도 감옥에 가지 않는다. 아이들은 간단한 심부름만 해 주면 용돈을 벌 수 있는 일에 쉽게 빠져든다. 아이들에게 총은 맘에 들지 않는 친구나 동네 형에게 언제든지 겨눌 수 있는 것이 된다.

세계가 WTO, 즉 자유무역체제로 돌입하면서 리우데자네이루항의 국제 교역량도 크게 증가하였다. 미국이나 유럽으로 향하는 마약들이 단속망을 피하고자 리우항을 거쳐 선적되기 시작하면서 리우항은 마약의 중간 경유지가 되었다. 그러면서 파벨라는 대규모로 유입된 마약을 작은 포장으로 만들어 재수출하거나 브라질 내수시장으로 공급하는 중간 유통 기지가 되었다. 마약을 운반하고 재포장하고 판매하는 일은 예전에 비해 큰 벌이는 못 되어도 빈곤한 파벨라 주민들에게 쏠쏠한 수입원이 되었다.

40여 년간 파벨라에 대해 연구한 재니스 펄먼Janice Perlman은 노작 《파벨라Favela: Four Decades of Living on the Edge in Rio de Janeiro》(2010)를 준비하면서 남편과 함께 리우데자네이루의 파벨라를 방문했다고 한다. 파벨라를 처음 방문한 그녀의 남편은 아이들이 연을 날리는 모습을 보고 낭만이 살아 있다며 감상에 젖었다고 한다. 그러나 라틴아메리카의 빈민 지구에서 아이들이 연을 날리는 것은 놀이도 낭만도 아닌, 마약이 들어 왔음을 알리는 신호라고 알려 주자 씁쓸해했다고 한다(Perlman, 2010). 펄먼의 이야기가 아니더라도 우리는 영화나 외국 드라마에서 라틴아메리카의 불량주택지구 아이들이 연을 날

려서 주민이나 마약상들에게 마약과 관련된 신호를 보내는 것을 종종 볼 수 있다.

가난한 동네에는 적은 돈에도 기꺼이 위험을 감수할 어린 소년들이 넘쳐난다. 복잡한 가로망 덕에 경찰이나 라이벌 조직이 급습해도 도망을 가기도 쉽고, 은신처를 들킬 염려도 적다. 언덕배기에 위치한 마을들이 많아 사람들이 들고 나는 걸 쉽게 감시할 수 있다. 이에 더하여 브라질 리우데자네이루가, 특히 리우데자네이루 파벨라들이 마약상의 근거지가 된 것은 브라질 사회 그리고 리우데자네이루의 특수한 상황도 영향을 미쳤다. 무엇보다도, 브라질 정부는 불량주택지구의 안전에 관심이 없다. 많은 지역이 행정구역상으로는 나대지이다. 마약상들은 자신들의 영역을 유지하기 위해 무장하였고, 그들의 총부리는 라이벌 마약상뿐 아니라 때로 경찰을 향하기도 하고 마을 사람들을 겨누기도 한다. 마약상들은 마약산업을 유지하고자 기존의 파벨라 주민자치회를 무산시키고 자신들이 그 자리를 차지하였다. 정부의 행정력과 공권력이 거의 미치지 않는 파벨라에서 마약상들은 곧 통치자였다.

마약상들은 비즈니스를 유지하고자 경쟁적으로 최신 무기들을 구매하였다. 경찰은 마약상들의 자금력과 적극성을 따라갈 수 없었고, 상당수의 파벨라에는 경찰이 존재하지 않았다. 문제가 더욱 심각하고 복잡해진 것은 경찰 부재로 인한 치안 공백을 메우겠다면서 총을 든 무장 민간인들, 즉 민병대가 파벨라 마을들에 등장하면서부터다. 일부 마을에서는 민병대가 마약상들로부터 마을 주민들을 지켜 주었다. 그러나 그들은 보호를 명목으로 통행세를 비롯한 각종 세금을 주민들에게 갈취하였다. 무장한 그들은 주민들에게 마약상과 다름없는 무자비한 세력이었다.

인구밀도가 높은 파벨라 마을에서 마약상들은 영역 다툼을 벌이고, 민병대는 무기를 들고 주민들을 갈취하고, 경찰들은 마약상을 잡는다는 명목으로 무자비하게 마을을 휩쓸고 다녔다. 다수의 파벨라에서 총격이 일상적으로 일어났다. 주민들이 거주하는 집에 마약상이나 경찰과 민병대가 총을 들고 난입하기도 하고, 창문을 통해 들어오는 유탄에 주민들이 부상을 당하거나 목숨을 잃기까지 하였다. 거리를 걷다가도 총격전이 시작되면 땅바닥에 엎드리거나 벽에 바짝 붙어 위험한 상황이 끝나기만을 기다려야 했다. 파벨라의 폭력은 용인할 수 없는 지경에 이르렀고, 주민들은 불안과 공포 속에 살아간다. 특히 이런 상황에 취약한 계층은 청년과 청소년들로, 이들은 쉽게 마약 거래에 연루되고 살인사건의 피해자가 된다. 파벨라 내의 살인율이 급등하면서 도시 전체가 공포에 휩싸였다.

주민들을 더 힘들게 하는 것은 경제적인 어려움이다. 무엇보다, 주민들의 가장 큰 재산인 부동산 가치가 하락하였다. 상당수의 파벨라가 정식 주소가 있거나 소유권이 있는 건 아니지만, 파벨라 내에 나름의 부동산시장이 형성되어 있어 매매하고 세도 준다. 마약상들이 들어와 활개 치기 전까지 파벨라의 부동산 가치는 꽤 높았다. 특히 호싱냐처럼 리우데자네이루 중심부에 위치하고 역사가 오랜 파벨라의 주택 가격은 어지간한 일반 주택지구 주택만큼이나 높았다. 그러나 이 지역에 폭력이 난무하면서 부동산 가격도 폭락하였다. 아무도 이 지역에 들어와 살고 싶어 하지 않았다. 오히려 파벨라에 거주한다는 사실 자체가 지역 주민들이 일자리를 얻는 데에 방해가 되었다. 파벨라에 산다는 것은 평범한 시민이 아니라는 증거였고, 파벨라의 높은 범죄율은 파벨라 주민들이 언제든지 범죄자가 될 수 있음을 의미했다. 주민들 대부분이 가해자가 아닌 피해자인데도 말이다. 파벨라 지역의 범죄율이 높아지고 위험지구로 낙인찍히면서 파벨라 주민들, 그중에서도 젊은 청년들은 일자리를 구하기가 더 어려워졌다(Perlman, 2010).

불과 30여 년 전까지만 해도, 대부분 공유지에 무허가로 지어진 불량주택지구 주민들이 가장 두려워한 것은 정부의 강제철거였다. 그러나 오늘날 마약상들은 주민들의 삶을 극한으로 몰아넣었다. 나아가 마약상들이 초래한 폭력 상황은 단지 불량주택지구에만 머무는 것이 아니라 도시 및 사회, 나아가 국가 전체를 위험으로 몰아넣었다.

제8장

국경 너머의 삶, 치카노

미국에 라틴계 인구가 거주하기 시작한 것은 1948년 미-멕 국경선이 설정된 시기부터다. 미국 영토로 새로 편입된 지역에 거주하던 멕시코인들은 국경선 이남 지역으로 이주하든가 아니면 미국인이 되어야 했다. 주민 대부분은 '미국이 된 멕시코'에 그대로 머물렀고, 멕시코계 미국인의 선조가 되었다. 이들이 "국경을 넘어 미국인이 된 것이 아니라 국경이 그들을 넘어 미국인이 되었다(We never crossed a border. The border crossed us)"(Nova, 1988, 52: 임상래, 2003, 203에서 재인용).

1948년 미-멕 전쟁 이후 이루어진 「과달루페 이달고 조약」에는 미국과 멕시코 간의 새로운 국경선뿐만 아니라, 미국 영토로 편입된 지역에 거주하던 멕시코인들은 미국에 남거나 언제든지 멕시코로 귀환할 자유가 있으며 재산권과 풍습 및 언어를 유지할 수있다는 내용이 명기되어 있다.[1] 그러나 1850년대 미국 서부 지역에서 골드러시가 일어나고 동부 지역에 거주하던 인구가 대거 이주하면서 멕시코인들은 곧 상대적 소수가 되었고, 조약의 내용은 공허한 약속이 되었다. 그러나 어쩔 수 없이 미국인이 되었던 멕시코인들뿐 아니라 수많은 멕시코인들이 더 나은 삶을 위해 국경 너머 미국 땅에서 일하고 정착하였다. 그들은 백인들이 꺼려하는 힘든 노동을 마다하지 않고, 미국 서부 지역을 개척하는 데 주요한 역할을 하였다. 그러나 오랜 기간 그들은 미국 사회에서 보이지 않는 존재였고, 그들의 목소리는 잘 들리지 않았다. 이 장에서는 미국 사회의 보이지 않는

---

[1] https://www.archives.gov/milestone-documents/treaty-of-guadalupe-hidalgo

존재로부터, 이제 가장 중요한 소수인종이 된 멕시코계 인구가 그들의 정체성을 지각하고 드러낸 과정을 살펴보고자 한다.

'치카노'에 담긴 다양한 의미

일반적으로 시민권을 얻은 멕시코계 미국인을 "멕시칸아메리칸 Mexicanamericans"이라고 하는데, 단지 국적만이 아니라 미국 사회에 동화된 사람이란 의미가 강하다. "치카노/치카나chicano/chicana"라는 용어도 자주 사용하는데, 마찬가지로 미국에서 태어난 멕시코계 인구를 가리키지만 경멸과 비하의 의미가 담겨 있다. 그 유래는 정확히 알 수 없지만, 치카노/치카나라는 표현은 특히 젊은 멕시코계 미국인들이 자조적인 표현이었다. 치카노라는 말의 어원에 대해서는 여러 가지 설이 있다. 우선, 치카노라는 단어가 멕시코인을 의미하는 스페인어 멕시카노Mexicano의 변형이라는 설로, 멕시코에서는 알파벳 X를 Ch로 발음하기도 하기 때문이다(김연진, 2010, 53-54). 어린이 혹은 작은 것을 의미하는 치코 혹은 치카chico/a에서 유래했다는 설도 있고, 부랑아를 뜻하는 치나코chinaco라는 단어가 변용되었다는 설도 있다(김유석, 2008, 14-15).

이렇듯 치카노는 경멸적인 의미를 내포하지만, 멕시코의 문화적 전통과 언어를 고수하는 사람이라는 의미도 함께 지니고 있다. 치카노라는 용어는 사용하는 지역이나 화자에 따라 다른 의미를 띠기도 하는데, 멕시코 국경도시 티후아나에서는 미국, 특히 로스앤젤레스 출신 혹은 미국 태생의 스페인어 구사자를 의미한다. 멕시코 태생이지만 미국으로 노동이주를 한 사람들을 가리키기도 한다(임상래, 2003, 219). 20세기 초 미국에 정착하기 시작해 어느 정도 경제력을 갖춘 제1세대 멕시코계 미국인Mexican "safe" minorities들이 1930년대 말 이래 이주한 멕시코인을 비하하려는 의도로 치카노라고 낮춰 부르기도 했다(Vargas 2011, 348: 박구병, 2015, 155에서 재인용).

그 기원에 관한 의견은 다양하지만 공통된 점은, 치카노라는 표현이 외부인 입장에서는 멕시코계 미국인을 경멸하는 의도를, 치카노 본인들에게는 자신들의 처지를 자조하는 의미를 담은 표현이었다는 것이다. 이 단어가 부정적인 의미에서 벗어나 긍정과 자부심의 표현으로 변화한 것은, 1960년대 말에 일어난 치카노 운동의 활동가들이 이 말을 운동에 적극적으로 사용하면서부터이다. 그들은 치카노라는 말을 내부 결속을 다지고 확인하는 구심점으로 활용하였다. 그들은 치카노라는 말에 고대 아즈텍문명의 후손이자 위대한 갈색 인종이라는 새로운 의미를 부여하였다(김유석, 2008, 14-15).

치카노 운동이 본격적으로 전개된 1960년대는 미국 사회뿐 아니라 세계적으로 기존에 부각되지 않던 집단들이 새롭게 정체성을 획득한 시기였다. 특히 1950년대부터 시작된 흑인운동과 1959년 일어난 쿠바혁명, 그리고 전 세계적인 68세대 운동과 베트남전은 멕시코인들의 정체성 성립에도 영향을 주었다. 이러한 사회적 변화에 힘입어 1960년대 미국의 라틴계, 특히 멕시코계 중심의 사회운동이 전개되었다. 로스앤젤레스와 캘리포니아에서는 도시의 젊은 학생들이 주도하여 학생운동을 일으켰고, 당시 농장노동자의 상당수를 차지한 멕시코계 농부들은 농장노동자 운동을 펼치기도 했다. 제3정당을 창당하여 멕시코계 미국인들의 정치적 세력을 강화하려는 운동도 있었고, 과거 멕시코령 지역을 미국에서 독립시키려는 운동도 일어났다(김연진, 2010, 54).

차별에 맞서는 또 하나의 대오, 치카노 운동

2020년, 흑인인 조지 플로이드에 대한 앵글로계 경찰의 과잉진압으로 "Black Lives Matter"(흑인의 생명도 소중하다) 운동이 전 세계에 알려졌다. 약어로 BLM이라고도 하는 흑인생명 존중운동은 흑인계 미국인에 대한 미국 공권력의 과도한 집행에 반대하는 운동으로, 2012년 17세 흑인 소년 트레이번 마틴 살해 사건으로 촉발되었다. 공교롭게도, 당시 마틴을 살해한 범인은 히스패닉계 백인 남성 조지 짐머만이었다. 인종차별과 관련하여 가장 주목받은 운동은 마틴 루터 킹 목사가 주도한 흑인민권운동으로, 1950~1960년대 흑인 인구가 주도한 인종차별 철폐운동은 다양한 인종과 국적 출신들이 공존하는 미국 사회에 지대한 영향을 미쳤다.

흑인계 미국인들의 자발적인 사회운동 외에, 1954년 「브라운 대 토피카 교육위원회 판결Brown v. Board of Education, 347 U.S. 483」은 미국 인종정책의 역사적인 전환점이자 미국 사회의 주요한 변화를 이끌어 낸 일대 사건이었다. 미국 캔자스주 토피카에 거주하던 린다 브라운의 아버지 올리버 브라운은 어린 딸이 집 근처의 백인 초등학교를 두고 한 시간 거리의 유색인종 학교에 다녀야 하는 것이 부당하다며 시 교육위원회를 상대로 소송을 제기했다. 당시 캔자스를 비롯한 미국의 17개 주에서는 분리평등정책Separate but equal에 의거해 백인과 유색인종이 같은 학교에 다닐 수 없었다. 이 사건에서 미 연방대법원은 공립학교에서의 인종차별은 위헌이라며, "모든 학교는 가능한 한 신속하게 인종 간에 통합하라"고 판결하였다.

당시 미국 사회는 1896년 루이지애나주「플레시 대 퍼거슨 사건 Plessy v. Ferguson, 163 U.S. 537」에서 "인종 간의 공간적 분리가 곧 차별을 의미하지는 않는다"고 한 판결에 의거하여 사회 전반에서 인종 간 분리와 그로 인한 차별을 공공연하게 실시하고 있었다. 교육 현장도 마찬가지였다. 상대적으로 부유한 백인계 학생들은 유색인종 학생들에 비해 월등히 나은 교육 환경을 제공받았고, 이는 결국 그들의 사회적 지위에 영향을 미쳤다. 따라서 1954년 브라운의 승리는 미국 사회에서 교육 부문 통합을 통한 인종차별 철폐의 기원이 되었다. 그러나 동시에 백인계 인구가 교외 지구로 이주하는 현상을 가속화시켰다. 유색인종 아이들이 다니지 않는 학군을 따라 백인계 중산층 학부모들이 이주해 가면서 미국의 도시들은 도시 외곽의 교외 지구로 급속히 확대되었다.[2]

---

2 이러한 시가지의 비지적 확산urban sprawl은 미국 도시의 주요한 특징이자 현대 도시의 주요한

미국 내 흑인운동의 역사에서 1950~1960년대가 결정적인 시기였듯, 미국 내 히스패닉/라티노, 특히 치카노에게도 1960년대는 매우 중요한 시기였다. 1950~1960년대 미국을 뒤흔든 흑인들의 저항운동은 치카노들에게도 영향을 미쳤다. 1960년대 멕시코계 미국 청년들은 치카노라는 말을 더 이상 경멸의 의미로 받아들이지 않았다. 오히려 자신들의 혈통에 대한 자부심, 그리고 멕시코계 인구를 차별하는 제도 및 사회, 개인에 대한 거부와 저항의 의미를 부여하였다(김연진, 2010, 53-54). 치카노들의 이러한 자각과 운동에는 흑인운동을 중심으로 하는 인종운동 외에 당시의 시대적 상황도 주요한 배경이 되었다.

우선, 1960년대 말은 전 세계적으로 격동과 변화, 혼란의 시기였다. 제2차 세계대전 이후 지속된 세계적인 호황의 결과에 대한 사회적 재분배를 요구하는 목소리가 미국을 비롯한 서구 사회 전반에서 높아지고 있었다. 또한, 이전에는 두각을 나타내지 못하던 다양한 소수자들이 자신들의 존재를 알렸다. 남성 대 여성에서 여성들이, 이성애자 대 동성애자에서 동성애자들이, 백인 대 유색인종에서 유색인종들이 목소리를 높였다. 소위 "68세대"라 부르는 젊은이들이 경제성장의 올바른 재분배와 사회적 정의를 외쳤다. 캘리포니아 지역에서도 68세대 운동이 일어났는데, 특히 미국 남서부 대학들이 중

현상이 되었다. 교외 지구의 확산을 통한 도시의 비지적 확산은 미국 도시 구조에 근본적인 변화를 이끌어 내었으며, 쇼핑몰을 중심으로 하는 미국적인 라이프스타일의 발전으로 이어졌다. 이는 결국 오늘날 대규모 에지시티edge city의 발생으로 이어짐으로써 현대 도시 구조의 변화로까지 이어졌다.

요한 역할을 담당했다.

게다가 당시 미국 사회는 베트남전쟁과 그로 인한 사회적 혼란으로 더욱 불안정하였다. 일반적인 미국 젊은이들에게 베트남전쟁은 소위 명분 없는 전쟁이었다. 인도차이나반도에서 공산주의의 확산을 막고자 프랑스의 베트남 식민지배를 용인한다는, 그들과는 상관없는 명분 없는 전쟁과 징집에 대해 대부분의 젊은이들은 강력한 거부 의사를 나타냈다. 그러나 참전을 거부했던 백인계 젊은이들과 달리, 히스패닉계 젊은이들의 참전율은 상대적으로 높았다. 1961년 1월 1일부터 1967년 2월 28일까지 베트남전쟁에 참전한 젊은이들 중 남서부 5개 주 출신을[3] 대상으로 조사한 보고서에 의하면, 이들 중 13.8퍼센트가 스페인식 성姓을 사용했으며, 이 지역 출신 전사자 중에서 스페인식 성을 가진 이들은 19.4퍼센트에 달하였다(김유석, 2008, 16). 히스패닉계 젊은이들은 국가를 위해 더 적극적으로 희생하였지만, 그들의 애국심은 미국 사회에서 제대로 평가받지 못하였다. 베트남전쟁에서 발생한 캘리포니아 출신 사상자들의 15퍼센트, 그리고 미국 서남부 출신 전체 사상자의 10퍼센트가 멕시코계 미국인이었다(Mariscal 1999, 15: 박구병, 2015, 163에서 재인용). 이후 멕시코계를 비롯해 히스패닉계 젊은이들의 높은 사망률은 군대 내 인종적 불평등에 대한 증거로 제시되기도 하였다.[4]

---

[3] 캘리포니아, 뉴멕시코, 애리조나, 텍사스, 콜로라도의 5개 주.

[4] 오늘날도 대규모 미군기지가 주둔하고 있는 오키나와나 괌에는 멕시코 음식점이 많이 있으며,

국가에 대한 충성과 희생에도 불구하고 인종적 불평등을 당하던 멕시코계 미국인 젊은이들은 그들만의 반전시위, 즉 '치카노 모라토리엄Chicano Moratorium'을 전개하였다[김유석, 2008, 16]. 1969년 10월 15일 미국 전역에서 베트남전 중지를 요구하는 '모라토리엄 운동Moratorium to End the War in Vietnam'이 전개되었는데, 멕시코계 젊은이들은 이러한 맥락에서 자신들의 반전시위를 치카노 모라토리엄이라 하였다. 치카노 모라토리엄은 1969년부터 1971년까지 수차례 전개되었다. 가장 대대적인 시위는 1970년 8월 29일 로스앤젤레스에서 개최된 모라토리엄이었다. 당시 2~3만 명이 시위에 참여하였고, 경찰이 최루탄을 발사하는 등 폭력 진압으로 맞서 3명의 시위자가 사망하였다[김유석, 2008, 16]. 이에 치카노 운동 세력은 멕시코계 미국인들이 베트남인들과 마찬가지로 미국 제국주의의 억압을 받고 있다고 여겼다. 마오쩌둥·프란츠 파농·체 게바라 등의 사상에 영향을 받은 이들은 치카노 운동과 '제3세계' 지역의 연대를 강조하고, 쿠바혁명을 치카노 운동의 모델로 삼았다[김유석, 2008, 16]. 이렇듯 68세대와 베트남전쟁 및 반전운동, 쿠바혁명은 1960년대 치카노 운동에 영향을 미쳤다.

치카노 운동이 본격적으로 전개된 것은 1960년대이지만, 그전에도 미국에는 많은 멕시코인이 거주하였고 그들 역시 나름의 사회운동을 전개하였다. 당시 멕시코계 미국인들의 주요 목표는 온전한

오키나와의 로컬푸드 중에는 멕시코의 타코를 변형한 '타코라이스Taco Rice'가 있다. 이는 멕시코계 젊은이들의 군복무 비율이 높음을 나타낸다.

미국인이 되는 것이었다. "멕시코인임을 버리고 미국인이 되는 것", 이것은 1848년 미-멕 국경이 그들의 거주지보다 더 남쪽으로 그어지는 바람에 미국인이 된 멕시코계 미국인들이 도달하고자 하는 목표였다. 따라서 그들이 중심이 된 사회운동은 멕시코계 미국인들이 미국 사회에 정착하고, 경제적 안정을 얻고, 미국 주류사회에 동화되는 과정을 돕는 것이었다.

당시 미국 사회에서 어느 정도 부와 지위를 획득한 멕시코계 미국인들은 신참 이주민들이 미국 사회에 동화되는 것을 돕고 자신들의 정치적 영향력을 확장하고자 여러 사회단체를 설립하였다. 특히 1929년 텍사스에서 설립된 '라틴아메리칸 미국시민연맹the League of United Latin American Citizens'은 멕시코계 미국인들의 사회적 · 경제적 · 정치적 권리와 의무를 강조하려는 목적에서 탄생하였다. 이들은 멕시코계 미국인들에 대한 사회적 차별에 적극 대응하였다. 1930년대 공립학교에서 멕시코계 학생들을 격리하는 것에 대한 법적 소송을 진행하였고, 1940년대에는 미국 인구조사국U.S.Census이 '멕시코계'를 '백인'과 구분된 범주로 분류하려는 시도에 저항하는 운동을 벌였다 (김유석, 2008, 10-11).[5]

---

[5] 그러나 1960년대 치카노 운동 이후 미국 인구조사국은 라틴아메리카계 인구에 대한 정의를 새로이 내리고, 인종 구분 항목에 라틴아메리카계 항목을 신설하였다.

도시의 치카노 운동, 학생들의 저항

브라운 대 토피카 교육위원회 판결을 비롯한 일련의 판결들 덕에 1960년대 미국의 공교육제도 내에서는 인종 분리와 같은 근본적인 인종차별은 금지되었다. 당시 백인 학생들과 분리되어 있던 멕시코계 학생들의 학교도 통합되어야 했다. 그러나 교육제도 내에서 소수인종에 대한 배려는 제대로 이루어지지 않았다. 특히 라틴계 인구가 집중되어 있는 로스앤젤레스 동부 지역에서 그러하였다.

미국 내 가장 큰 한인 타운이 입지하고 있어 우리에게도 익숙한 로스앤젤레스는 가장 큰 히스패닉 인구, 특히 멕시코계 인구가 밀집 거주하는 도시이기도 하다. 로스앤젤레스는 멕시코시티 다음으로 멕시코인이 많이 거주하는 도시로 꼽힌다. 앞서 살펴본 바와 같이, 멕시코인들은 미-멕 전쟁 이후 미국 서부 지역으로 농업지역이 확대되면서 미국으로 많이 들어왔지만, 이들의 이주가 본격적으로 시작된 것은 1940년대 브라세로 프로그램 이후이다.

브라세로 프로그램을 통해 1964년까지 공식적으로 480만 명, 비공식적으로 500만 명의 멕시코 노동력이 미국 남서부 지역으로 유입되었다. 농업지역 뿐 아니라 도시지역으로도 대거 유입되었다. 브라세로 노동자들은 계약기간이 종료되면 고국으로 돌아가야 했지만, 상당수가 미-멕 국경의 멕시코 측 도시에 머물다가 다시 미국으로 입국하였고, 고국으로 돌아가지 않고 미국 남서부 농촌이나 도시에 정착하기도 하였다. 당시 로스앤젤레스는 그들이 가장 많이 정착한 도시로, 멕시코계 인구는 로스앤젤레스 동부 지역에 주로 거주하였다. 오늘날 '이스트 바리오East Barrio'라 불리는 이 지역은 다운타운에 위치한 코리아타운과 상당 지역 겹친다.

미국의 공영방송인 PBS가 1960년대 로스앤젤레스에서 일어난 치카노 학생운동을 기록한 다큐멘터리 〈치카노 다큐멘터리: 학교 되찾기Chicano PBS Documentary: Taking Back the Schools〉(1996)에 의하면, 1960년대 말 로스앤젤레스 히스패닉계 인구의 고등학교 졸업률은 25퍼센트에 불과했다. 대부분의 학생이 중간에 학교를 그만두고 생업전선에 뛰어들었다. 대학에 입학하는 비율은 앵글로계 학생들에 비해 월등히 낮았으며, 취업을 앞둔 히스패닉계 학생들은 대학 입학과 관련된 과목보다는 가사나 기술 관련 과목을 수강하였다. 학생들의 자의적인 선택인 경우도 있었지만, 교사들이 앞으로 살아가는 데 이런 과목이 더 도움이 될 것이라며 권하기도 하였다. 비록 현실적으로는 학생들을 위한 것이었을지라도 히스패닉계 학생들은 마음에 상처를 입었다고 고백하였다. 공부를 잘해서 앞으로 불려나간 히스패닉계 학생에게 교사가 아버지의 직업을 물었다고 한다. 아버지가 노동을 하신다는 학생의 대답에, 교사는 아버지의 뒤를 이어 좋은 노동자가 되라고 덕담을 하였다. 만일 자신이 앵글로계 학생이었다면 좋은 대학에 가서 변호사나 의사가 되라고 하지 않았겠느냐고, 다큐멘터리 속 증언자는 되물었다.

그러나 전반적으로 히스패닉계 학생들의 학업성취도는 낮았고, 대부분의 학생들이 학년에 비해 낮은 문해력을 보였다. 멕시코계 학생들 중 상당수는 영어를 하지 못하는 부모님의 영향으로 초등학교 입학 시 스페인어만을 사용하였는데, 일부 교사들은 이들에게 학교에서 영어만을 사용하라고 강요하였다. 학교에서 스페인어를 사용하면 같은 반 친구들 앞에서 창피를 당하거나 앞에 나가서 벌을 서야 했다. 이에 바리오 지역에서 성장한 히스패닉계 학생들은 비록 자신이 창피를 당하지 않았더라도 자신의 문화에 모멸감을 느낄 수밖에 없었다. 제도적으로 평등한 교육의 기회를 누리고 있었지만, 상당수의 히스패닉계 학생들은 자신들이 학교에서 차별 받는다고 느꼈다.

1968년 학생들이 주도한 치카노 운동은 로스앤젤레스 이스트 바리오의 고등학교에서 시작되었다. 링컨고등학교를 비롯한 이 지역의 공립학교들에는 부모가 멕시코계인 미국 국적 학생들의 비중이 높았다. 당시 다양한 인권운동이 전개되던 사회적 분위기는 이스트 바리오의 멕시코계 학생들에게도 영향을 미쳤다. 학생들은 자신들이 앵글로계 학생들과는 다른 세상에 살고 있음을 깨달았다. 학생들은 자신들에게도 평등한 교육 환경을 제공해 달라고 학교에 요구하였다. 그러나 그 요구는 받아들여지지 않았고, 로스앤젤레스 동부 지역에 위치한 12개 고등학교 학생들이 수업을 거부하고 거리로 나왔다.

로스앤젤레스 이스트 바리오 고등학생들의 가두 투쟁은 곧 사회적 이슈가 되었다. 시위 현장에 경찰이 투입되었고, 시위대와 경찰 간에 물리적인 충돌이 발생하였다. 어린 학생들이 길거리에서

구타당하고 체포되는 모습은 지역사회뿐 아니라 미국 사회 전체에 큰 충격을 주었다. 시위대와 경찰의 충돌이 격화되자 연방정부가 개입하였다. 당시 법무부 장관이었던 로버트 케네디Robert Francis Kennedy(1925~1968)가 시위 현장을 직접 방문해 시위 학생들의 목소리를 들었으나, 그는 그로부터 사흘 뒤 암살되었다. 고^故 존 F. 케네디 대통령의 동생이기도 한 로버트 케네디의 암살은 미국 사회에 더 큰 충격을 주었으며, 그의 마지막 정치 행보인 히스패닉계 학생들과의 면담에도 긍정적인 영향을 미치지 못했다.

이후 연방정부 정보기관의 주도로 주동자들에 대한 색출과 긴급 체포가 이어졌다. 당시 주동자로 지목된 고등학교 교사 살 카스트로Sal Castro가 동료들과 함께 체포되고, 교사직에서도 파면되었다. 이에 학생들과 지역사회는 지역 교육위원회에 카스트로의 복직을 요구하며 준법투쟁을 벌였다. 학부모 및 학생들과의 오랜 대치 끝에 결국 교육위원회는 카스트로의 복직을 받아들였다. 그의 복직 투쟁은 방관자로 있었던 학부모들을 투쟁의 장 내부로 이끌어 내는 계기가 되었다. 또한, 히스패닉계 학생들의 인종차별 철폐 요구는 미국 전역의 주요 대도시로 번져 나갔다. 이 운동은 고등학생들이 스스로 평등한 시민으로 대우해 달라고 요구하는 근본적인 시작점이 되었다. 나아가 캘리포니아 소재 대학생들도 치카노 운동과 68세대 운동의 중심이 되었다.[6]

---

[6] UCLA를 비롯한 캘리포니아 남부 대학들의 멕시코계 대학생 단체들의 연합조직인 '멕시칸 아

치카노 운동을 하던 학생들 중 일부는 체 게바라와 피델 카스트로를 연상시키는 갈색 베레모를 쓰고 군복과 비슷한 옷을 입었으며, 일종의 재식 훈련을 진행하기도 하였다. 이에 미국 사회는 "브라운 베레운동Brown Berets"이라는 명칭을 붙였다. 브라운 베레 운동의 적극 가담자들은 당시 쿠바를 방문하여 체 게바라가 조직한 캠프에 참가하기도 하는 등 미국 정부의 심기를 불편하게 하였다.

치카노가 주도한 미국 최초의 농민운동

1960년대, 미국 농업노동자들이 처한 상황은 도시 노동자들보다 훨씬 더 열악했다. 1960년 캘리포니아주 프레스노 지역 농장노동자 가구 100호를 조사한 결과, 집 안에 수도시설을 갖춘 가구는 절반 정도, 집 안에 수세식 화장실을 갖춘 가구는 약 75퍼센트, 냉장고를 구비한 가구 역시 비슷한 비율이었다. 이는 당시 일반적인 미국인의 생활수준에 훨씬 못 미치는 것이었다. 또한, 미성년자 자녀 중 절반 이상이 소아마비 백신을 비롯한 기본적인 방역 혜택을 받지 못하고 있었다(김연진, 2010, 46). 당시 농업노동자들은 미국노동총연맹AFL뿐 아니라 1936년 제정된 「전국노동관계법」에 따른 노동자 보호 조항

메리칸 학생연합United Mexican American Students'과 버클리를 비롯한 캘리포니아 북부 지역 대학에서 조직된 '멕시칸 아메리칸 학생회의Mexican American Students Conference'가 치카노 운동의 중심지이자 68세대 운동의 중심 세력이 되었다(김유석, 2008, 15).

에서 배제되어 있었는데, 그 이유는 상당수 농업노동자가 미국인이 아닌 멕시코 이주노동자들이었기 때문이다. 그들은 오랫동안 경시되고 차별받았다(Bardacke 2011, 167: 박구병, 2015, 157에서 재인용).

1960년대 초반, 미국 농촌지역의 노동력은 라티노, 필리핀 이민자, 아프리카계 미국인, 미국 중부에서 이주해 온 노동자인 오키즈 Okies 등으로 구성되어 있었다. 이들 중 가장 다수를 차지한 것은 멕시코계 미국인들로, 상당수가 브라세로 노동자였다(김연진, 2010, 45). 오랜 기간 동안 미국 내 농업노동자의 상당수는 멕시코계 인구였다. 19세기 중반 이후부터 지속된 멕시코계의 계절노동이주 및 영구 이주는 주로 농촌지역에서 이루어졌다. 주류 백인 노동력에 비해 저렴한 임금을 받고 장시간 노동을 감당하는 멕시코계 노동자들은 미국의 농업 분야에서 매우 중요한 위치를 차지하고 있었다. 지역적으로는 곡물 농업의 비중이 높은 중부 지역에 비해, 건조한 기후를 바탕으로 과일 및 유실수 재배 비중이 높은 서부 지역에서 노동력 부족 문제가 더 절실했다. 밀, 옥수수, 대두 등 곡물 농업은 기계를 이용한 농경이 가능하지만, 과일과 유실수 및 화훼 재배는 사람의 노동이 직접 투입되어야 했기 때문이다.

케빈 코스트너가 주연을 맡은 영화 〈맥팔랜드 USAMcFarland〉(2015)는 이러한 미국 농업노동자들의 삶을 잘 그려 냈다. 실화를 바탕으로 한 이 영화의 배경은 1987년 캘리포니아 지역에 위치한 농촌 마을 맥팔랜드이다. 인구 대부분이 멕시코에서 이주한 농업노동자들인 이 마을은 미국이라기보다 멕시코의 농촌 마을 연상시킨다. 고등학교 미식축구 코치인 화이트 선생은 강직한 성격 탓에 여러 학교를 전전하다 맥팔랜드 고등학교로 전근을 오게 된다. 이름마저도 "화이트"인 주인공과 그 가족은 미국에 멕시코인과 그들의 문화가 주를 이루는 마을이 있다는 것을 처음 알게 되고, 가능한 한 빨리 마을과 학교를 떠나려 한다. 학교는 정부의 지원도 빈약하고 교육 환경도 열악하다. 학생들도 학업보다는 부모를 도와 농장 일을 하거나 진학과는 상관없는 학교생활을 하고 있다. 아이들은 새벽부터 농장 일을 하고, 학교까지 먼 거리를 걷거나 달려서 등교한다. 이 점에 주목한 화이트 선생은 형편없는 실력의 미식축구부보다는 새로운 운동부가 더 가능성 있다고 보고 크로스컨트리부를 만든다. 당시 캘리포니아주에서 크로스컨트리는 부유한 백인 학생들이 주로 하는 종목으로, 대학 진학에 유리한 활동이었다. 처음에는 지역 대회에서조차 다른 학교들에 밀려 꼴찌를 하던 맥팔랜드 고등학교 크로스컨트리 팀은, 결국 캘리포니아주에서 우승하고, 학생들은 특기생으로 대학에 진학한다. 아이들은 대부분 집안의 첫 번째 대학생이었고, 대학 졸업 후 교사나 기자 등 부모와는 다른 직업을 갖게 된다. 다음 근무지를 물색하던 주인공 화이트 선생은 마을에 남아서 크로스컨트리 팀의 코치로 재직하고, 맥팔랜드 고등학교는 그 후 오랫동안 캘리포니아주의 크로스컨트리 명문이 된다.

이 영화는 미국 농업노동자 마을 사람들의 삶과 그들에 대한 미국인들의 인식을 잘 보여 준다. 맥팔랜드 마을 사람들은 미국 땅에서 스페인어를 사용하고 멕시코식 식사를 하고 대가족제도를 이루어

살며, 멕시코의 전통적인 성인식인 킨세아녜라Quinceañera(소녀의 열다섯 번째 생일)를 성대하게 치르는 등 멕시코식 생활을 한다. 끝없이 펼쳐진 아몬드 농장과 양배추·장미·오렌지 농장의 한가운데서 그들은 고립된 채 보통의 미국인과는 전혀 다른 삶을 살아간다. 먹고살기 위해서는 어린 아이들조차 새벽부터 하루 종일 고된 농장 일을 해야 한다. 아이들이 잘 뛰는 이유도, 새벽부터 농장 일을 하다가 학교까지 뛰어서 등교하고 하교 후엔 다시 뛰어서 농장으로 일을 하러 다니기 때문이다. 아이들을 크로스컨트리 팀에 입단시키기 위해 '단 하루' 농장 일에 끼어든 화이트 선생은 그 노동강도를 견뎌 내지 못하고 몸져눕는다. 마침내 운동을 하기로 결심한 아이들은 크로스컨트리의 난코스인 경사지 오르내리기 연습을 한다. 아이들은 흰 비닐로 둘러싼 커다란 언덕 위를 오르내리는데, 화이트 선생은 그게 무엇인지를 몰랐다. 그 더미는 마을 사람들이 깐 아몬드 껍질을 모아 놓은 것이었다. 아이들은 묻는다. 우리가 일상에서 접하는 아몬드는 껍질이 벗겨진 것인데, 그 딱딱한 껍질을 누가 깐 줄 아느냐고. 첫 번째 시합에서 꼴찌를 한 아이들을 데리고 화이트 선생은 바다에 간다. 바다에서 멀지 않은 곳에 살면서도 아이들은 태어나서 한 번도 바다를 본 적이 없다. 부모들이 새벽부터 밤까지 농장 일을 하느라 아이들을 데리고 바다에 갈 여유가 없었기 때문이다. 감동적이고 경이로운 맥팔랜드 고등학교와 그 학생들의 이야기만큼이나, 이 영화에서는 멕시코계 농업노동자들의 고단한 삶을 잘 그려 내었다.

이러한 농업노동자, 특히 외국계 노동자들의 삶에 대해 미국 역사상 처음으로 목소리를 낸 사람은 멕시코계 미국인 세사르 차베스César Estrada Chávez(1927~1993)이다. 애리조나주 유마 출신의 차베스는, 부모님을 따라 캘리포니아 산호세의 살시푸에데스 지역에서 성장하였다. 많은 히스패닉 청년들처럼 입대하여 조국에 헌신했으나, 1944년부터 2년간의 군 생활 동안 심한 인종차별을 겪고 이후 가톨릭 사제 도널드 맥도널 신부의 영향 하에 노동운동을 공부하였다(Levy 1975, 84, 89-93: 박구병, 2015, 157에서 재인용).

차베스는 농업노동자, 특히 멕시코계 미국인들이 겪어 온 사회적 차별과 억압을 개선하려 하였다. 그는 도시와 대학가에서 일어나던 급진적인 치카노 운동과는 거리를 두고, 비폭력적이고 평화적인 투쟁 방식을 추구하였다. 차베스는 1962년 전국농업노동자협회NFWA: National Farm Workers Association를 창설하였다.[7] 1966년 캘리포니아 델라노에서 새크라멘토까지 550킬로미터를 순례peregrinación 행진하였으며,[8] 장기간의 단식투쟁으로 농업노동자들의 파업을 이끌었다. 1968년 25일간, 1972년 24일간, 1988년 36일간 이루어진 차베스의 단식투쟁은 미국 사회에서 비폭력 투쟁의 상징이 되었다. 특히 차베스는 농장에서 생산된 농산물에 대한 불매운동을 벌임으로써 소

---

[7] 전국농업노동자협회는 이후 '미국농업노동자연합UFW: United Farm Workers of America'가 되었다.

[8] 당시 상원의원이었던 로버트 케네디가 포도 농장의 파업을 조사하기 위해 델라노를 방문하고, 파업 노동자들에 대한 지지를 표명하였다. 이에 차베스와 파업 노동자들은 파업을 널리 알리고 다른 지역으로 확산시키고자 행진을 시도하였다. 그들은 멕시코적인 '과달루페의 성모'가 그려진 깃발과 아즈텍의 검은 독수리가 그려진 노동조합기를 들고 행진하였다(김연진, 2010, 49).

비자들이 노동자들의 투쟁을 지지하게 하는 방법을 택했다. 1965년 시작된 포도 불매운동은 전국적으로 확산되었고, 3년간에 걸친 불매운동 끝에 결국 농장주들이 농업노동자들의 요구를 들어주게 되었다. 캘리포니아에서 농업노동자조합이 인정되었고, 농업 분야의 노동기준이 만들어졌다. 이로써 인종과 관련 없이 모든 농장노동자들의 임금과 노동조건이 향상되었다. 이후에도 차베스는 농업노동자들의 권리 향상을 위해 계속 노력하였다(임상래 2013, 139; 박구병, 2015, 157-159; 김연진, 2010, 38).

차베스는 멕시코에서 농업노동자를 데려오는 관행, 특히 브라세로 프로그램의 중지를 요구하였다. 당시 농장주들이 농업노동자의 출신과 신분에 따라 임금을 차등 지급하였기 때문이다. 정부 간 협정을 통해 유입된 멕시코 출신의 브라세로 노동자들은 하루 1달러 40센트를 일당으로 받고, 필리핀 노동자는 1달러 25센트를 받았다. 그런데 정작 미국에 사는 멕시코계 미국인들은 더 낮은 1달러 10센트를 받았기 때문이다(김연진, 2010, 49). 차베스는 멕시코계 미국인들의 입장에서 노동환경 개선과 사회적 지위 개선을 추구하였다. 그의 활동은 멕시코계 미국인들이 오랜 기간 겪어 온 차별과 부당함에 대한 저항이었으며, 당시 농업노동자 중 멕시코계 인구가 상당수를 차지했기 때문에 그가 벌인 운동은 치카노 운동의 주요 갈래가 되었다.

그러나 차베스의 농업노동운동은 강한 저항에 부딪혔다. 농업노동자들의 파업 및 불매운동에 대해 농산물 재배업자들과 농장주들은 살인청부업자까지 동원하여 위협하였고, 당시 캘리포니아 주지

사는 파업 중이던 농업노동자들에게 농장 복귀 명령을 내렸다[김연진, 2010, 50]. 그러나 차베스의 투쟁은 미국 사회의 넓은 지지를 받았다. 정치적으로는 로버트 케네디와 같은 유력 정치인들의 지지를 받았고, 가톨릭과 개신교 등 종교계에서도 그의 운동을 지지하였으며, 농산물 불매운동에는 전국적인 동참 물결이 일었다. 차베스는 히스패닉계, 나아가 멕시코계 인사로서는 최초로 미국에서 가장 주목받고 지지받는 사회운동가가 되었다.

종종 흑인민권운동을 주도한 마틴 루터 킹에 비유되는 차베스는 당시 급진적 경향을 띠어 가던 치카노 민족주의나 치카노 정당 구성에는 반대하였다. 그 대신, 소수인종에 우호적인 정책을 펼치는 민주당을 지지함으로써 외국계 인구의 미국 사회 내 통합을 주도했다고 평가받는다. 차베스가 주도한 농업노동운동은 1990년대 말까지 미국 중등학교 교과서에 기술된 유일한 치카노 운동 사례였다[박구병, 2015, 161-163].

제9장

국경 너머의 삶, 라티노

우리가 보기에는 라틴아메리카계 인구가 대부분 비슷해 보이고, 같은 스페인어를 사용하기 때문에 구분하기가 더 어렵다. 그래서 라틴계 인구끼리는 서로 친할 것이라 생각하지만, 라틴아메리카계 사이에도 출신 국가에 따른 뚜렷한 구분과 알력 관계가 있다. 그러나 미국 주류사회가 보기에도 그들은 대동소이하다. 그들은 라티노이다. 검은 피부에 검은 머리, 짙은 눈썹과 커다란 엉덩이를 가진, 지적 능력과는 거리가 먼 영원한 미국 사회의 비주류이다. 그들은 대부분 불법이주민이며, 가난하고, 잠재적 범죄자이다. 이러한 미국 사회의 편견은 영화나 드라마 등 미디어를 통해 확산되고 재생산되어 왔다.

　이번 장에서는 셀레나와 제니퍼 로페즈라는 실존 인물들과, 베티라는 드라마 속 주인공을 통해 라티노들이 미국 사회에서 어떠한 이미지로 인식되었는지를 살피고, 최근 이러한 인식에 어떠한 변화가 일어났는지를 고찰하고자 한다. 나아가, 미국의 이민법과 제도 변화를 통해 불법이주민이라는 라틴계 인구에 대한 편견이 생겨난 과정을 살펴보려 한다.

Our Land is your land... 셀레나와 로페즈

2021년 1월 20일, 미국의 제46대 대통령 조 바이든의 취임식에서 매우 흥미로운 장면이 연출되었다. 푸에르토리코계 이민자 2세인 가

수 제니퍼 로페즈Jennifer Lopez가 축하공연을 하였다. 그녀가 부른 노래는 미국의 모든 곳에서 펼쳐지는 평등한 삶을 칭송하는 것이었다. 히스패닉계를 대표하는 스타인 제니퍼 로페즈가 영어로 노래를 부르고 중간중간 스페인어 애드리브를 넣기도 하는 이 장면은, 트럼프 행정부 4년간 일어난 이주민에 대한 차별을 불식시키겠다는 바이든 행정부의 의도된 퍼포먼스처럼 보였다.

제니퍼 로페즈는 미국에서 활동하는 히스패닉계 연예인으로서 가장 오랜 기간, 가장 폭넓은 인기를 누리며 승승장구하고 있는 세계적인 스타이다. 그녀는 단순한 연예인을 넘어 히스패닉계 여성에 대한 미국 사회의 인식을 투영하는 상징적인 인물이기도 하다. 아마도 미국 연예인 중 로페즈만큼 자주 학술논문의 주제가 된 사람도 없을 것이다. 제니퍼 로페즈의 연예계 인생 자체가 히스패닉계 인구에 대한 미국 사회의 인식을 그대로 반영하기 때문이다. 제니퍼 로페즈가 데뷔한 것은 1997년 영화 〈셀레나Selena〉의 주인공을 맡으면서다. 젊은 나이에 총격 사건으로 사망한 치카노 가수 셀레나Selena Quintanilla-Pérez(1971~1995)의 일대기를 그린 이 영화에서, 제니퍼 로페즈는 셀레나를 완벽하게 재현하여 단숨에 전국적인 스타가 되었다.

그 인생이 넷플릭스의 드라마 시리즈 〈셀레나Selena: The Series〉(2021)로 제작되기도 한 셀레나는, 미국의 히스패닉계 가정에서 태어난 이민자 3세 출신의 테하노Tejano 음악 가수였다.[1] 셀레나가 춤과 노래에

---

[1] 테하노는 멕시코계 텍사스 주민을 일컫지만, 테하노 음악은 미국 내에 거주하는 멕시코계 인구

재능이 있음을 알아본 그녀의 아버지는 딸을 '미국 대중 가수'로 성공시키려 하였지만 생각처럼 되질 않았다. 그러다 미국 남서부 및 주요 대도시지역에서 멕시코풍 노래인 테하노 음악에 대한 치카노 인구의 소비시장이 거대하다는 점을 깨닫고, 영어로 된 노래를 주로 하던 셀레나에게 스페인어를 가르치고 테하노풍 노래를 부르게 했다. 당시까지도 주로 남성 위주의 테하노 가수들 사이에서 뛰어난 노래와 춤솜씨를 갖추고, 게다가 젊고 아름다운 여성이었던 셀레나는 큰 인기를 얻어 불과 20대 초반에 테하노 음악을 대표하는 가수가 되었다. 그러나 매니저 겸 팬클럽 임원이었던 욜란다 살디바르와 금전적인 문제로 다투다가 일어난 총격 사건으로 1995년 갑작스레 사망하였다. 이후 대통령이 된 당시의 텍사스 주지사 조지 W. 부시는 그녀의 생일인 4월 16일을 셀레나의 날로 지정하였다.

셀레나의 죽음은 단순한 연예인 한 명의 비극적인 죽음을 넘어, 당시 미국 사회가 인지하지 못하고 있던 라티노 시장의 존재를 일깨우는 계기가 되었다. 셀레나의 죽음을 추모하는 《피플People》지 특별판은 24시간 만에 100만 부 이상 판매되었다. 이 사건은 미국 대중문화 시장에 3천만 명 이상의, 1천억 달러 규모의 구매력을 가진 거대한 시장이 있음을 확인시켜 주었다. 그녀를 추모하며 1997년 할리우드에서 제작된 영화 〈셀레나〉는 대중적인 성공을 넘어, 라티노들의 정체성에 대한 자부심을 일깨웠다(Negron-Muntaner, 2006).

가 향유하는 멕시코풍 음악 장르를 가리킨다.

영화에서 셀레나 역을 맡아 고인의 음악과 춤을 거의 완벽하게 재현한 제니퍼 로페즈는 본인의 역량에다, 셀레나에 대한 대중의 그리움까지 더하여 큰 인기를 얻었다. 특히 치카노 인구의 열광이 대단하였다. 당시 로페즈는 멕시코계로 인식되었지만, 실제로는 푸에르토리코계 이민자 2세였다. 영화 개봉 당시 멕시코계가 아니라 푸에르토리코계가 셀레나를 연기했다는 사실에 대중은 강한 거부반응을 보였다.

셀레나도 제니퍼 로페즈도 각각 멕시코 출신과 푸에르토리코 출신의 이주민 부모를 둔 2세대지만, 그들 부모의 출신지는 두 사람에게 다른 정체성을 부여하였다. 이는 두 사람에 대한 세분화된 용어에서도 나타나는데, 히스패닉/라티노계 인구 중 멕시코계 인구에 대해서는 '치카노/치카나'라는 표현을 사용하고, 푸에르토리코계는 '뉴요리칸Nuyorican' 혹은 '보리쿠아boricua'라고 부른다. 뉴요리칸이라는 표현은 푸에르토리코계들이 주로 이주한 지역이 뉴욕이었기 때문이고, 보리쿠아는 푸에르코리코 현지 주민에 대한 표현으로 미국에 태생의 푸에르토리코계 2, 3세들에게도 사용한다. 이러한 구분은 미국 내 비非라티노들에게는 중요하지 않지만, 라티노에게는 매우 중요한 '차이'이자 정체성의 기준이 된다.

이러한 면에 대해 제니퍼 로페즈는 "셀레나도 나도 미국에서 라티나로 성장한 경험을 공유하고 있다"며 출신 국가를 넘어선 공동의 정체성이 있음을 강조하였다(Negron-Muntaner, 2006). 이후 그녀는 종종 인종적 정체성이 생략되거나 국적을 초월한 라티나 연예인으로 인식되었다. 보리쿠아노로서 치카노를 연기한 그녀의 행보가 혹은 그에 대한 그 임기응변이, 라티노들 간에는 존재하지만 우리에게는 보이지 않는 그들만의 벽을 조금은 깬 듯하다.

영화 〈셀레나〉에서 제니퍼 로페즈는 실제 셀레나와 매우 유사한 외모로 표현되었다. 미국 주류사회에서 백인 이외의 인물은 종종 '화이트 와싱White washing'이라는 백인에 가까운 외모로 묘사되거나, 아예 백인이 유색인종을 연기하는 일이 종종 있어 왔다. 주요 관객층인 백인이 보기에 불편하지 않도록 말이다. 그러나 영화 〈셀레나〉는 라틴계 여성의 갈색 피부와 어두운 색의 눈과 머리카락, 그리고 비대한 엉덩이를 강조하였다. 영화 속에서 제니퍼 로페즈는 소위 '라티노성'을 뚜렷하게 드러내었다.

본래 백인 중심의 미국 사회에서 엉덩이는 부정적이고 당황스러운 부위로 인식되었다. 제니퍼 로페즈도 기존의 영화에서는 엉덩이를 감추는 방식을 취했지만, 〈셀레나〉에서는 그렇지 않았다. 영화 〈셀레나〉에서 제니퍼 로페즈가 표현한 라틴계 여성의 특징적인 신체는 계급, 언어, 종교, 가족과 같은 무거운 주제로 이루어진 라티노 문화에 대한 담론을 여성의 신체, 특히 백인 중심의 미국 사회에서 금기시되는 엉덩이라는 신체를 당당히 내세웠다고 평가받는다. 즉, 과거 이등시민으로 취급받던 푸에르토리코계를 비롯한 라티노들이 기존의 열등감이나 수치심에서 벗어나 자신의 특징을 있는 그대로 받아들이는 계기가 되었다(Negron-Muntaner, 2006).

이러한 긍정적인 영향에도 불구하고, 제니퍼 로페즈를 통해 표현된 히스패닉계 여성에 대한 편견은 미국 언론을 통해 더 노골적으로 표현되었다. 로페즈는 라티노 및 히스패닉 출신 여성 중 가장 탁월한 성과를 거두었지만, 엔터테이너로서의 활동이나 사업 수완보다 그녀의 신체적 특징이나 사생활에 초점을 맞춘 기사들이 주를 이루었다. 마찬가지로 푸에르토리코계 가수 리키 마틴도 라틴계 남성에 대한 이미지를 기존의 '뚱뚱하고 콧수염을 기른 중년 아저씨'에서 남성적 매력이 넘치는 젊은 남성으로 바꾸어 놓았지만, 언론매체들은 그의 사생활이나 성정체성 등만을 주로 다루었다.

2000년대 초반 제니퍼 로페즈는 미국의 유명 영화배우이자 극작가, 영화감독인 벤 애플랙과 약혼하였다. 그들은 "베니퍼Bennifer"라는 애칭까지 생길 정도로, 소위 세기의 커플로 불렸으나 곧 파경을 맞았다. 벤 애플랙이 밝힌 결별 이유 중 하나가 제니퍼 어머니의 잦은 거짓말이라는 설이 일부 황색언론에 오르내렸다. 이 기사는 진위 여부를 떠나 히스패닉계 인구에 대한 미국 사회의 인식을 잘 드러내었다. 서부 유럽계 교사의 아들인 벤 애플랙이 푸에르토리코계인 제니퍼 로페즈 어머니의 사소하고 작은 거짓말을 견디기 어려웠을 것이라는 연예계 가십란 기사는 히스패닉계는 정직하지 못하다는 미국 주류사회의 편견을 잘 보여 주었다.[2]

제니퍼 로페즈는 사회문제를 다루는 영화에서 신자유주의가 라틴아메리카계 여성에게 입힌 피해를 표현하기도 했다. 앞 장에서

---

[2] 그러나 놀랍게도, 두 사람은 2022년, 거의 20년 만에 재결합하여 결혼했다.

이야기한 영화 〈보더타운〉에서, 로페즈는 미국 앵글로계 가정에 입양되어 주요 언론사 기자가 된 주인공 로렌 아드리안 역을 맡았다. 주인공 로렌은 멕시코계 계절이주노동자의 자녀로 태어나, 미국 농장에서 부모가 살해되어 중산층 가정으로 입양된 것으로 나온다. 그녀의 회상 장면에는 멕시코계 계절이주노동자들의 어두운 현실이 표현되었다. 또한 다국적기업의 투자가 이어지지 않을까 봐 멕시코 정부가 연쇄살인에 대한 언론보도를 통제하고, 이것이 결국 살인사건을 부추기는 결과로 이어지는 모습은 미-멕 국경 지역의 치안 불안정이 신자유주의 및 노동의 국제 분업 과정에서 기인한 것임을 잘 그려 내었다.

즉, 이 영화는 생산과정의 분절화와 그에 따른 입지의 세계적인 분산으로 인해 상대적으로 불리한 입장에 있는 개발도상국 및 저개발 국가 노동자들이 작업상의 안전은 물론이고 신변상의 안전까지 보장받지 못하는 상황으로 내몰릴 수 있음을, 그리고 다국적기업의 유치라는 경제적 논리에 사로잡힌 그들의 정부가 위험에 처한 노동자들을 보호해 줄 여력도 의지도 없음을 잘 보여 주었다. NAFTA, 신자유주의, 멕시코 정부의 민낯을 드러낸 이 영화에 멕시코계 배우가 아닌 푸에르토리코계 미국인 제니퍼 로페즈와 스페인 배우 안토니오 반데라스가 출연한 것이 우연만은 아닐 것이다.

어글리 베티와 가족들

미국 사회가 세계 여러 지역 출신의 다양한 인종으로 구성되어 있음
은 잘 알려진 사실이지만, 미국에서 제작된 드라마나 영화에서는 정
작 미국의 현실이 잘 반영되지 않았다. 대부분의 주인공은 백인이
었고, 비백인 역할조차 백인 배우가 맡았다. 백인이 아니면 주인공
의 친구, 조연에 그치는 경우가 많았다. 한국계 캐나다 배우 산드라
오가 출연한 〈그레이 아나토미Grey's Anatomy〉(2005~)에서도 주인공
은 백인 여성 그레이고, 대부분의 배우가 백인이다. 그러나 최근 들
어 유색인종이 주인공을 맡는 드라마나 영화가 늘어나고 있다. 그
중에서도 2006년부터 2010년까지 미국의 전국 방송인 ABC사에 방
송된 로맨틱코미디 드라마 〈어글리 배티Ugly Betty〉는 라틴계 여성이
주인공이었다. 이 작품의 원작은 〈나는 못생긴 베티Yo Soy Betty, la Fea〉
(1999~2001)라는 콜롬비아 드라마인데, 미국에서 다시 제작되면서 미
국에 거주하는 멕시코계 이주자 가정으로 설정이 바뀌었다. 이 드
라마는 미국에 거주하는 히스패닉계 인구에 대한 미국 주류사회의
인식과 히스패닉계 인구의 사회적 위치를 상징적으로 표현했다. 원
작이 콜롬비아 드라마이지만, 베티와 베티 가족을 제외한 대부분의
고정 출연자들은 백인이다.

주인공 베티의 직업은 유명 패션잡지사 대표의 비서이다. 명문
퀸즈대학교를 우수한 성적으로 졸업한 베티는, 패션에 관한 관심과
경력을 담은 포트폴리오를 만들어 잡지사에 지원하지만 회사 문턱

을 넘는 순간 외모 때문에 낙방한다. 우여곡절 끝에 그녀가 맡은 일은 기업의 상속자이자 앵글로계 남성인 회사 대표의 비서직이다. 작은 키에 곱슬거리는 검고 긴 머리, 치아교정기를 끼고 안경까지 쓴 베티는 패션 감각까지도 촌스러워서, 제목 그대로 못생긴 아가씨로 표현되었다. 그녀와 대조적으로 회사에 근무하는 대부분의 여성들은 유명 패션잡지의 사원들답게 늘씬한 몸매와 세련된 외모의 앵글로계 미인들이다. 베티의 동료로 출연하는 남성들도 세련된 외모의 앵글로계 배우들이 등장한다. 드라마의 주제는, 외모는 못났지만 꼼꼼한 성격에 뛰어난 감각 그리고 탁월한 업무 능력과 좋은 인성을 지닌 베티가 회사 업무는 물론이고 복잡 다난한 인간관계까지 잘 풀어 간다는 긍정적인 것이다.

그러나 그녀와 주변을 통해 그려지는 히스패닉계 인구에 대한 미국 사회의 이미지는 그리 긍정적이지 않다. 그녀의 주변은 미국 사회 '소수자'들의 집합체라 할 수 있다. 그녀는 히스패닉계 인구가 모여 사는 지역에서 경비로 근무하는 아버지, 미혼모로 건강 제품을 판매하는 언니, 그리고 동성애자로 성정체성을 깨달은 중학생 조카와 함께 산다. 그녀의 남자친구는 앵글로계 백인이지만, 변변한 직업이 없는 소위 '너드nerd'이다. 직장에서 베티와 친한 의상실 친구조차 외국 액센트를 강하게 쓰는 이민자이다. 그러나 베티와 그의 가족, 그리고 남자친구는 일상에서 마주치는 어려움들을 가족 간의 사랑으로 극복하며 인생에서 중요한 것이 무엇인지를 깨달아 간다.

베티의 가족은 미국에 거주하는 히스패닉계 인구의 전형적인 모습을 보여 준다. 베티는 못생긴 외모에 대한 사회의 편견 때문에 패션 업무에서 배제된 것으로 설정되지만, 갈색 머리와 작은 키와 큰 엉덩이, 짙은 눈썹 등 그녀의 외모적 특징은 일반적인 히스패닉계 여성의 전형적인 모습이다. 그녀는 명문 퀸즈칼리지를 졸업했지만, 아무도 그녀의 지적 능력에 관심을 갖지 않는다. 미국에서 태어난 미국 시민인 베티와 그의 언니, 조카는 영어를 사용하지만, 멕시코식 식사를 하고 멕시코 명절을 지낸다. 그녀가 점심으로 싸 간 멕시코 음식에 동료들은 그다지 호의적인 반응을 보이지 않는다. 베티가 멕시코 전통의상 판초로 멋을 부리고 출근하자 패션잡지사 동료들은 경악하고, 그녀는 이후 소위 "패션 테러리스트"로 간주된다. 라티노에 대한 편견은 베티의 학벌도, 민족적 정체성도, 능력도 모두 가려 버린다. 베티는 그저 검은 머리에 갈색 피부를 가진 라티나일 뿐이다.

한편, 멕시코계 불법이주민인 베티의 아버지는 죽은 사람의 사회 보장번호를 훔쳐서 쓰다가 추방 위기에 놓인다. 게다가 베티 아버지가 미국으로 이주한 이유가 고용인으로 일하던 농장 여주인과 불륜을 저지르고 그 남편을 살해했기 때문으로 제시된다. 물론 여주인과의 사랑은 진실된 것이었고, 둘 사이에서 낳은 자녀들을 열심히 키우지만, 그는 '살인을 저지르고 미국으로 도망친 사람,' 즉 범죄자인 것이다. 자상한 아버지이자 성실한 가장이며 충직한 직장 동료인 베티의 아버지가 결국 범죄자일 뿐이라는, 라티노를 잠재적 범죄자로 보는 미국 주류사회의 시선이 투영되어 있다. 베티와 마찬가지로 전형적인 히스패닉계 여성의 신체적 특징을 지닌 베티의 언니는 몸매가 드러나는 의상을 즐겨 입고, 화려한 화장을 하며, 끊임없이 뭇 남성들에게 관심을 두는데, 이러한 설정은 히스패닉계 인구, 특히 여성에 대한 성적 편견을 드러낸다. 소년이지만 여학생보다는 남성에게 성적 매력을 느끼는 베티의 조카 또한 대학 진학이나 학교 공부보다는 패션 분야에 관심이 많다. 어찌 보면 빈곤하지만 평범한 미국의 가정을 그린 것처럼 보이는 베티의 가족은, 히스패닉 인구에 대한 미국 사회의 편견이 다양한 방식으로 투사되어 있다. 마치 드라마 〈길모어 걸스Gilmore Girls〉(2000~2007년 워너브라더스 제작, 2022년 넷플릭스 제작)에서 딸 로린의 공부 잘하는 한국계 친구, 레인 킴의 엄마가 극성맞고 잔소리 심한 한국 엄마로 그려지는 것과 마찬가지로 말이다.

소박한 베티의 가족과 달리, 그녀의 직장 동료들은 화려한 외모와 사생활을 즐기는 사람들로 그려진다. 그들 사이에는 늘 시기와 질투, 각종 사건 사고와 과장된 소문이 떠돌지만, 베티는 그런 일들과 상관없다. 어글리한 외모와 달리 따뜻한 마음과 훌륭한 인성을 지닌 베티는 그러한 상황에 현명하게 대처하도록 도움을 주는 인물로 그려지지만, 동료들이 벌이는 소동에서 늘 한 발짝 물러나 있는 그녀는 이방인처럼 보인다. 미국인 여섯 명 중 한 명이 히스패닉계 인구이며, 미국인 열 명 중 한 명이 멕시코계이지만, 그들에 대한 미국 주류사회의 인식도 여전히 이 상태에 머물러 있다.

히스패닉과 라티노, 만들어진 인종

베티와 그 가족, 그리고 셀레나, 제니퍼 로페즈는 부모의 출신 국가
는 다 달라도 모두 미국에서 출생했고, 미국 시민권을 갖고 미국에
서 살아간다. 이들처럼 미국에 거주하는 라틴아메리카계 인구를 가
리키는 용어 중 가장 널리 사용되는 것은 '히스패닉Hispanic'과 '라티
노Latino'이다. 히스패닉이라는 용어는 '스페인의 식민지배를 받은 국
가의 출신이나 스페인 출신'이라는 의미가 있다. 따라서 포르투갈의
지배를 받았던 브라질이나 영국, 프랑스, 네덜란드의 지배를 받았던
카리브해 지역 국가 출신들은 여기서 제외된다. 라티노/라티나는
라틴아메리카 지역 출신이라는 의미이다. 미국 사회에서는 '히스패
닉/라티노'를 병기하기도 하지만, 일반적으로 라틴아메리카계 인구
들은 라티노라는 용어를 더 선호한다.

즉, 히스패닉/라티노라는 표현에는 멕시코인, 푸에르토리코인,
쿠바인, 온두라스인, 과테말라인, 엘살바도르인 등 다양한 국적의
인구가 포함되며 종종 스페인인도 속한다. 히스패닉/라티노 중에
는 외국에서 태어나 미국으로 이주한 이들뿐 아니라 미국에서 태어
난 이주민 2, 3세 및 후손들도 속한다. 마치 거대한 하나의 인종이나
민족을 지칭하는 용어처럼 사용되지만, 히스패닉/라티노 구성원들
간에는 인종이나 민족적 공통점이 존재하지 않는다. 이는 라틴아메
리카 자체가 지닌 인종적 다양성에서 기인한다. 즉, 라틴아메리카
는 기본적으로 다인종사회이다. 아메리카 원주민, 메스티소, 백인,

흑인, 물라토 등으로 구성되어 있으며, 국가별로 인종적 구성이 상이하다. 멕시코는 메스티소의 비중이 높지만, 아르헨티나나 칠레는 유럽계 백인 인구의 비중이 높고, 에콰도르와 페루, 볼리비아 등 안데스 고원 국가들은 원주민의 비중도 높다. 라틴아메리카 최대 인구를 보유한 브라질은 흑백 혼혈인 물라토나 흑인계의 비중이 높고, 자메이카와 바베이도스, 아이티 등 카리브해 국가는 흑인계의 비중이 압도적으로 높다.[3] 히스패닉/라티노라는 용어에서 연상되는 메스티소의 이미지는 미국에 거주하는 히스패닉/라티노 인구 중 60퍼센트 이상이 멕시코계 인구이기 때문이다. 그러나 미국에서 히스패닉/라티노는 범민족적 범주로 쓰이는, 국가가 개발하고 제도적 실행으로 확산시킨 '만들어진' 집단이다(김연진, 2016).

미국은 인종 구분에서 매우 엄격한 기준을 적용하는 국가이다. 1790년 인구조사를 처음 실시할 때부터 '백인 대 비백인'으로 인구를 분류하였다. 인종 분류에서 '한 방울의 법칙one drop'에 의거하여 비백인의 피가 한 방울이라도 섞이면 비백인, 즉 유색인종으로 간주하였다. 심지어 유럽에서 일어난 미국 이주 물결의 후반기인 20세기 초반에 유입된 남부 및 동부 유럽 이민자들까지 '유예된 백인'으로 취급하였다. 물론 그들은 미국 사회에 정착하면서 '공식적 백인'으로 인정받았지만 말이다(김연진, 2016, 80). 1790년 제정된 귀화법에서는

---

3 브라질은 아프리카에서 인구가 가장 많은 나이지리아를 제외하고는 전 세계에서 흑인계 인구가 가장 많은 나라이다.

백인만이 미국에 귀화하여 시민권을 취득할 수 있었고 비백인에게는 시민권이 허가되지 않았다. 1848년 「과달루페 이달고 조약」으로 미국 영토로 유입된 지역에는 소수였지만 멕시코 출신 거주자들이 있었고, 이들은 귀화법에 근거하여 미국 시민이 되었다. 당시 편입된 지역에 거주하던 멕시코계 인구의 상당수는 백인이 아니라 메스티소였다. 물론 그들은 시민권 이외에 백인으로서의 권리는 공식적으로 인정받지 못했다. 연이은 히스패닉/라티노의 미국 사회 유입은 미국의 전통적인 인구 분류 방식에 혼란을 주었다. 미국은 1898년 미서전쟁으로 획득한 푸에르토리코 및 괌의 주민들에게 '비백인'임에도 불구하고 시민권을 주었다. 결국 비백인에 대한 시민권을 제한하는 법은 제2차 세계대전 이후 폐지되었다(김연진, 2016, 81-82).

2003년, 미국 언론은 히스패닉 인구가 미국 최대의 소수민족 집단이 되었다고 발표하였다. 당시 히스패닉 인구의 규모는 아프리카계 미국인(흑인계)보다 1백만 명이 많았다. 비슷한 시기 미국에 가장 많은 이주민을 보낸 나라는 독일에서 멕시코로 바뀌었다(루벤스타인, 2015). 지리적 접근성 및 역사적 관계로 인해 20세기 후반 미국 내 멕시코계 인구의 증가가 두드러졌고, 멕시코계 인구의 유입 속도가 완만해진 20세기 말부터 21세기 초반에는 북부삼각지대 국가들, 즉 과테말라 · 온두라스 · 엘살바도르 인구가 빠르게 증가하였다. 이들은 일반적인 미국인들보다 더 높은 출산율을 보인다. 대부분의 이주민이 가임연령에 속하고 과거에 비해 여성 이주민의 비율이 크게 증가한 것 외에도, 미국 영주권이나 시민권을 획득하는 데에 미국 시민권을 가진 자녀가 있는 편이 훨씬 유리하기 때문이다. 게다가 라틴아메리카 대부분의 국가가 가톨릭 국가로, 합계출산율이 높다는 점도 히스패닉 인구의 높은 출산율을 뒷받침한다. 즉, 히스패닉계 인구의 증가 원인은 이주와 자연증가 모두 해당한다. 이는 히스패닉계 인구의 증가 추세에 대한 일반적인 설명이다.

미국 내 히스패닉계 인구가 이주 면에서나 자연증가 면에서 뚜렷한 증가 경향을 보이는 것은 사실이지만, 그보다도 히스패닉계 인구에 대한 미국 인구조사의 정의가 엄밀해진 탓에 이들의 증가가 사회적으로 더 '드러나고' '부각될' 수 있었다(김연진, 2016). 특히 1970년대 이후 미국 사회 내에서 히스패닉 인구의 증가가 가시화되고 그 출신지가 다양화되면서, 이들에 대한 미국의 인구 분류도 영향을 받았다. 이 과정에서 중요한 역할을 한 것이, 1977년 작성되어 1997년 수정된 미국 예산관리국의 〈통계정책지침 15Statistical Policy Directive 15〉이다. 1977년 미국 인구조사국에서 라틴아메리카에 기원을 둔 인구에 대한 공식적인 분류 명칭을 '히스패닉'으로 정하면서 1980년부터 인구조사에서 공식적으로 '히스패닉'만이 사용되었으며, 1997년 관련 지침이 수정되면서 2000년부터는 '라티노'라는 용어도 공식적으로 사용되기 시작하였다(김연진, 2016, 75).

미국은 1848년 미-멕 국경선의 확정 이후 처음 실시된 1850년 인구조사에서는 인구를 출생 국가로 분류하였다. 1850~1920년, 미국의 인구조사에서 멕시코계 인구는 라틴계가 아니라 백인으로 규정되었다. 1930년 실시된 인구조사를 제외하고 1980년까지 멕시코인과 푸에르토리코인을 비롯한 히스패닉/라틴계 인구들은 백인으로 규정되었다. 물론 인구조사원의 판단에 따라, 즉 외모상 흑인이나 아시아계 혹은 기타 인종적 특색이 강한 경우, 인구조사원이 백인으로 분류하지 않겠노라고 결정하는 경우에는 백인으로 규정되지 않았다. 1980년 이전 미국 인구조사국에서 히스패닉/라티노계 인구를 분류할 때, 스페인어를 모국어로 하거나(1940), 스페인어 성을 사용하거나(1950), 스페인계 기원이라는(1970) 기준을 근거로 삼았으며, 출생 국가는 기준으로 사용되지 않았다(김연진, 2016, 82). 즉, 미국은 속지주의屬地主義에 의거하여 시민권을 부여하는 나라임에도, 미국에서의 출생 여부보다 부모 및 그 문화적 배경에 따라 히스패닉/라티노계 인구를 규정하였다.

미국 인구조사국은 1980년부터 인구센서스를 할 때 라틴아메리카계 인구 증가와 그 출신지의 다양화를 염두에 두고 인종과 민족을 각각 물어보기 시작하였다. 즉, 대상자들에게 인종을 "백인/흑인/아시아 및 태평양 도서인/미국 원주민 및 알래스카 원주민/그 외 다른 인종"으로 분류하여 묻고, 다시 민족에 대한 질문에서 "히스패닉/비히스패닉"으로 묻는 방식이다(김연진, 2016, 76). 또, 1980년부터 인구조사원이 인구조사서를 작성하는 것이 아니라 응답자가 직접 작성하는 방식으로 바뀌었기 때문에 인구조사원의 판단과 결정은 배제되기 시작하였다. 응답자는 스스로 자신의 인종을 선택하게 되었으며, 모든 대상자가 본인이 히스패닉계 인구인지 아닌지를 대답했다. 만일 그 질문에 "예스yes"라고 답하면, 다시 "멕시코인/쿠바인/푸에르토리코인/기타"의 네 개 범주 중 어디에 속하는지 답해야 했다. 이는 미국의 인구조사 역사상 처음으로 히스패닉계 인구의 식별 기준을 공식적으로 제시한 것이었다. 물론 라티노라는 표현은 1990년에야 공식적으로 제시되지만, 미국 사회 내에서 히스패닉 집단의 존재가 공식적으로 탄생하였음을 의미한다[김연진, 2016, 82-83].

이러한 과정이 미국 정부의 자발적인 조치는 아니었다. 1970년 히스패닉이라는 개념이 인구조사에 처음 등장한 것은 히스패닉 단체들의 정치적 압력 때문으로, 이들의 의사를 수용한 닉슨 대통령이 인구조사에 반영을 지시하였다. 당시 미국에 거주하는 멕시코계 인구들은 촌락에 집단으로 거주하는 농업노동자이거나 대도시의 빈곤 지구인 바리오에 거주하는 도시 노동자였다. 이들은 상당수가 영어를 이해하거나 말하지 못하였고, 인구조사원들도 스페인어를 알아듣지 못하였기 때문에 제대로 된 인구조사가 이루어질 수 없었다. 히스패닉계 인구에 대한 인구조사는 정확성이 떨어졌다. 히스패닉계 인구는 자신들에 대한 조사를 충실히 해 달라고 연방정부에 요구하였다. 이는 당시 이들의 인구 규모가 빠르게 증가하고, 1960년대 치카노 운동을 중심으로 정체성에 대한 각성이 일어났기 때문이다[김연진, 2016, 83].

한편, 1977년 미국 예산관리국의 〈통계정책지침 15〉는 미국 내 인종 및 민족 분류의 기준으로 여겨진다. 이 지침이 탄생하게 된 데에는 1954년 브라운 대 토페카 교육위원회에 대한 역사적인 판결 이후 지속적으로 변화한 미국의 인종정책이 가장 큰 영향을 미쳤다. 미국의 인종정책은 교육 부문과 밀접한 관계를 맺으며 시행되었다. 1974년 연방교육관련기구간 협조위원회FICE: Federal Interagency Committee on Education⁴가, 소수집단교육관련 분과위원회Subcommittee on Minority Education가 제출한 《치카노, 푸에르토리코인, 그리고 미국 원주민을 위한 고등교육Higher Education for Chicanos, Puerto Ricans, and American Indians》이라는 보고서를 논의하는 과정에서 특정 집단에 대한 분류가 심각하게 잘못되었음을 지적하였다. 이를 시정하고자 미국 보건교육복지부 장관령으로 인종과 민족 집단 분류에 대한 표준지침이 마련되었다. 애초에 스페인어계 인구와 미국 원주민만을 대상으로 하였던 FICE의 소수집단교육관련 분과위원회는 미국의 모든 인종 및 민족을 대상으로 하는 포괄적 분류법 및 용어를 고려하여 미국 연방 내 모든 기구가 사용하는 표준화된 인종 및 민족 분류법의 초안을 마련하기로 하였다(김연진, 2016, 85-86).

이러한 배경에서 제정된 예산관리국 〈통계정책지침 15〉(1977)는 연방정부의 모든 부서와 행정 기구가 모든 인종과 민족 관련 데이터를 수집하고 유포할 때 사용하는 표준 분류 지침이었다. 이 지침은 4개 인종 분류(미국 원주민과 알래스카 원주민, 아시아인 또는 태평양 도서인, 흑인, 백인)와 2개 민족 분류(히스패닉, 비히스패닉)를 정하고, 추가적으로 더 자세한 정보를 수집할 수 있게 하였다. 이에 더하여 공식

---

⁴ 1964년 존슨 대통령의 명령으로 처음 구성되었으며, 1974년 닉슨 대통령의 행정명령으로 재구성되었다(https://education.stateuniversity.com/pages/1989/Federal-Interagency-Committee-on-Education.html).

적으로 "히스패닉은 어떤 인종에도 속할 수 있다Hispanics may be of any race"는 문구를 각주에 넣었다. 〈통계정책지침 15〉는 연방정부의 통계와 행정 보고에만 사용되었지만, 이 지침에서 제시한 인종 분류 범주는 미국 사회 전반의 공식적인 기준이 되었다[김연진, 2016, 86-87].

베티의 아버지는 왜, 언제부터 불법이주민인가?

〈어글리 베티〉에서 베티의 아버지는 성실하고 진실된 사람으로 그려진다. 돌아가신 베티의 엄마를 여전히 사랑하며 두 딸과 손자를 늘 사랑으로 돌본다. 한 마디로, 법 없이도 살 사람이다. 그러나 그는 범법자이다. 시민권은커녕 영주권도 없고, 심지어 이미 죽은 사람의 신분증 번호를 도용해 살고 있다. 가족들도 그 사실을 알고 충격에 빠진다. 그 같은 선량한 이웃 아저씨가 왜 범법자가 된 것일까?

미국 역사에서 "불법이민"이라는 말이 처음 등장한 것은 1920년대이다. 미국은 이민자의 나라로 알려져 있지만, 기본적으로 유럽, 특히 서구 및 북구 유럽계의 이민을 선호하고 장려해 왔다. 따라서 그 외 지역 출신자는 제한했다. 그러나 19세기 후반 미국 남서부 지역에 대한 개발 및 철도, 도로망 건설 등 국가 발전의 초석을 다지는 일에는 대규모의 노동력이 필요했고, 이민을 섣불리 제한할 수 없었다. 1882년 중국인에 대한 이민금지법으로 시작된 미국의 이민 제한은, 남서부 지역에 대한 개발이 어느 정도 마무리된 1920년대에 세 차례(1921, 1924, 1929) 관련 법률을 개정하며 민족과 인종 구성을 법으로 통제하려 하였다. 미국은 특히 19세기 말~20세기 초 유럽 남부 및 동부에서 대규모 이민을 받아들였는데, 미국 주류사회는 이들로 인해 소위 앵글로계 중심의 미국의 인종적·민족적 정체성이 위협받는다고 느꼈다.

이후 미국 주류사회는 초기 미국 이주민들이 생각했던 바람직한 민족 및 인종 구성을 유지하고자 새로 이주해 오는 이들의 인종과 출신 지역을 제한하기 시작하였다. 1924년 이민법에서는 1890년 당시 미국 내에 거주하는 이들의 출신 지역 비율, 그리고 1929년 이민법에서는 1920년 당시의 비율에 맞추어 이주를 희망하는 이들에게 쿼터를 주었다. 즉, 유럽인이 많이 이주해 온 미국 사회의 특성을 계속 유지하고자, 기존 이주민의 비율에 따라 새로 이주해 오는 이들에 대한 이주 허가를 결정하는 '국적기원별 쿼터제National Origins Quota System'를 도입하였다. 이 법에 따르면, 기존 이주민의 대다수를 차지하는 유럽의 서구 및 북구 출신은 '바람직한 이주민'이지만, 유럽 남부나 동부 출신, 아시아 출신, 아프리카 출신, 라틴아메리카 출신은 '바람직하지 못한' 이주민들이었다(김연진, 2013, 46). 바람직한 이주민은 환영받았지만, 바람직하지 못한 이주민의 이주는 제한되었다.

출신 지역별로 이민을 제한하는 개정 이민법에 따라 환영받지 못하는 이들은 뉴욕 엘리스섬이 아니라 다른 국경으로 입국하는 우회 경로를 찾게 되었다. 이에 1920년대 들어 국경의 중요성에 대한 사회적 인식이 부각되었고, 국경순찰대Border Patrol가 설립되고 이민자들에 대한 건강검사가 시작되었다. 이때 이민법 개정에 따라 미국 사회는 자신들이 원하는 이주민과 그렇지 않은 이들을 인식하였고, 원하지 않는 이주민에 대해 대대적인 이민 제한 및 통제를 실시하였다. 이는 결국 "불법이민illegal immigration"이라는, 이전에는 뚜렷하지 않았던 존재를 창출해 냈다. 나아가, 국경 통제를 피해 미국으로 들어와 거주하는 이들을 일컫는 "불법거류 외국인illegal alien"이라는 용어도 등장하였다(김연진, 2013, 46). 1920년대 개정된 이민법의 특징인 이주 한도 쿼터제는 특정 이주민 집단에 대한 배제를 가능하게 하였고, 이 정책의 해석과 집행 과정에서 불법이주민 및 불법거류 외국인이라는 범주를 만들어 내었다(Bustamante, 1971, 708: 김연진, 2013, 49에서 재인용).

결국 미 국경순찰대가 막고자 한 대상은, 국경을 넘어 들어오는 아시아계와 기타 국가 이주민들이었다. 쿼터를 넘어 이주해 온 남부나 동부 유럽계들은 미국 입국 후 불법이주 문제를 쉽게 해결할 수 있었다. 그렇다면 멕시코인들은 어떠했을까? 미국 이민법에서 멕시코인들은 출신지 쿼터제의 영향을 받지 않았다. 1882년 「중국인 이민금지법Chinese Exclusion Arct」 제정과 1917년 아시아 노동자 입국금지 조치로 1920년대 미국은 특히 농업 및 산업 분야에서 노동력 부족 문제가 심각하였다. 미국은 이 문제를 멕시코인 이주로 해결하고 있었다. 당시 미국의 식민지 및 속주였던 필리핀과 푸에르토리코 사람들을 동원하는 방법도 있었지만, 미국 정부와 고용주들은 멕시코 노동자를 더 선호하였다. 노동력이 필요한 기간에 이주해 왔다가 다시 멕시코로 돌아가는 계절이주노동자들은 미국 사회가 원하던 노동력이었다.

 게다가 1911년 멕시코혁명이 발발하여 멕시코 전역이 약 10년간 내전 상태에 돌입하자, 상당수의 멕시코 노동자들이 미국으로 피난 겸 노동이주를 하였다. 이에 미국 의회는 일시적 노동자들이 이민 법과 관계없이 미국에 입국하여 일을 할 수 있는 법 조항을 만들었고, 1917년 일시적 계약노동자 프로그램인 브라세로 프로그램도 실시하였다. 이때의 브라세로는 앞서 이야기한 1941~1964년 브라세로 프로그램보다 짧지만 집약적으로 실시되었다. 이때 실시된 브라세로 프로그램은 1917~1929년 동안 유지되었다. 1920년대에만 일시적 계약노동자로 미 국경을 넘은 멕시코 노동자가 1백만 명이 넘었다(김연진, 2013, 42~43). 그러나 멕시코 노동자들에 대한 미국 사회의 태도가 늘 호의적인 것은 아니었다. 1929년 미국을 비롯한 서구 자본주의 경제가 대공황을 맞으면서 멕시코 노동자들도 미국 사회에서 환영받지 못하는 존재가 되었다. 초기 1백만 명이 미국에서 추방된 이래, 대공황이 끝날 때까지 총 4백만 명의 멕시코 노동자들이 추방되었다.

 오늘날 미국에서 멕시코인들이 '불법이주민'의 대명사로 취급받지만, 미-멕 전쟁 이후 미국에 편입된 영토에 살고 있던 약 8만 명의 멕시코인들에게는 백인 여부와 상관없이 미국 시민권이 허용되었다. 미국 센서스에서도 멕시코계를 비롯한 라티노들은 1980년 이전 조사까지 대부분 백인으로 분류되었다. 그러나 이러한 법적 정의에도 불구하고, 멕시코인들은 사회적으로는 유색인종으로 간주되었다. 1960년대 토페카 교육위원회 판결이 나오기 전까지는 백인과 격리되어 교육받고 생활하였다. 특히 미국 사회 전반에 깔려 있던 인종주의적 편견에 따라 멕시코 출신 이주민은 열등한 메스티소 mestizo(혼혈인)로 간주되었다. 미국 사회는 이들을 "외국계 시민alien citizen"이라는 편견 어린 시선으로 보았다. 심지어 미국에서 출생한 시민권을 가진 멕시코계 미국인들도 "영구적 외국인"으로 간주하였다(김연진, 2013, 46). 법에 따르면 미국 시민이 될 수 있지만, 인종적으로 비백인이기 때문에 시민권을 받을 자격이 없다는 논리였다. 그러나 미국 대중의 "머릿속 상상"과 달리, 멕시코인들은 인종적으로 상당수가 백인이다.

멕시코인, 더 나아가 라티노들을 사회적으로 "불법이민자"로 낙인찍은 계기는 미 국경순찰대의 설립이었다. 원래 미국과 멕시코를 가르는 3,145킬로미터의 국경에는 장벽이 아니라 표지석이 세워졌으며, 국경 검문소도 몇 군데 되지 않았다. 육로로 긴, 그것도 경비가 허술한 국경선을 따라 이주가 자유로이 이루어졌다. 게다가 앞에서 본 것처럼, 미국의 농업 부문은 일찍부터 멕시코의 계절이주노동자를 광범위하게 이용하였고, 이들은 대부분 불법이주노동자였다. 국경을 넘나들며 자연스레 이루어지는 노동자 이동에는 불법이나 합법의 개념조차 없었다. 그러나 1924년 미국과 멕시코 국경 지역에 국경순찰대가 설립되면서 분위기가 바뀌었다. 순찰대의 주요 업무는 이민법을 어기고 국경을 불법적으로 건너는 이들을 단속하는 것이었다.

미국은 아직도 캐나다에 대해서는 오픈 국경제도를 적용하고 있기 때문에, 국경순찰대는 미국과 멕시코 국경 지역에 배치되었다. 국경을 넘어오는 이들은 강을 건너서 오다 보니 물에 젖어 있어서, 이들을 '웻백wetback'이라 불렀다. 강을 건너 국경을 넘는 멕시코 이주노동자를 일컫던 이 표현은 불법이주자와 동의어가 되었다. 더 나아가, '웻백'은 단순히 이민법을 위반한 사람들을 넘어, '외부자 outsider'로서 미국에 머물 자격을 갖추지 못한, 이민법을 위반했기 때문에 다른 혜택도 받을 자격이 없는 이들을 포괄하여 지칭하는 범주가 되었다. 국경순찰대의 업무도 밀수나 밀입국 단속에서 불법이민자 추적과 체포로 전환되었고, 국경을 중심으로 이루어지던 국경순찰대의 활동도 계약 위반 노동자 체포와 추방 등 국내 단속 활동으로 확대되었다. 이에 따라 국경순찰대의 주요 단속 대상이던 멕시코인에게 씌워진 '불법'의 이미지는 더욱 강화되었다[김연진, 2013, 50].

1960년대 이전 미국의 이민 관련 판결은 인종차별적 경향이 뚜렷하였다. 백인의 시민권 획득과 이주에 호의적이던 미국 사회는 유럽이나 캐나다 출신 불법거류 외국인들에게는 쉽게 시민권을 내주었다. 반면에 비유럽계 백인과 유색인종은 시민권 획득이 어려웠다. 법적으로 멕시코계 이주민은 백인으로 분류되고 있었지만, 미국 법원은 멕시코계가 불법입국자라는 가정에 기반하여 범법자이므로 "선량한 도덕적 자질"을 요구하는 귀화 시민권을 획득할 자격이 없고, 애초에 시민권이나 합법화의 대상이 될 수 없다는 논리를 폈다. 이러한 편견에 따른 불공정한 법 집행을 통해 멕시코인은 불법거류 외국인의 상징으로 떠올랐으며, 그 출신 국적에 따라 미국에서 배제되고 제거될 수 있는 집단으로 인식되었다(김연진, 2013, 51).

과거 이주를 원하는 이들의 출신지에 따라 이주민 규모를 제한하던 미국의 이민법은 「1965년 이민개혁법Immigration Reform Act of 1965」으로 개정되었다. 이에 따라 이주민의 인종적·민족적 제한이 폐지되고, 가족의 재결합을 최우선 순위로 이민 비자가 선착순 배정되었다. 이미 미국에 정착한 인구가 많은 멕시코인들에게는 유리한 제도로, 이때부터 멕시코인들이 합법적 이주민의 대다수를 차지하게 되었다. 그러나 지금도 미국인들에게는 멕시코인이 '불법이주민'으로 인식되고 있으며, 미국에 거주하는 멕시코계 인구가 3,700만 명을 넘어섰음에도 여전히 '외국인 타자alien other'로 인식되고 있다(김연진, 2013, 52).

제10장

라티노 혐오론과 국경 강화

21세기 들어 미국 사회가 겪은 가장 중요한 인구학적 변화는 히스패닉계 인구의 증가에 대한 '인지'였다. 이전까지 미국 사회에서 백인계 인구 다음으로 중요한 인종은 흑인이었다. 물론 히스패닉계 인구가 성장하고 있었지만, 이주민의 비중이 높고, 영어보다는 스페인어를 사용하는 경향이 높으며, 교육 연한이 짧고, 농업노동자 비중이 높은 데다 비교적 빈곤한 히스패닉계 인구는 미국 내에서 '다수'이지만 그리 중요한 인구 집단이 아니었다.

그러나 2000년 인구센서스에서 히스패닉계 인구는 인구 규모 면에서 흑인에 버금가는 집단으로 떠올랐다. 특히, 멕시코는 독일을 제치고 미국으로 가장 많은 이주민을 보낸 나라가 되었다. 민주주의 사회에서 인구학적 다수가 되었다는 사실은 유권자로서 자체적인 힘을 갖게 됨을 의미한다. 미국에서는 언젠가부터 "라티노의 표를 얻지 못하면 대통령이 될 수 없다"는 말이 공공연하게 돌았다. 이를 증명한 것이 조지 W. 부시 대통령의 선거 결과였다. 2000년 11월 대선 당시 그는 앨 고어 민주당 후보보다 더 적은 표를 얻었지만 승리했다. 선거 결과를 가른 곳은 플로리다였다. 부시 대통령은 공화당 후보였지만 라틴계 표를 얻었다. 그의 동생이자 플로리다 주지사였던 젭 부시와 그의 아들들이 전국을 돌며 라틴계 표를 몰아다 주었기 때문이다. 현재도 공화당의 유력 대선 주자인 젭 부시의 부인은 멕시코 출신으로, 그녀는 젭 부시의 대선 승리 가능성을 높여주는 요인으로 꼽힌다.

그러나 미국 사회에서 부각되기 시작한 라틴계의 존재감이 긍정적인 면만 있는 것은 아니다. 탈산업화가 진행되고 신자유주의 체제로 들어서면서 미국도 빈부격차가 심해졌고, 저소득 계층과 노동자 계층의 삶이 힘들어졌다. 어느 사회에서나 그렇듯 사람들은 눈앞에 보이는 가장 약한 존재들에게서 그 원인을 찾았다. 사실은 그전부터, 멕시코 농부들이 미국의 부족한 일손을 채워 주던 시절부터, 더 거슬러 가면 미국이 멕시코로부터 서부 지역을 빼앗은 순간부터 미국인들은 멕시코 사람들에 대한 두려움과 혐오감을 키워 왔다.

새로운 정치적 변수, 히스패닉

21세기 미국 정치에서 히스패닉 인구는 중요한 변수로 떠올랐다. 미국에서 백인 다음으로 다수를 차지하는 유권자 집단이 되었기 때문이다. 2022년 중간선거에서 투표권이 있는 히스패닉계 인구는 3,455만 명으로, 3,270만 명의 흑인계 유권자나 1,335만 명의 아시아계 유권자보다 많았다. 히스패닉계 인구는 전체 유권자의 14.3퍼센트를 차지하여 백인 다음으로 표가 많은 인구 집단이 되었다. 특기할 점은, 2018년 선거와 비교해 흑인계 유권자가 75만 명, 아시아계 유권자는 105만 명 증가한 데에 비해, 히스패닉계 유권자는 470만 명이나 증가하였다는 점이다. 동 기간 미국에서 증가한 전체 유권자(765만 명)의 61.4퍼센트가 히스패닉계였다. 게다가 히스패닉 유권자의 중앙 연령은 39세로, 미국 유권자 평균(48세)보다 젊고 모든 인종 집단 중에서도 가장 젊다. 이들은 향후 가장 오랜 기간 투표권을 행사할 집단이다(Pew Research Center, 2022.10.12.).

이렇게 히스패닉 인구는 미국 정치인들에게 중요한 유권자 집단으로 떠올랐다. 이러한 경향은 최근 미국에서 치러진 선거에서도 나타났다. 2022년 11월 8일, 미국은 연방 상원의원 35명(전체 상원 의석 100명의 3분의 1), 연방 하원의원 전원(435명), 그리고 선거 주기를 맞은 36개 주의 주지사, 주의회 의원, 교육감 등을 선출하는 중간선거를 치렀다. 미국의 중간선거는 4년간의 대통령 임기 중간에 치러지기 때문에 현 정부 및 대통령에 대한 중간평가 성격이 있다. COVID-19 상황과 높은 인플레이션, 경기 악화, 아프가니스탄 철군과 러시아-우크라니아 전쟁 등 국제관계 문제, 대법원의 낙태권 폐기(Roe vs. Wave 판결) 등을 이유로 대부분의 언론에서는 공화당의 압승을 예견하였다. 미국 행정부의 중간선거는 야당이 승리하는 것이 일반적이기 때문에 타당한 예상이었다. 그러나 결과는 상원에서는 민주당이 51석을, 공화당이 49석을 차지하였고, 하원에서는 공화당이 222석, 민주당이 213석을 차지하였으며, 주지사 선거에서는 공화당이 26개 주지사를, 민주당이 24개 주지사를 배출하였다(민정훈, 2022). 심지어 보수적인 남부를 대표하는 조지아주의 상원의원이 결선투표까지 갔지만, 민주당이 승리하였다. 예상에 비해 민주당은 많은 의석수를 얻어, 바이든 대통령이 좋은 성적표를 받았다는 평이 지배적이었다(연합뉴스, 2022.12.7.).

전통적으로 양당제가 고착화된 미국은 남성보다는 여성이, 고소득자보다는 저소득자가, 저학력보다는 고학력자가, 촌락민보다는 도시민이 진보적인 성향의 민주당을 지지하는 경향이 나타난다. 무엇보다 인종에서 그러한 차이가 두드러지는데, 2022년 중간선거에서 전체 인구의 73퍼센트를 차지하는 백인은 공화당 지지자(58퍼센트)가 민주당 지지자(40퍼센트)에 비해 높은 반면, 유색인종은 민주당 지지율이 높게 나타났다. 전체 인구의 11퍼센트를 차지하는 흑인은 86퍼센트가 민주당을, 역시 전체 인구의 11퍼센트를 차지하는 라티노 중 60퍼센트가 민주당을, 전체 인구의 2퍼센트를 구성하는 아시아계는 58퍼센트가 민주당을 지지하였다. 특히 공화당의 트럼프 대통령은 임기 중 이주민에 대한 차별, 그중에서도 히스패닉계 인구에 대한 혐오를 기반으로 백인 유권자들의 지지를 이끌어 내었기에 유색인종 인구의 공화당에 대한 반감이 더욱 깊어졌다.

이에 트럼프 행정부는 민주당을 지지하는 경향이 뚜렷한 히스패닉계 인구를 비롯한 이주민 사회가 미국 정치에 관여할 수 있는 범위를 줄이려 하였다. 2019년, 트럼프 행정부는 매 10년마다 시행되는 인구센서스에서 불법이민자를 제외하는 행정명령을 발효하였다. 이는 미국 남서부 지역에서 미-멕 국경을 넘어 이루어지는 히스패닉계 인구의 대규모 유입으로 이 지역의 선거인단 수가 늘어나는 것을 막기 위한 조치였다. 상주常駐주의 원칙에 따라 센서스를 실시하는 다른 국가들처럼, 미국도 현재 거주 중인 이들의 국적이나 체류의 적법성 여부와 상관없이 현재 그 지역에 거주하는 주민이 조사 대상이 된다(이용균, 2018). 1790년 이후 매 10년마다 실시되는 미국의 인구센서스도 시민권 여부와 관계없이 거주자를 대상으로 센서스를 실시해 왔다. 따라서 영주권 소지자나 불법이민자도 투표권은 없지만 인구센서스에서는 지역 인구로 집계되었다. 이들은 투표를 통해 대표자를 뽑을 수는 없어도 선거구의 형성에 영향을 미친다.

미국 연방정부는 인구센서스 자료를 근거로 각 주에 배당할 연방 하원의원 의석수를 결정하고, 그에 따라 선거구를 정한다. 즉, 인구가 많은 주는 선거구도 많이 배당받게 되는데, 캘리포니아주의 선거구는 무려 53개이다. 반면, 인구가 적은 알래스카주, 델라웨어주, 몬태나주 등 6개 주에서는 하원 의석 선거구가 하나뿐이다. 미국 하원 의석은 1963년 이후 435명으로 고정되어 있기 때문에 상대적으로 인구가 많은 주에서는 선거구가 늘어나서 하원의원이 더 많아지고, 인구가 상대적으로 적은 주에서는 의석수가 줄어드는 시스템인 것이다. 대통령선거에서 당락을 결정하는 각 주의 선거인단은 그 주의 상원의원 수와 하원의원 수를 합한 것이다. 상원의원의 수는 각 주별로 두 명씩 고정되어 있기 때문에, 결국 하원의원 의석수가 증가하면 선거인단이 증가하는 것이다.

미국의 선거법에서는 각 주의 선거인단에서 다수를 차지한 당이 그 주의 선거인단을 모두 가져가기 때문에, 선거인단이 많은 주일수록 대통령선거에서 결정적인 역할을 담당하게 된다. 즉, 당시 재선을 노리고 있던 공화당계 트럼프 전 대통령이 민주당 성향의 히스패닉계 인구를 견제하려, 민주당에 배당되는 연방하원 수와 선거인단 수를 줄이고자 한 것이다. 그러나 이 행정명령은 연방 사법부에 막혀 실행되지 못하였다(하상용, 2021). 이는 이주민 인구, 특히 히스패닉 인구의 정치적 영향력에 대한 미국 정치권의 인식을 잘 드러내 주는 사건이었다.

마녀가 필요한 사회의 약자, 이주노동자

최근 여러 국가에서 우경화 경향이 나타나며, 우파 보수 정당 및 정권의 득세로 이어졌다. 특히 유럽이나 북아메리카 등 선진국에서 이러한 경향이 두드러졌다. 우리는 흔히 사회적 갈등의 표면적인 원인으로 민족이나 종교를 들지만, 민족이나 종교 갈등으로 표현되는 현상들의 근본적인 원인은 식민지배와 같은 역사적 사건이나 경제적 문제들이다. 최근 유럽에서 나타나는 이슬람교도 및 아프리카계 인구에 대한 혐오나 미국에서 두드러지는 이민자, 특히 라틴계 이민자에 대한 혐오도 마찬가지다. 더욱이 이주노동자와 난민들의 선진국 이주가 증가하면서, 이주민은 일반인들 눈에 가장 잘 띄는 약자가 되었다.

유럽은 식민시대부터 식민지 인력들을 이주시켜서 국내 노동력 부족 문제를 해결해 왔다. 특히 제2차 세계대전 이후 재건 과정에서 노동력이 부족했던 유럽 국가들은 과거 식민지였던 아프리카, 아시아, 카리브해 지역 등지에서 노동이주자들을 대거 받아들였다. 영국은 남아시아 및 카리브해 인구가 대거 이주하였고, 프랑스는 알제리·모로코 등 북부 아프리카 지역에서, 독일은 터키계 인구의 이주가 두드러졌다. 이들은 유럽의 재건에서 중요한 역할을 하였으나, 유럽 경제가 회복되고 발전 속도가 더뎌지면서 이들 노동력에 대한 필요성도 감소하였다. 특히 이들이 거주하는 지역은 유럽 내에서도 빈곤한 지구로, 이 지역에서 자란 청소년들은 주류사회에 들어가지 못하는 차별의 대상이 되었다.

166명의 사망자를 낸 2015년 파리 테러 사건도 과격한 이슬람교도들의 돌발 행동처럼 보도되었지만, 실제로는 이주민 사회에 대한 주류사회의 차별과 혐오 정서가 유발한 사건이었다. 이주민 자녀들이 품고 있던 불만과 분노가 극단주의 이슬람 테러조직 ISIslamic State 와 결합하며 표출된 것이었다. 물론, 이전에도 그 이후에도 주류사회와 이주민 집단 간의 갈등은 여러 분야에서 표출되었다. 그러나 유럽 및 국제사회에 존재하는 이주민 사회에 대한 편견과 차별은 나아지기는커녕 악화되고 있다. 게다가 아프리카 및 서남아시아 일부 국가들의 내전과 경제 파탄 등으로 유럽으로 향하는 난민 수가 증가하면서, 이주민과 난민에 대한 유럽 사회의 혐오와 편견은 더 심화되고 있다.[1]

이주민 및 난민들에 대한 주류사회의 혐오와 차별은 단순히 '더 이상 이주민이 썩 필요하지 않은' 상황 때문만은 아니다. 자본주의

---

[1] 더욱이 2011년, 42년간 집권했던 리비아의 독재자 카다피가 실각함으로써 북아프리카로 이주하는 가장 중요한 경로이던 리비아 루트가 사실상 통제 불능 상태가 되면서 유럽으로 유입되는 아프리카계 및 이슬람계 이주민의 흐름은 지속될 것으로 예상된다.

사회의 구조적인 문제도 적지 않다. 신자유주의 정책으로 선진국 내에서도 빈부격차가 심화되고, 초국적기업들의 경제활동이 국가 경계를 넘어 이루어지면서 노동자 계층의 일자리와 임금이 줄어들었고, 세계화 경향으로 국제 노동이주자들이 선진국의 저기술 저임금 노동직을 다수 점유하는 데에서 일부 기인한다 할 수 있다. 즉, 선진국 경제도 예전에 비해 일자리는 줄어들었지만 임금은 충분히 오르지 않고, 주민들 중 상당수가 저임금의 고된 노동도 마다하지 않는 이주노동자들과의 경쟁에 내몰렸기 때문이다.

미국의 경우, 19세기 후반 산업혁명 이후 국가의 경제발전을 주도하던 북동부 및 오대호 연안의 제조업 지구에서 이러한 경향이 가장 두드러졌다. 20세기 후반 시작된 미국의 탈산업화 과정에서 기업들은 미국의 남부 지역으로, 멕시코의 마킬라도라 지역으로, 중국으로 이주해 갔고, 미국의 전통적인 제조업 지구에서는 대규모의 노동자들이 실직하였다. 이러한 과정에서 2013년 7월 18일, 자동차산업의 메카이자 미국 제조업의 상징이던 디트로이트시가 파산하였다. 이는 미국인들뿐 아니라 전 세계 사람들에게 큰 충격을 안긴, 제조업 일자리가 갖는 사회적 영향력을 잘 보여 주는 사건이었다.

미국의 제조업 지구, 특히 북동부의 '러스트벨트' 지역에서 일자리가 줄어들고 실업률이 높아지며 소득이 줄어든 것은 외국인 노동자들이 지역 주민들의 일자리를 빼앗아서가 아니었다. 미국의 산업이 탈산업화하는 과정에서 제조업체들이 멕시코와 중국 등 외국으로 생산기지를 옮긴 것이었고, 그 목적은 생산 비용의 절감을 통한 기업의 이윤 확대였다. 그와 동시에 미국은 금융산업의 발달이 경제를 이끌었고, 생산자서비스(기업의 활동에 투입되는 서비스)를 비롯한 새로운 고부가가치 서비스 부문에서 고용이 증가하였다. 그러나 제조업체에서 일하던 블루칼라 노동자들이 새로 만들어진 고임금의 금융이나 생산자서비스 부문에 고용될 수는 없었다. '기술 하나 있으며 먹고살 만했던' 미국이라는 나라의 중산층이었던 제조업체 노동자들은 실직하거나 임금이 더 낮고 고용이 더 불안정한 서비스 분야로 이직해야 했다. 나라의 경제구조와 노동시장 환경의 변화로 그들은 더 가난해졌다.

그런데 미국 사회 일각에서 미국 중산층, 특히 러스트벨트 지역사회가 당면한 문제들이 마치 이주자들 때문인 것처럼 비난의 화살을 돌리는 여론이 형성되었다. (미-멕) 국경을 불법으로 넘어온 치카노 및 라티노들이 미국인들의 일자리를 빼앗았기 때문이라는 것이다. 게다가 앞서 살펴본 것처럼, 1982년 멕시코의 모라토리엄 선언과 IMF 금융구제 상황, 그리고 NAFTA를 통한 멕시코와의 경제적 통합은 멕시코인들이 미-멕 국경을 넘어 대규모로 이주해 오는 계기가 되었다. 이러한 변화는 미국인들에게 "멕시코인들이 우리의 일자리를 모두 빼앗아 가고 있다"는 인식을 심어 주기에 충분했다.

게다가 트럼프 전 대통령은 여러 면에서 역대 미국 대통령들과는 차별화된 행보를 보였다. 그중 가장 두드러진 특징이 외국계 이주민, 특히 미-멕 국경을 통해 입국한 라틴아메리카계 이주민에 대한 노골적인 적개심이었다. 트럼프 전 대통령이 대선 운동 과정에서 드러낸 친백인계 성향은 전통적인 공화당 지지자들의 정서에 호소하는 선거 전략으로 해석되었다. 그러나 트럼프 행정부는 이민과 관련하여 미국 현대사를 통틀어 가장 공격적인 정책을 펼쳤고, 기존 미국 이민 시스템의 해체와 재건이라는 평가를 받을 정도로 극적인 변화를 만들어 내었다. 트럼프 행정부가 미-멕 국경에 대해 실시한 정책과 이주민 정책은 전 세계적으로 주목을 받을 정도였다.

물론 이민자들에 대한 미국 정부의 입장이 트럼프 행정부 시절 갑작스레 바뀐 것은 아니다. 미국 연방정부는 2001년 9·11 사건 이후 외국인의 미국 입국 및 체류에 대해 보수적인 태도를 강화하고 있었다. 행정부의 당적에 따라 정도의 차이는 있지만, 이주민, 특히 적법한 서류를 갖추지 못한 불법이주민undocumented migrants에 대한 규제는 지속적으로 강화되는 경향을 보였다. 이런 상황에서 트럼프 전 대통령은 2016년 대선 후보 당시부터 외국인 이주가 미국의 경제안보에 위협이 된다는 프레임을 설정하였다. 트럼프 행정부는 이슬람권 국가 주민들의 미국 이민을 막는 소위 '이민봉쇄정책'을 실시하였고,[2] 라틴아메리카 출신 이주민에 대해서도 강력한 이주 통제를 실시하였다. 트럼프 행정부는 자국의 이익 보호라는 미명 하에 향후 미국에 공적 부담이 될 수 있는 사람들, 예를 들어 여성, 고연령층, 어린이, 중앙아메리카 국가 출신자, 멕시코인 등에 대한 영주권 부여를

---

[2] 이슬람권 국가로부터의 이민을 봉쇄하는 것은 미국의 연방 수정헌법 1조에 보장된 종교의 자유를 침해한다는 소송이 제기되었다. 그러나 연방대법원에서 트럼프 행정부의 입장을 옹호하는 판결이 내려졌다(하상용, 2021, 66).

제한하였다. 트럼프 행정부에서 영주권을 신청한 이들의 약 69퍼센트가 이 중 한 가지 이상에 해당되었다(Pierce and Bolter, 2020, 4). 트럼프 행정부에서 이주민은 '미국 사회의 발전에 기여하는 사람들'이 아닌 '미국 사회에 부담이 될 수 있는 사람들,' 즉 평범한 미국 사람들이 먹여 살려야 하는 사람들로 인식되었다. 그런데 이것이 트럼프만의 시각은 아니었다.

서류를 갖추지 못한 사람들 vs 범죄자들

미-멕 국경과 관련하여 미국 행정부의 가장 큰 관심사 중 하나는 국경을 넘는 사람들의 법적 지위다. 국경을 넘어 다른 나라에 입국하려는 이들이 적절한 서류를 갖추고 들어오는 경우에는 일반적으로 "합법이주자legal immigrant"라는 표현을 쓰고, 적절한 서류를 갖추지 못한 경우에는 "불법이주자illegal immigrant"라는 표현을 사용한다.

그러나 엄밀히 말해, 불법이주자라 하더라도 외국인 출입 및 그들의 법적 지위와 관련한 적법한 서류가 없을 뿐이지 절도나 강도 같은 구체적인 범법 행위를 저지른 사람이 아니다. 하지만 "불법"이라는 용어는 그들이 마치 범죄를 저지른 사람이거나 그럴 가능성이 높은 사람이라는 편견을 갖게 한다. 다른 국가에 적법한 서류 없이 체류하는 것은 분명 해당 국가의 법무부가 정한 법률에 위배되지만, 그러한 행위 자체가 여타 중대 범죄처럼 해당국의 안전이나 안보를 위협하지는 않는다. 따라서 최근 국제기구에서는 이들에게 필요한 서류를 제대로 '갖추지 못한' 혹은 '불완전하게 갖춘'이라는 의미의 "irregular"라는 표현을 사용한다. 당국에 등록하지 않았다는 의미에서 "unauthorized"(무허가의, 공인되지 않은)라는 표현을 사용하기도 한다. 한편, 2006년 멕시코계를 중심으로 미국에서 일어난 미등록 이민자들의 시위에서 이들이 원한 것은 '미국 시민권'이라는 법적 지위가 아니라 미국 영토에 '자유롭게' 드나들 수 있는, 즉 일할 수 있는 권리였다(이은아, 2013).

미국 사회에서 불법이민자들의 불법성은 실제보다 훨씬 더 부풀려져 있다. 불법이민자들의 '불법성'이 필요악이기 때문이다. 불법 상태의 노동자는 보험을 들어줄 필요가 없으며, 규정보다 낮은 임금을 주어도 된다. 열악한 노동환경이나 부당한 대우에도 노동자들은 참고 일을 한다. 심지어 임금을 주지 않아도 그 부당함을 법에 호소하거나 타인에게 발설하지 못한다. 자신의 존재 자체가 불법이기 때문이다. 불법이민자를 고용하는 고용주는 고용될 자격이 없는 그들을 고용함으로써 위험을 무릅쓰고 은혜를 베푸는 것처럼 굴지만, 실제로는 노동자의 불법성을 이용해 낮은 임금으로 노동력을 착취할 수 있다. 이민자를 '불법'이라는 테두리 안에 가둠으로써 노동자들은 더 높은 경제적 가치를 지니는 존재가 된다. 나아가, 이민자들의 불법성에 대한 사회적 관심과 경계심이 높아질수록 이민제도를 더 억압적으로 만드는 과정에 대한 사회적 저항이 줄어든다(이은아, 2013).

앞서 이야기한 바처럼, 미국 사회에는 "불법이민자=멕시코인"이라는 편견이 형성되어 있다. 미국 내에 거주하는 멕시코인의 70퍼센트 정도가 미국 시민권자이고, 최근 미국으로 유입되는 불법이민자들의 상당수는 북부삼각지대 국가 출신이지만, 멕시코인은 불법이민자라는 편견이 여전하다. 미국 사회가 이들에게 '불법'의 이미지를 본격적으로 덧씌운 것은 1990년대 NAFTA 이후, 멕시코인의 미국 (불법)이주가 본격적으로 증가하면서다. 앞 장에서 이야기한 바처럼 멕시코인의 이주 역사는 매우 오래되었지만, 계절이주노동자의 비중이 높고 대부분 농촌지역 농장에 집중되었기 때문에 그 존재가 눈에 띄지 않았다. 그러다 1990년대 이후 멕시코인들의 미국 이주가 대규모로 진행되면서 캘리포니아, 텍사스 등 국경과 인접한 남서부 지역에서 멕시코계 인구의 비중이 높은 카운티들이 증가하였고, 일자리를 찾아 대도시지역으로 이주한 이들이 도시 내에 멕시코계 게토들을 만들면서 이들에 대한 미국 주류사회의 인식이 형성되었다.

특히 멕시코계 이주노동자들을 표적으로 삼은 '불법'의 이미지는 1960년대 브라세로 프로그램에서부터 공론화되었다. 브라세로 프로그램은 엄연히 양국 간에 공식적으로 이루어진 노동계약협정으로, 노동자들은 단기체류 허가를 받고 '합법'적으로 입국하였다. 그러나 미국인 고용주들은 임금이 더 낮고 안정적으로 노동력을 제공할 수 있는 불법노동자들을 더 선호하였다. 따라서 합법적으로 고용되었던 브라세로 노동자들은 계약기간이 종료되어도 멕시코로 돌아가지 않고 남아서 불법노동자가 되었다. 고용주들에게는 노동자의 법적 지위가 중요하지 않았고, 노동자들은 불법노동자로의 전환에 대한 주저함이나 경계심이 적었다. 브라세로 프로그램이 실시되는 기간 동안 약 480만 명이 정식 계약노동자로서 국경을 넘었으며, 불법노동자들은 5천만 명 혹은 그 이상일 것이라고 추정된다. 브라세로 프로그램은 멕시코 노동자들을 '초청'한 적법한 프로그램이었지만, 이를 계기로 멕시코인은 곧 불법적인 외부인이라는 이미지가 만들어졌다(이은아, 2013, 263).

미국 사회에서 멕시코 노동자의 불법성이 더 가시화되고 공론화된 것은, 1990년대 미국 정부가 미-멕 국경을 국가안보의 주요한 지역으로 인식하고 군사화하기 시작하면서부터다. 미국과 멕시코는 1848년 「과달루페 이달고 조약」으로 양국 간의 전쟁이 종료된 이후 지정학적 갈등을 겪은 적이 없다. 즉, 두 국가 간에 어떠한 군사적 긴장도 없이 150년간 지내다가 미국 정부가 갑자기 국경 지역을 군사화한 것이다. 매우 이례적인 경우이다. 미국 정부는 1993년부터 미-멕 국경에 대한 정책 기조를 과거 이주노동자의 흐름을 조정하던 것에서 사막이나 산악 지역에서 불법이주자를 검거하는 쪽으로 전환하였다. 국경 지역의 군사화는 이주노동자, 특히 멕시코계 이주노동자들의 불법성을 더욱 가시화했다. 미국 정부는 대부분 민간인인 불법이주자들을 단속하기 위하여 군부대까지 배치하였다. 이들에 대한 체포나 구금도 폭력적인 방식으로 진행되었다.

이에 따라 국경을 넘는 일은 예전보다 훨씬 더 위험하고 비싼 비용을 치러야 하는 일이 되었다. 국경을 넘고자 하는 이들은 대부분 타지역 사람들로, 국경 지역의 지리와 여건에 익숙치 않은 그들이 개인적으로 국경을 넘는 것은 위험하고 엄두가 나지 않는 일이었다. 그래서 이들을 데리고 국경을 같이 넘어 주는 코요테(밀입국 브로커)가 늘어났다. 국경을 넘는 이들의 절박한 상황과 삼엄함 국경 경비는 코요테들에게 지불해야 할 비용을 높였고, 이는 멕시코 및 중앙아메리카 범죄 조직들이 월경사업에 뛰어드는 계기가 되었다. 월경 비용의 증가는 결국 이주노동자들의 경제적 부담을 가중시켜, 이주노동자들은 예전보다 더 많은 빚을 진 채 국경을 넘어야 했다(이은아, 2013, 266).

무엇보다도, 이주민에 대한 미국 사회의 인식이 극적으로 변화한 계기는 2001년 9·11 테러 사건이었다. 이 사건으로 인해 미국 사회 전반에 테러에 대한 불안감이 조성되었고, 이주민들을 국가안보를 위협하는 존재 혹은 침입자로 인식하기 시작하였다. 이에 발맞춰 미국 정부는 2002년 국토안보부Department of Homeland Security를 신설하여 인적 통행에 대한 감시와 통제를 강화하였다. 이민자들에 대한 통제 강화는 테러를 막기 위한 적절한 행위라는 암묵적 동의가 사회 전체에 형성되었다. 이에 따라 미국으로의 유입을 통제하는 여러 장치와 제도가 정비되었다. 미-멕 국경 내에 장벽의 설치가 급속히 증가하였고, 무인카메라 및 센서, 차량 등 각종 감시 기술이 국경 경비 강화에 도입되었다. 국경뿐 아니라 공항과 항만 등에서의 보안과 검문, 검색이 극적으로 강화되었을 뿐만 아니라, 국경을 넘는 데에 필요한 신분과 서류 등도 복잡해지고 정교해졌다. 이는 비단 멕시코 국경으로 유입되는 인구뿐 아니라 대부분의 외국인들에게도 똑같이 해당되었다.

불법이주자라는 오명 하에 살지만, 미국 사회에서 이주노동자, 특히 멕시코계로 대표되는 라틴계 이주노동자는 미국 경제에 매우 중요한 노동력이다. 이들은 미국의 주류사회가 하지 않는 고되고 더러운 일을 적은 임금을 받고 기꺼이 한다. 이들이 없으면 미국 도시의 대형 건물과 공공건물들을 날마다 청소할 사람도 없을 것이며, 농촌에서 채소와 과일, 화훼를 재배하거나 수확할 인력도 없을 것이다. 이들이 없다면 미국인들은 깔끔하게 포장된 고기를 슈퍼에서 살 수도 없고, 적은 임금을 받고 집 안을 청소하고 정원을 손질하거나 학교에서 돌아온 아이들을 위해 간식을 만들어 줄 사람도 없을 것이다. 이들이 미국 경제에 필수적인 존재임을, 그리고 이들의 저렴하고도 안정적인 노동력 덕분에 미국 사회 전체가 이익을 보고 있음을 미국 주류사회도 잘 알고 있다.

그러나 노동시장에서 이들과 경쟁하는 하층민들에게 불법이주자들은 매우 달갑지 않은 존재이다. 외국인 이주노동자들로 인해 서비스업 및 단순노무직의 임금이 낮게 유지되고, 일자리를 빼앗긴다고 여긴다. 외국인 노동자들은 세금도 내지 않으면서 미국의 사회보장 서비스를 받고 연금을 받으며, 자녀를 공립학교에 보낸다고 생각한다. 외국인 노동자들이 일자리뿐 아니라 '미국인이 낸 세금'으로 운영되는 미국의 복지를 '훔쳐 간다'고, 그래서 내가 낸 세금을 도둑질한다고 믿는다. 옆집에 사는, 동네 슈퍼에서 일하는 그들이 실상 사회와 국가를 좀먹는 존재들이라고. 이런 생각은 급기야 라티노 위협론으로 발전한다.

라티노 위협론의 대두

20세기 전반까지 미국 이주를 주도한 것은 유럽인이었다. 그러나 1950년대 미국으로 향하는 이민자 중 약 23퍼센트는 라틴계 인구였다. 이 비율은 지속적으로 증가하여 1970년대에는 40퍼센트에 이르렀으며, 2000년대에는 이주민의 절반이 라티노였다. 멕시코인들이 다수를 차지하는 라티노의 이주는 미-멕 국경의 형성 이후 지속적으로 이루어졌다. 미국 주류사회는 1980년대가 되어서야 라티노들이 몰려오고 있다고 '인식'하기 시작했는데, 특히 1980년 쿠바인들이 미국으로 대규모 이주한 '마리엘 보트리프트Mariel Boatlift' 때부터 라티노의 이주를 위기로서 바라보기 시작하였다.

1970년대 말, 아바나에 위치한 남아메리카 국가 대사관들에 쿠바인들이 연이어 망명을 요청했으나 대부분 거부당했다. 1980년 다섯 명의 쿠바인들이 버스를 몰고 페루대사관으로 돌진하였고, 이후 페루대사관은 대사관 마당을 개방하였다. 이에 1만여 명의 쿠바인들이 페루대사관으로 몰려들어 망명을 요청하였다. 이를 쿠바 체제에 대한 부정으로 인식한 쿠바 집권자 피델 카스트로는 원하는 이들은 모두 떠나도 좋다고 선언하였다. 이에 페루, 콜롬비아, 에콰도르, 베네수엘라, 스페인 등이 협력하여 망명을 원하는 쿠바인들을 받아들였고, 미국 카터 행정부도 3만 5천 명의 쿠바인을 받아들이겠다고 밝혔다. 카스트로는 1980년 4월 20일 마리엘 항구를 개방하여 떠나고자 하는 이들이 떠날 수 있게 하였다. 당시 카터 행정부는 쿠바인들과 함께 아이티 망명자도 동등한 지위로 받아들였다. 1980년 10월까지 약 1,700척의 배가 마리엘 항구에서 약 10만 명의 쿠바인과 2만 5천 명의 아이티인을 미국으로 실어 날랐다.[3]

마리엘 보트리프트 당시 미국으로 몰려드는 외부인들의 모습이 날마다 미국 언론에 보도되었고, 이는 미국인들 사이에 위기의식을 불러일으켰다. 쿠바인들이 플로리다로 몰려들자, 당시 플로리다 주지사는 비상사태를 선언하기도 하였다. 미국 사회는 '기술도 없고 가난한' 쿠바인들이 마이애미로 몰려드는 상황을 달가워하지 않았다. 이들에 대한 반감은 플로리다주를 비롯해 미국 사회 전반에서 나타났다. 이들의 입국 이후 플로리다주는 영어만 사용해야 한다는 법률까지 제정하였다. 카터 대통령의 민주당과 레이건 대통령의 공화당 간의 정치적 논쟁까지 더해지면서, 마리엘 보트 사건은 미국 사회에서 '라티노의 미국 침범'으로 인식되었다.

라틴계 인구에 대한 미국 사회의 반감이 표면화되기 시작한 것도 이 무렵이다. 1980년 미국외교협회가 발행하는 《포린 어페어스 Foreign Affairs》 가을호는 1970년대 미국으로 이주해 온 이들 중 절반 이상이 스페인어 사용자라며 라틴계 인구 유입에 우려를 표하였다. 전직 콜로라도 주지사였던 리처드 램Richard Lamm은 《이민이라는 시

---

3 쿠바인들의 미국으로의 대거 이주는 1994년에도 한 차례 더 있었다. 당시 카스트로의 허락을 받고 약 4만 명의 쿠바인이 미국으로 이주하였다. 최근 COVID-19 상황으로 인한 경제적 어려움으로 다시 쿠바인의 미국 이주가 증가하였으며, 중앙아메리카 출신들이 중심이던 카라반 행렬에 쿠바계 인구가 급증하고 있다.

| 그림 2 | 《American Legion》 1974년 12월호 표지

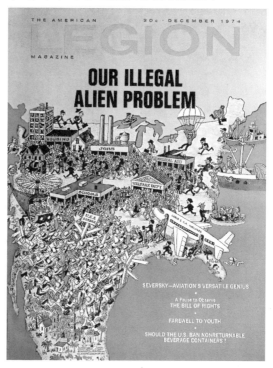

한폭탄The Immigration Time Bomb》(1985)을 출간하며 라티노 이민 반대 운동을 시작하였다. 이후 국경을 지키는 자경단인 '국경에 불을 밝혀라Light Up the Border'가 결성되었고, 캘리포니아 국경 지역에서는 자경단원들이 한밤중에 모여 국경 너머로 자동차 전조등을 밝혀 멕시코인의 월경을 막기도 하였다[김연진, 2012, 37-38].

〈그림 2〉는 미국 재향군인회가 발간하는 잡지인《아메리카 리전 American Legion》의 1974년 12월호 표지이다. "우리 사회의 불법외국

인 문제Our Illegal Alien Probalem"라는 제목이 크게 적혀 있고, 흰색 솜브레로와 농민복을 입은 멕시코 농민들이 멕시코 북부 지역에서부터 무리를 지어 미국과 멕시코의 국경을 넘고 있다. 세계적으로 유명한 멕시코 벽화가Muralista인 시케이로스David Alfaro Siqueiros가 그린 멕시코 혁명군의 진격을 연상시킨다. 미국 동부 해안 지역에서는 푸에르토리코계를 비롯한 카리브해 지역 출신 히스패닉들이 배를 타고 들어오고 있으며, 플로리다 지역에는 비행기를 타고 들어오는 쿠바계가 그려져 있다.

그러나 언론과 정치권의 요란한 반응과 달리, 당시 미국으로 들어온 쿠바인의 이주 규모는 멕시코인에 비해 훨씬 적었다. 미국으로 이주해 오는 라틴계 인구 중에서는 멕시코계가 다수를 차지했지만, 그들은 오랜 세월 동안 '보이지 않는' 사람들이었다. 상당수가 농업 노동자로 농장 주변에 거주하였으며, 수확철이 끝나면 고국으로 돌아가는 이들이 많았다. 이들이 미국 사회에 존재감을 드러낸 결정적인 사건은 1968년 '브라운 베레 운동'(282쪽 참고)이었으나, 로스앤젤레스와 캘리포니아 지역을 중심으로 일어나 전국적인 주목도는 낮았다. 그러다가 1990년대 NAFTA를 계기로 멕시코인이 미국으로 쏟아져 들어오기 시작하자, 그제야 미국 사회는 멕시코 이주민들을 침범 세력으로 인식하기 시작하였다.

미국의 보수적인 학자들은 급증하는 멕시코인 이주를 군사적 침범에 상응하는 위험으로 정의하였다. 멕시코인의 대규모 이주는 미국의 문화와 정체성, 그리고 미래에 혼란을 야기하는 도전이라는 것이었다. 당시 이러한 라티노 혐오론과 위협론을 주도한 사람은 저명한 학자인 새뮤얼 헌팅턴Samuel P. Huntington이었다. 그는 멕시코인들의 유입으로 인해 미국이 두 개의 국민, 두 개의 문화, 두 개의 언어로 분리된다는 다소 극단적인 주장을 폈다. 멕시칸과 라티노들이 과거 이민자들과 달리 미국 주류사회에 동화되지 못한 채, 그들만의 정치적·언어적 거주지를 만들고, 나아가 미국의 프로테스탄트적 가치관을 거부한다고 했다. 헌팅턴은 멕시코계 이주민이 과거의 이주민과 다른 점으로, 미국에 이웃한 국가라는 점, 대규모로 이주하는 점, 불법이주민의 비중이 높고 지역적으로 집중해서 분포하는 점 등을 꼽았다. 이에 더하여 멕시코계 인구의 증가가 지속적이라는 점도 들었다. 그의 주장에서 점입가경인 점은, 과거 미국 남서부 지역이 멕시코의 영토였고, 이를 전쟁 끝에 미국이 구매하였다는 역사적 맥락을 들어 멕시코인들이 과거 자신들의 영토였던 미국 남서부 지역을 다시 차지하려 한다는 주장까지 내놓았다. 소위 레콩키스타 Reconquita 음모론의 등장이다.[4]

더 나아가, 헌팅턴은 미국 남서부 지역이 '미국의 퀘백'이 될 것이라 전망하였다. "피는 국경보다 진하다Blood is thicker than boders"라고 주장하며, 남서부 지역이 멕시코계 인구의 문화적·종교적 전통이

---

[4] '레콩키스타'란 스페인의 가톨릭 세력이 이슬람 세력을 몰아내고 국토를 수복한 과정을 일컫는다. 그라나다의 알람브라 지역에서 스페인의 가톨릭 양왕 이사벨과 페르난도가 마지막 이슬람 세력을 물리쳤다. 711년 북아프리카의 이슬람 세력은 이베리아반도를 침공하여 상당 부분을 장악했고, 가톨릭 세력이 이들을 완전히 몰아내고 국토를 수복하는 데에 800년 가까이 걸렸다.

강한 지역으로 변화할 것이며, 이는 기존의 문화·정치·법률·상업·교육 시스템에 대한 근본적인 도전이 될 것이라고 염려하였다(Huntington, 2004). 결국 헌팅턴은 멕시코인들의 이주를 '침입'으로, 미국의 사회적 안정을 해하는 군사적 위협에 상응하는 것으로 보았으며, 따라서 미국 주류사회는 이에 상응하는 강도로 대처해야 한다고 주문하였다(Huntington, 2000, 20).

앞서 이야기한 바처럼, 멕시코인을 중심으로 하는 라티노들의 대거 이주는 미국 사회의 인종, 문화, 언어 등에 분명한 변화를 이끌어 내고 있다. 이에 대해 미국 주류사회는 아직 마음의 준비가 안 되어 있으며, 미국의 언론과 보수주의자들은 그 위험성을 경고하고 있다(김연진, 2012, 37). 헌팅턴이 경고하기 전부터도 미국 주류사회는 멕시코계를 비롯한 라티노 이민자들에 대해 느끼는 우려와 당황을 표현했다. 미국 사회는 이들을 '범법자illegal', '외국인 타자' 혹은 '침입자'로 간주한다. 미국 언론들은 "불법이민illegal immigration" 혹은 "불법거류 외국인illegal aliens"인 "멕시코인의 침입Mexican invasion"이 일어나고 있으며, 이들이 "미국 사회로 통합되려하지 않음unwillingness to integrate"으로써 "국가적 정체성에 위협threats to national identity"이 되고 있다고 강조한다. 라티노는 미국의 전통과 가치관, 삶의 방식, 더 나아가 안보에 위협이 되는 자들로, 심지어 미국을 "재정복reconquista"하려 한다. 라틴계 인구에 대한 이러한 편견은 미국 사회의 인종차별 관행 및 법과 제도, 그리고 대중매체 등이 상호작용하여 장기간에 걸쳐 형성된 것이다(김연진, 2012, 39).

라틴계 인구에 대한 미국 사회의 편견을 잘 보여 주는 표현 중에 앞 장에서도 이야기한 '웻백Wetback'이 있다. 제2차 세계대전 이후인 1950년대 초 미국인들은 리오그란데강을 건너 미국으로 쏟아져 들어오는 멕시코 불법이민 노동자들의 이미지를 신문과 잡지를 통해 지속적으로 접하였다. 당시 미국과 멕시코는 미국의 세계대전 및 한국전 참전으로 야기된 미국의 노동력 부족 문제를 브라세로 프로그램으로 해결하려 했으나, 미국 언론들은 미국이 필요해서 초청한 멕시코 노동자들의 유입을 불안감과 거부감 어린 시선으로 바라보았다. 언론들은 이들이 불법이민자이고 외부자라는 논리를 쏟아 내었고, "멕시코인 웻백The Mexican Wetbacks", "웻백의 홍수Wetback Flood", "웻백이 쏟아져 들어오다Wetbacks Swarm In", "웻백과의 전쟁War with the Wetback" 등과 같은 자극적인 표현으로 미국인들의 불안감을 가중시켰다. 과거에는 그저 '국경을 건너느라 물에 젖은 모습'을 가리켰던 웻백이라는 용어가 "외부자outsider로서 미국에 머물 자격이 없기 때문에 합법성이 없고, 이민법을 위반했다는 낙인 때문에 다른 혜택도 받을 자격이 없는 이들"을 포괄하여 지칭하게 되었다(김연진, 2012, 39).

비슷한 맥락에서, 트럼프 전 대통령은 미국 사회에 동화하고 경제적으로 기여하는 '착한 라티노'만이 미국 내 합법적 이민자, 시민권자가 될 자격이 있다고 주장하였다. 하지만 시민권의 유무가 개인의 선악을 판단하는 잣대가 될 수 있는가? 누구에게 착하고 누구에게 나쁜 라티노라는 말인가? 미국 정부가 이민자들에게 적용하는 전통적인 시민권 개념은 시민권을 하나의 법적 지위로 한정시킴으로써 미등록 이민자들을 범죄 여부와 상관없이 잠재적 혹은 확증적 범죄자로 낙인찍는다. 법적 지위는 이들을 통제하는 가장 확실하고 손쉬운 방식이다. 즉, 이민자들을 법적 테두리 안에 가둬 통제하고 착취하기 쉬운 존재로 만드는 것이다.

이민자들에 대해 포용적이었던 오바마 정부는 이민법을 개정하여 불법이민자 혹은 미등록 이민자를 합법화시키고자 하였다. 이와 반대로 트럼프 행정부는 이들의 합법화, 즉 이들이 시민으로 인정받는 방법을 근본적으로 차단함으로써 이들의 입국을 막고자 하였다. 이는 전통적인 시민권 개념에 익숙한 우리에겐 당연해 보일 수 있지만, 최근에는 시민권을 바라보는 다양한 인식들이 제기되고 있다(이은아, 2019). 예를 들어, 어글리 베티의 아버지처럼 오랫동안 성실한 가장이자 다정한 아버지, 친절한 이웃이었던 사람이 죽은 사람의 신분을 불법 도용한 불법이주민이라면 더 이상 우리의 이웃이 아닌 것인가. 이들은 비록 법적으로 존재하지 않는 '불법이주민' 혹은 '미등록 이민자'이지만 지역공동체에서 소속감을 누리고 경제활동을 하여 사회발전에 기여해 왔다. 이러한 측면에서 전통적인 시민권 개념에서 한 발 더 나아가 '세계적 시민권'이나 '탈국가적 시민권' 개념이 대두되고 있다. 또한, 시민권은 인간이 지닌 천부적인 권한이라는 의견도 대두되고 있다.

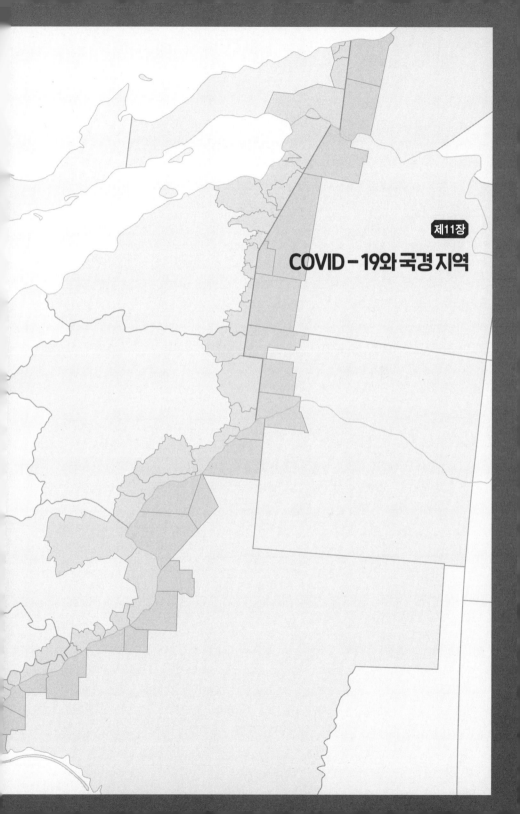

제11장

COVID-19와 국경 지역

2019년 11월 중국에서 처음 COVID-19 환자가 발생했을 때만 해도, 우리는 물론이고 전 세계 사람들은 이 질병이 우리 삶에 그렇게도 큰 영향을 미칠 줄 상상도 하지 못했다. 이후 유럽과 아시아 지역에서 확진자와 사망자가 발생하여 위기 상황으로 치달을 당시, 미국을 비롯한 아메리카 지역에 거주하던 사람들은 COVID-19가 그저 먼 나라의 일이라고만 생각했다. 그러나 2020년 3월 아메리카 지역에서 확진자와 사망자가 나오기 시작하면서 미국은 전 세계에서 가장 빠르게 COVID-19가 확산되는 국가가 되었고, 국내에서는 통행제한 조치를, 중국 및 유럽에 대해서는 입국제한 조치를 내렸다. 더 나아가, 미국이 캐나다 및 멕시코와 공유하는 국경에 대해서도 일시적으로 봉쇄 조치를 취하였다. 불필요한 여행을 제한하는 조치를 취해 오직 '허가된', '필수적인' 인적 통행과 물류 통행만을 가능하게 하였다.

COVID-19는 트럼프 행정부 3년차에 발생하여 4년차에 전 세계적으로 미국에서 가장 많은 확진자와 사망자를 발생시켰다. 다른 한편으로, 엄중한 COVID-19 상황은 기존의 폐쇄적인 이민정책에 박차를 가할 수 있는 주요 동력을 제공하였다. 트럼프 행정부는 공공보건을 위하고 경제위기에 대응한다는 미명 하에 기존에 추진하던 이민 관련 정책을 빠르게 마무리할 수 있었다(Pierce and Bolter, 2020, 1). 트럼프 행정부는 2020년 3월 미-멕 국경을 잠정 폐쇄하였고, 이주를 시도하는 이민자들을 추방하였다.

그러나 국경은 둘 이상의 국가가 서로 영토를 맞대는 경계로서,

양쪽 국가의 정책 모두에 영향을 미친다. 미국은 트럼프 행정부 시기와 COVID-19 상황에서 폐쇄적인 정책을 고수하였으나, 멕시코는 오히려 세계에서 가장 개방적인 국경정책을 유지하였다. 미국은 국경을 봉쇄하고 이주 시도자들을 바로 추방하였지만, 멕시코는 코로나 발생 이후에도 국경을 봉쇄하지 않았다. 멕시코는 코로나 팬데믹 상황에서도 모든 국경과 항공노선을 봉쇄하지 않고 지속적으로 개방한 전 세계에서 거의 유일한 국가였다. 멕시코는 2009년 신종플루 당시의 경험을 내세웠지만, 국경 투과성의 변화로 지역 경제가 입을 타격을 우려한 것이다. 실제로 양 국가의 국경 관련 상황에 가장 큰 영향을 미치는 변수는 미국의 제도나 경제였으며, 멕시코 측 국경 지역은 그 변화에 민감하게 반응해 왔다.

이 장에서는 코로나 상황이 미-멕 국경에 미친 영향력에 대해 이야기하고자 한다.

미국의 국경 봉쇄와 연방공중보건법 '타이틀 42'

2020년 3월 21일, 미국은 COVID-19 확산을 이유로 멕시코 및 캐나다와의 국경에 대해 '여행제한non-essential travel restrictions' 조치를 실시하였다. 당시 미국은 1일 확진자가 6천명 이상 발생하였으며, COVID-19 확산세가 세계에서 가장 강력하였다. 그러나 이때도 필수적인 경우, 즉 국경을 넘어 직장을 오가거나 교육이나 의료 등의 이유로 국경을 넘는 것은 허용되었다. 물론 마킬라도라의 부품이나 멕시코산 채소, 과일, 제조업 완제품 등은 국경을 넘을 수 있었다.

당시 트럼프 행정부의 국경 봉쇄는 세계 여러 국가에서 취한 조치와 유사한 것이었다. 당시 미국은 중국 및 유럽에서 입국하는 여행자들에 대해 입국 제한을 취했기 때문에, 국경 폐쇄는 이들의 우회 입국을 막는 조치라고 설명하였다. 또한, 미국의 국경 검문소들이 COVID-19 확산 예방에 필요한 사회적 거리두기를 할 수 있을 만큼의 공간을 갖추지 못한 점도 국경 폐쇄 이유라고 했다(USNEWS, 2020.3.20.).

국경 봉쇄 조치로 그간 활발하게 이루어지던 양 국가 간의 인적·물적 교류는 매우 제한적으로 이루어질 수밖에 없었다. 그러나 국경 봉쇄 조치만큼 국경 상황에 영향을 미친 것은 미국이 발효한 「연방공중보건법Public Health Order」의 '타이틀 42Title 42'였다. 미국의 「연방공중보건법」은 1944년 제2차 세계대전 당시 마련된 것으로, 이에 의하면 미국은 공공보건에 해가 될 경우 외국인의 입국을 봉쇄할 수 있는 권한을 공중위생국에 부여하였다. 즉, 이 법은 전염병이 미국에 퍼지는 것을 막기 위해 "사람과 재산의 반입을 전부 또는 부분적으로 금지할 수 있는 권한"을 정부에 부여하고 있다.

2020년 3월 20일, 트럼프 전 대통령이 "대량의 통제되지 않은 국경 간 이동"을 억제할 조치를 시사한 후, 질병통제예방센터CDC의 장이었던 로버트 레드필드는 타이틀 42의 발효를 명령하는 서류에 서명하였다. 그는 타이틀 42의 발효 이유로, 국경 시설에서 COVID-19의 확산을 통제하고, 미국 공무원을 바이러스로부터 보호하며, 의료 자원을 보존하기 위한 것이라고 밝혔다. 당시 타이틀 42는 30일 동안 효력이 지속된다고 예정되었지만, 2020년 4월 한 달을 더 연장하였고, 2020년 5월에 그 기간을 무기한으로 연장하였다.

타이틀 42는 언뜻 보면 평범한 국경 봉쇄정책처럼 보인다. 그러나 트럼프 행정부는 이 법 조항에 따라, 국경을 넘으려는 이민자를 발견하면 어떠한 법적 절차 없이도 즉시 강제추방할 수 있는 권한을 국경 수비대에 부여하였다. 즉, 미국으로 입국하는 모든 (적법한 서류를 갖추지 못한) 불법이주민을 멕시코나 캐나다 혹은 자국으로 송환시킬 것을 명령하였다. 즉, 타이틀 42가 제시한 바대로 공중보건을 빌미로 수십만 명의 이민자를 추방할 수 있게 되었다. 이에 따라 불법으로 국경을 넘고자 시도하는 이들은 즉각 추방되었다. 적법한 서류 없이 국경 넘기를 시도하다 국경 수비대의 단속에 적발되면 즉각 추방되었고, 망명 신청자들은 망명 신청을 할 수 없었다. 미국 내에서도 타이틀 42가 적법하지 않다는 의견이 전문가들 사이에서 나왔지만 이 법은 실행되었다. 미국의 트럼프 행정부는 2020년 3월, 미-멕 국경을 넘으려는 이민자들은 아무런 법적 절차를 거치지 않고 즉시 강제추방하기 시작하였다. 타이틀 42는 트럼프 행정부의 마지막 해에 실행되었다. 국경 및 이민자에 대해 보수적이고 배타적인 정책들을 펼쳐 왔던 트럼프 전 대통령은 COVID-19라는 공중보건 상의 위기 상황을 이용하여 자신의 정책을 더욱 확고하게 추진할 수 있었다. 타이틀 42 외에도 트럼프 대통령의 이민자 정책 중 국경에 관한 부분은 난민 신청자들이 국경을 넘어 미국 땅에 발을 붙이지 못하게 하는 것을 목표로 하는 정책들이 상당히 많았다.

미국 정부는 「1980년 난민법the Refugee Act of 1980」을 제정하였다. 「1980년 난민법」에서는 난민refugee과 비호신청자asylum-seeker, 즉 망명 신청자를 개념적으로 구별하고,[1] "미래에 박해를 받을 충분한 공포를 가진 자"뿐 아니라 "과거에 박해를 받은 자"를 난민의 정의에 포함하여, 「유엔난민협약」보다 광의의 난민 개념을 도입하였다. 또한, 인종, 종교, 국적, 특정 집단 구성원 신분 또는 정치적 의견으로 인하여 그 개인의 생명이나 자유가 위협당할 국가로의 강제퇴거를 억제하도록 하는 이른바 '강제송환금지원칙Non-Refoulement'을 지켜왔다(최유경, 2017, 401). 1990년대 이후, 멕시코 및 중앙아메리카 지역으로부터 이주민이 증가하면서 망명 신청자도 급증하였다. 오바마 행정부 시절, 중앙아메리카 지역의 치안 부재 및 경제적 위기 상황을 근거로 이 지역 주민들의 망명을 받아들이기 시작하였다. 망명 신청은 미국에 입국한 지 1년 내에 할 수 있으며, 불법체류자도 가능하다. 적법한 서류 없이 입국한 외국인들도 망명 신청에 별다른 제약이 없기 때문이다.

「1980년 난민법」에 의거하여, 망명을 신청하는 이는 일단 체포되었다가 다시 석방되어 난민 신청자 자격으로 미국에 머물 수 있다. 망명 신청자는 원칙적으로 이민법원에서 이민 판사의 심리를 받을 수 있도록 보장되며, 망명 신청이 받아들여지지 않을 경우 이민법원

---

[1] 미국에서 난민 신청은 미국이 아닌 제3국에서 해야 하며, 망명 신청은 미국 내에서 가능하다.

의 결정에 불복해 행정적·사법적 심사를 요구할 수 있다. 망명 신청이 받아들여지면, 인터뷰를 비롯해 망명 판정을 위한 재판을 받게 된다. 망명 신청을 하여 법원 심리를 받을 수 있게 되면, 최소한 몇 년간 미국에 머물면서 경제활동을 할 수 있기 때문에 대부분의 중앙아메리카 국가 출신 이주민들은 미–멕 국경을 넘으며 망명 신청을 하였다. 망명 신청자들은 일단 미국에 입국하게 되면 사회보장번호Social Security Number가 발급된다. 이는 미국 사회에서 구직 활동을 할 수 있고, 의료 지원 및 교육 혜택을 받을 수 있음을 의미한다. 즉, 미–멕 국경을 넘으면서 망명을 신청하여 이를 재판 기간 동안 미국에 체류하는 수단으로 사용한 것이다. 이처럼 단순히 체류 기간 연장을 목적으로 망명 신청을 하는 사건들이 적체되면서 진짜 망명 신청자들이 장기간 불안정한 신분에 놓이기도 했다. 이 밖에 국가안보상 테러와 범죄에 취약한 제도라는 비판과 문제의식도 미국 내에서 제기되었다(최유경, 2017, 402).

트럼프 행정부의 국경정책 중 중요한 부분이 바로 이 난민 신청자들이 국경을 넘어 미국에 들어오지 못하게 하는 것이었다. 이를 위해 트럼프 행정부는 망명 신청자들의 자격 여부를 미–멕 국경을 넘기 전 48시간 내에 판단하는 법령을 만들어 실행하였다. 또한, 타이틀 42를 통해 개정 난민법보다 더 간단하게 망명 신청자와 적법한 서류가 없는 이들 및 국경을 넘으려는 이들을 추방할 수 있는 법적 권한을 부여받았다. 본래 타이틀 42에 의거한 추방은 이주민이 구금된 직후에 이루어져야 한다. 그러나 트럼프 행정부가 내세운 추방 목적은 미국의 구금 시설 내에서 COVID-19 바이러스의 확산 가능성을 최소화하는 것이었기 때문이다. 타이틀 42는 미국의 망명법을 대체하는 것으로, 트럼프 행정부와 이어서 취임한 바이든 행정부에서도 같은 효력을 발휘했다. 미국의 망명법은 미국 영토에 있는 이민자들이 법적 지위에 관계없이 보호를 받을 수 있도록 허용하고 있지만, 타이틀 42가 이를 대체한 것이다. 따라서 타이틀 42에 따라 처리된 사람들은 추방을 중지시킬 수단으로 망명 신청서를 제출할 수 없었다. 타이틀 42의 발효는 이주 희망자들, 망명 신철자들의 대규모 추방으로 이어졌다.

대부분의 이주민은 육로를 통해 멕시코로 추방되었고, 그 과정은 몇 시간밖에 걸리지 않았다. 이에 멕시코 정부는 멕시코 출신 이주민들과 북부삼각지대 국가 이주민, 즉 과테말라·온두라스·엘살바도르 출신으로 미-멕 국경에서 추방된 이주민들만 멕시코로 돌아오는 것을 받아들였다. 베네수엘라인들의 월경 시도가 늘어나고 추방 규모가 증가함에 따라, 2020년 10월부터는 베네수엘라인들도 멕시코로 추방될 수 있었다. 이들 외에 소수의 이주 시도자들은 항공편을 통해 본국으로 추방되었다. 브라질, 콜롬비아, 도미니카공화국, 에콰도르, 엘살바도르, 과테말라, 아이티, 온두라스, 니카라과 등의 이주민들이 비행기로 추방되었으나 예산 문제로 일부 국가에서는 이 조치가 중단되었다. 미국 정부의 통계에 따르면, 2020년 3월 이후 미-멕 국경 지역에서 타이틀 42에 의거하여 240만 명 이상의 이민자가 추방되었다. 물론 실제 규모는 더 적을 것으로 추산된다. 멕시코로 추방된 일부 성인 이주 시도자들은 미국 입국을 여러 번 시도하기 때문이다. 타이틀 42에 의거하여 트럼프 행정부가 추방한 이들의 규모는 약 40만 명이지만, 바이든 행정부가 추방한 이들은 200만 명 정도로 훨씬 더 많다. 트럼프 행정부에서 타이틀 42를 유지한 기간은 9개월 정도이지만, 바이든 행정부는 2년 가까이 유지하고 있다.

타이틀 42에 의거한 추방 건수가 바이든 행정부에서 더 많았다는 사실이 바이든 행정부가 이주민에 대해 더 부정적인 태도를 보였기 때문은 아니다. 오히려 그 반대이다. 트럼프 행정부가 임기 내내 추진한 반이민정책과 미국 내 COVID-19 상황 악화, 그리고 국경 폐쇄로 인해 트럼프 행정부 기간에 이주민들이 국경을 넘으려는 시도 자체가 적었다. 트럼프 행정부가 타이틀 42를 시행한 2020년 3월부터 2021년 1월 사이에 미국 국경 수비대에 적발된 이주 시도자들은 55만 2,919건이었으며, 이 중 83퍼센트가 추방되었다. 반면 바이든 행정부가 시작된 2021년 1월부터 2022년 10월 말까지 국경 수비대에 적발된 이주 시도자들은 400만 건 이상이었으며, 이 중 약 절반이 타이틀 42에 따라 추방되었다. 트럼프 행정부나 바이든 행정부 모두 자녀 없이 이주를 시도하는 성인 이주 시도자들에 대해서는 타이틀 42에 의거하여 추방하는 경향이 높았다. 자녀를 동반한 성인 이주민에 대해서도 추방이 이루어졌지만, 트럼프 행정부 시기 약 9개월 동안에는 가족 이주자의 약 69퍼센트를 추방한 반면, 바이든 행정부 시기에는 가족의 경우 약 20퍼센트만 추방하였다. 따라서 타이틀 42에 의거하여 트럼프 행정부에서는 약 2만 6천 명의 가족 이주자가 추방되지 않고 미국의 국경 관리소에 입소한 반면, 바이든 행정부 시절에는 약 100만 명 이상의 가족이 입소하였다.

최근 미-멕 국경 너머 불법으로 이주를 시도하는 이들 중 미성년 자의 비중이 크게 높아졌다. 이는 매우 특이한 현상으로, 2015년경 중앙아메리카 북부삼각지대 국가 출신 이주민들에게서 나타난 경향이다. 최근 이 지역에서 M-13이나 B-18과 같은 지역 기반 마약 및 폭력 조직 세력이 멕시코의 마약 카르텔과 합작하여 마약 유통에 참여하면서 10대 청소년들을 하부 말단 조직원으로 대거 유입시키는 데에 일부 원인이 있다. 즉, 마약 폭력 조직에 합류하기 싫은 청소년들이 미국으로 이주하는 경향이 높아졌다. 또한, 폭력 조직으로 인해 사회적 폭력과 혼란 상황이 악화되고 국가 치안이 불안해지면서 가족 단위로 이주하는 사례도 많아졌다. 무엇보다도, 아이들을 동반하면 미국 입국이 쉬워진다는 점이 이주자들로 하여금 아이들을 데리고 이주를 시도하게 만들었다.

이주 시도자가 미성년자인 경우, 미국 입장에서는 곤란할 수밖에 없다. 본래 미국은 이민법에 의거하여 보호자 없이 국경을 넘으려다 적발된 아동은 미국에 거주하는 가족 구성원이 아이를 데리러 올 때까지 보건복지부의 감독 하에 보호소에서 보호하게 되어 있다. 그러나 트럼프 행정부는 타이틀 42에 의거하여 동반자가 없는 미성년자들도 추방하여, 이민 판사가 불법이라고 판결하기 전까지 보호자 없이 홀로 미국 입국을 시도한 약 1만 6천 명의 미성년자들을 추방하였다. 반면에 바이든 행정부는 타이틀 42의 상황에서도 자녀를 둔 이주 가족 대부분을 법원에 출두하라는 통지와 함께 석방하였다. 이들이 망명에 필요한 재판을 받기까지는 몇 년의 시간이 소요될 수 있다.

바이든 행정부 기간 동안, 이주민의 구성은 과거 멕시코인 및 북부삼각지대 지역 주민 중심에서, 이들에 더하여 베네수엘라, 아이티, 쿠바 등 카리브해 지역 주민들이 크게 증가하였다. 이 세 국가는 최근 몇 년간 자연재해와 국내외 정치 상황 등으로 사회 및 경제 상황이 어려워진 대표적인 국가들로, COVID-19 상황으로 인해 국가 간 교역이 막히고 선진국 경제가 제대로 작동하지 못해 해외 이주민들의 송금 액수가 줄어들면서 국내경제가 더욱 어려워졌다. 무엇보다도, 트럼프의 반이민정책을 비판하던 바이든 행정부에 대한 기대감과 2021년 11월 미-멕 국경 봉쇄 해제에 대한 기대감으로 국경을 넘어 미국으로 입국하려는 중앙아메리카 및 카리브해 지역, 나아가 남아메리카 및 아프리카, 중국의 이주 시도자들까지 미-멕 국경 지역으로 몰려들었다. 그러나 이들에 대해 미국 정부는 "멕시코에 머물라 정책Remain in Mexico Policy"을 펼치고 있다. 망명 신청자라고 해서 다 입국 허가를 내주는 것이 아니지만, 이들은 멕시코 국경도시에 머물며 여전히 재진입을 시도하고 있다. 멕시코 정부는 이주민들이 위험한 멕시코 국경도시에 방치되고 있다며 미국 정부를 비난하고 있다(Reuters, 2023.2.7.).

미국 국경순찰대에 의하면, 2019 회계연도에[2] 미-멕 국경에서 추방 및 체포된 이주 시도자는 85만여 명이었으나 2020년 회계연도에는 40여 만 명에 그쳤다. 2020년 3월, 미국 국경이 닫히고 타이틀 42에 의거한 이민자 추방이 노골적으로 이루어졌기 때문이다. 그러나 2021년 회계연도에 미국 입국을 시도하다 추방 및 체포된 이는 166만 명으로, 이 중 멕시코 국적자가 가장 많았으나 그 규모는 60여 만 명에 그쳤다. 미-멕 국경을 통해 이주를 시도한 이들 중 멕시코 이외 국가 출신 이주자의 비중이 급격히 증가하였기 때문이다. 특히 북부삼각지대 지역, 과테말라, 온두라스, 엘살바도르 출신이 전체의 약 40퍼센트에 달하였다.

온두라스는 약 31만 명으로 전체의 19퍼센트, 과테말라 출신은 28만 명으로 전체의 17퍼센트, 엘살바도르 출신은 9만 6천 명으로 전체 이주자의 6퍼센트를 차지하여, 세 국가에서 이주를 시도하다 추방 및 체포된 이들의 규모는 멕시코 출신과 비슷하였다. 이 세 국가는 2000년대 이후, 특히 2010년 들어 멕시코를 거쳐 미-멕 국경을 넘어 미국으로 유입되는 노동이주에서 가장 중요한 비중을 차지하고 있다. 이외에도 에콰도르의 경우 2020년 1만 2천 명에서 2021년 9만 6천 명으로 8배 이상 증가하였고, 브라질은 7천 명에서 5만 7천 명으로, 니카라과는 2천여 명에서 5만 명, 베네수엘라는 1,200여 명

---

2 미국 정부의 회계연도FY: Fiscal Year는 그 전해 10월 1일부터 당해 연도 9월 30일까지다. 2019 회계연도의 기간은 2018년 10월 1일~2019년 9월 30일이다.

에서 4만 8천 명, 아이티는 4,300여 명에서 4만 6천 명 등 1년 새 10
배에서 20배나 많은 이들이 적법한 서류 없이 이주를 시도하다가 추
방 및 체포를 당하였다. 쿠바 출신은 9,800여 명에서 3만 8천여 명으
로 증가하였다.

이들 국가에서 적법한 서류 없는 주민들의 이주 시도가 특히 급
격히 증가한 것은 COVID-19 상황에서 해당 국가의 경제적 · 사회
적 · 정치적 상황이 악화되었기 때문이다(Pew Research Center). 2020년 회
계연도에는 후반부 약 6개월간이 국경 봉쇄 및 타이틀 42의 적용
을 받는 기간이었으나 COVID-19 상황 초기로, 질병에 대한 두려
움과 각 국가별 통행금지 및 통제 정도가 강한 시기였다. 따라서 상
당수의 노동자들이 자국으로 돌아가거나 자국 내에 머물렀다. 그러
나 팬데믹 상황이 장기화되고 자국의 상황이 악화되면서 위험을 무
릅쓰고 생계를 위해 미국으로 향하는 이주민의 숫자가 증가하였다.
특히 멕시코는 앞서 살펴본 바처럼 자국 내 내외국인의 통행 및 출
입국을 전혀 제한하지 않았고, 오히려 미-멕 국경 개방을 위해 노력
하였기 때문에 외국인들의 멕시코 내 이주는 이전과 큰 차이를 보이
지 않았다.

멕시코의 적극적인 국경 개방 정책

2021년의 마지막 날, 이미 두 개 국가에서 입국을 거부당한 크루즈

선 '홀랜드 아메리카Holland America'가 멕시코 태평양안 항구도시 과이마스에 입항하였다. 승선 인원 중 28명이 COVID-19 양성반응이 나온 탓에 앞서 두 국가에서 입국을 거부당한 이 선박은 멕시코 정부로부터 따뜻한 환대를 받으며 입항했다. 승객들은 하선하여 과이마스항에서 2022년의 첫날을 멕시코에서 맞았다. 확진자들과 오랜 시간 같은 배에 승선하고 있었지만, 승객들이 멕시코 땅을 밟는데에 필요한 서류는 백신접종 증명서나 COVID-19 검사 음성 확인서 정도였다. 대부분의 국가들이 COVID-19 확진자가 승선한 선박에 대해 입항 거부를 하던 시기에 멕시코 정부의 이러한 조치는 매우 이례적이었다. 정작 멕시코에게는 드문 일이 아니었지만 말이다 (Washington Post, 2022.1.12.).

세계화로 전 세계가 긴밀하게 연결된 시대에, 팬데믹 상황에서 국경을 봉쇄하는 것이 어떠한 효과를 거둘 수 있을 것인지는 보건 전문가들 사이에서도 논란거리다. COVID-19 상황에서는 전 세계 대부분의 국가가 정도 차이는 있어도 국경을 봉쇄하고 국민들 간 일상생활 접촉을 최소화하는 정책을 시행하였다. 그러나 멕시코 정부는 COVID-19가 유행하는 동안 단 한 차례도 국경을 봉쇄하지 않았다. 육로는 물론이고 해로와 항공도 그러했다. 멕시코가 COVID-19 기간에도 적극적인 개방정책을 편 것은 멕시코 경제의 구조적인 특성과 2009년 멕시코에서 발원했던 신종플루 당시의 경험에 기반한 것이었다.

2009년, 멕시코의 베라크루스에서 이제껏 보지 못했던 새로운 전염병이 비정상적으로 만연하기 시작하였다. 인플루엔자 H1N1, '신종플루'라 명명된 이 질병에 대해 당시 세계보건기구WHO는 전 세계적으로 약 1만 8천여 명의 사망자가 발생했다고 발표했지만, 이후 미국 보건부 추정에 따르면, 이 질병으로 인한 직접 사망자는 20만 명, 후유증으로 인한 사망자까지 포함하면 약 40만 명의 사망자가 발생했다(공공보건포털, 2013.11.28.). 당시 질병의 근원지였던 멕시코의 정부는 신종플루에 대한 모든 정보를 투명하게 공개하였으나, 여러 국가들이 멕시코로 향하는 항공노선을 중단하여 자국민의 멕시코 입국을 막고 멕시코에 체류 중이던 자국민에게 출국을 권유하였다. 당시 멕시코로 향하는 국제 항공노선의 약 40퍼센트가 감소하였다. 그러나 이후 과학자들의 측정에 의하면, 멕시코 국경의 통제에도 불구하고 신종플루가 다른 국가로 확산되는 것을 막지 못하였으며, 확산 속도를 약 3일 정도 늦추는 효과가 있었을 뿐이다. 즉, 국제 항공노선 중단을 통한 국경 통제는 질병의 유입을 막는 데에 매우 제한적인 효과만 있었다는 것이다. 그러나 항공노선의 중단 및 교류 제한으로 멕시코 국가경제가 입은 피해는 막대했다(Washington Post, January 12, 2022). 2009년 멕시코의 GDP는 -5.3퍼센트 역성장하였으며, 이는 1982년 멕시코가 모라토리엄을 선언한 당해 연도의 -0.5퍼센트, 이듬해 -3.5퍼센트에 비해서도 심각한 것이었다(Worldbank).[3]

---

[3] https://data.worldbank.org/indicator/NY.GDP.MKTP.KD.ZG?end=2021&locations=MX&start=1961&view=chart

그러나 2019년 말 COVID-19의 확산으로 인한 피해가 가장 극적으로 나타난 이탈리아와 스페인의 사례 이후 우리나라를 비롯한 다수의 국가에서 국경 및 지역 간 교류의 통제 혹은 폐쇄를 통해 질병의 확산 속도를 늦추고자 하였다. 2020년 전 세계 상당수의 국가가 외국과의 국경을 봉쇄 혹은 그에 준하는 통제를 실시하였고, 상당 기간 자국민의 국내 통행을 제한하는 강력한 조치를 취하였다. 호주나 뉴질랜드는 제로코로나를 목표로 강력한 국경 봉쇄 및 지역 간 이동 제한 정책을 펼쳤고, 중국은 COVID-19가 발생한 지역에 대한 국내 봉쇄 및 국경 봉쇄를 전 세계에서 가장 오랜 기간 유지하였다. 2022년 11월 말 현재, COVID-19로 전 세계 6억 5천만 명의 확진자가 발생하여 664만 명이 사망하였다. 이 질병의 높은 전염력과 사망률은 멕시코의 신종플루 사례에서 나타난 바처럼 국경 폐쇄의 효과에 대한 새로운 평가가 필요함을 의미하였다.

멕시코는 2009년의 신종플루 상황을 근거로 국경을 적극적으로 개방하는 정책, 즉 COVID-19 이전과 동일한 국경 및 이동 정책을 고수하였다. 이는 2020년 초반 COVID-19가 전 세계적으로 확산되면서 대부분의 국가가 외국을 오가는 항공노선을 중단하고 크루즈선의 입항을 금지하며 국경을 폐쇄한 것과 대조적인 조치였다. 멕시코 정부는 COVID-19 팬데믹 기간 동안 입국하는 내외국인에게 코로나 관련 증명서를 요구하지 않았을 뿐 아니라, 일반적인 입국절차 외의 절차를 요구하지 않았다.

앞서 이야기한 대로, 멕시코가 국경 개방 정책을 고수한 것은 신종플루 경험 외에 멕시코의 경제적 상황 때문이었다. 우선 멕시코의 주요 산업인 관광산업에서 국경 폐쇄는 외국인 관광객의 유입에 직접적인 영향을 주는 정책이다. 멕시코는 2019년 기준 약 4,100만 명의 관광객이 방문한 세계 7위의 관광대국으로, 관광산업은 멕시코 GDP의 9퍼센트나 차지한다. 특히 서비스직의 임시고용 비중이 높은 관광산업 부문의 특성상, 빈곤계층의 생계 수단으로서 중요한 역할을 한다. 무엇보다도 멕시코 경제에서 미-멕 국경이 차지하는 비중은 관광산업을 능가하는 것으로, 멕시코 정부는 국경 폐쇄가 자국의 경제에 미칠 부정적인 영향을 염려하였다. 물론 이는 2009년 신종플루 당시의 경험에 의거한 것이었다. 즉, 멕시코 정부는 팬데믹으로 인한 이동 통제 비용에 대해 잘 알고 있었다.

국경 개방을 위한 멕시코의 노력, 백신 조기 접종

팬데믹 상황이 지속되면서 양국 간의 국경은 봉쇄 상태가 지속되었고, 경제적으로나 사회적으로 긴밀한 관계를 맺어 온 양국 국경 지역에 특히 부정적인 영향을 미쳤다. 특히 샌디에이고-티후아나, 엘파소-시우다드 후아레스가 위치한 캘리포니아 및 텍사스 지역의 경제적 타격이 가장 컸고, 상업 부문의 충격이 가장 큰 것으로 나타났다. 국경 봉쇄 이전 국경 지역에 거주하는 멕시코 주민들은 국경을 넘어 미국 도시의 서비스 부문 일자리로 출근하였는데, 국경 봉쇄 이후 대부분의 월경 서비스 노동자들은 미국으로 출근하지 못했다. 이는 특히 멕시코 측 주민들의 소득 감소로 이어졌다.

COVID-19로 인한 양국 간의 국경 봉쇄가 16개월차에 들어선 2021년 7월, 로페즈 오브라도르 멕시코 대통령은 유튜브 방송에 출연하여 미-멕 국경에 내려진 미국의 여행제한 조치의 완화를 희망한다고 밝혔다. 로페즈 오브라도르 대통령은 멕시코 북부 접경 주들의 백신접종률이 미국의 캘리포니아 지역과 비슷하다고 강조하며, 미국과 멕시코 간의 국경이 재개방되기를 희망한다고 하였다.

미국과 멕시코 간의 국경이 폐쇄된 기간 동안, 멕시코 정부는 백신접종을 실시하여 자국민의 건강을 지키고, 더 나아가 이를 근거로 미-멕 국경 재개방을 실현시키려 하였다. 그래서 2021년 백신 초기 접종 시기에 미-멕 국경 지역 접경주에서 우선적으로 백신접종을 실시하였다. 2021년 5~6월 초에는, 2만 6천 명의 멕시코 마킬라도라 종사자들이 샌디에이고-티후아나 간 가장 큰 출입국소인 샌이시드로 포트에서 백신을 접종하였다. 당시 멕시코 북부 접경 주들의 1차 이상 성인 백신접종률은 바하 칼리포르니아주가 91퍼센트, 누에보레온주가 93퍼센트, 코아윌라주가 88퍼센트에 이르렀다. 당시 국제 백신 플랫폼에 의하면, 멕시코 전국의 1차 이상 백신접종률은 33퍼센트, 접종 완료율은 19퍼센트였고, 멕시코의 보건부 차관에 의하면 성인의 1차 이상 접종률은 48센트 정도였다.

이처럼 멕시코 정부가 국경 지역의 백신접종에 특히 주력한 것은 미-멕 국경의 재개방 일정이 계속해서 지연되고 있었기 때문이다.

멕시코 로페즈 오브라도르 대통령은 미국 접경지역에 대한 백신접종율을 최대한 높이면서 국경 재개방을 촉구하였다. 당시 전 세계적으로 백신 구입이 어려웠지만 멕시코 정부는 일간 90만 명씩 신규 접종을 하며, 2021년 10월 말 성인 백신접종을 완료하였다. 멕시코 정부는 불안한 치안 상황을 고려하여 백신 운송 및 관리를 국방부에 맡겨 무장군인들이 백신을 운송하고 관리하였다. 멕시코의 COVID-19 치사율은 2020년 22퍼센트에서 2021년 2퍼센트 미만으로 감소하였다(chonchovalley, 2021.7.27.).

미-멕 국경은 2020년 3월 21일부터 2021년 11월 8일까지 18개월간 봉쇄되었다. 국경 재개방 이후 멕시코 정부는 국경이 재봉쇄되지 않도록 백신접종을 비롯해 적극적인 노력을 기울였다(abc news, 2022.1.15.). 멕시코 북부 접경 주에 거주하는 주민들은 자녀들을 미국으로 보내서까지 접종하게 했는데, 11월 초 텍사스에서 1천 명의 멕시코 청소년들이 국경을 넘어가 백신을 접종한 것이 최초였다. 당시 백신을 접종한 청소년들은 주로 코아윌라주의 마킬라도라 사업체 근무자들의 자녀들로, 텍사스 이글패스에서 주 국경순찰대가 지켜보는 가운데 화이자 백신을 접종하였다. 티후아나에서는 백신접종을 위해 청소년 자녀들을 버스에 태워 샌디에이고로 보냈다. 미국을 방문하여 백신을 접종한 청소년의 규모는 수만 명에 달하였다. 북부 접경지역에 거주하는 멕시코인들이 자녀들을 개인적으로 미국으로 보내어 백신을 접종시킨 것처럼 보이지만, 실은 미국 내 멕시코 영사관이 적극 나선 것이었다.

당시 멕시코 정부가 국경 지역 청소년들을 미국으로까지 보내어 백신접종을 실시한 것도 미-멕 국경의 안정적인 개방을 위한 조치였다. 당시 전 세계 대부분의 국가들과 마찬가지로 멕시코도 백신 공급이 쉽지 않아서 백신접종 대상을 성인으로 한정하고 있었다. 나아가 이와 관련하여 멕시코에서 전 세계가 주목한 사건이 발생하였다. 2021년 9월, 멕시코의 12세 소녀 줄마 곤잘레스 가르시아가 SNS에 청소년과 어린이의 COVID-19 백신을 접종하지 않는 멕시코의 현실을 비판하는 영상을 게시하였다. 줄마의 주장은, 자신이 제1형 당뇨를 앓고 있기 때문에 COVID-19에 취약한데 멕시코 보건 당국이 미성년자 백신접종을 허가하지 않고 있다는 것이었다. 멕시코 보건 당국은 백신 부족과 안전성을 이유로 백신접종 대상을 성인으로 한정했고, 줄마는 변호사인 어머니의 도움을 받아 법원에 백신접종을 하게 해 달라는 소송을 제기했다. 이에 멕시코 법원은 줄마의 접종을 허가하였지만, 줄마가 거주하고 있던 베라크루즈 주 보건당국은 접종을 거부하였다. 연방정부의 지침이 바뀌지 않았다는 이유에서다.

　　이에 줄마는 '내 입장이 되어 봐Stand in my shoes'라는 제목의 영상을 제작해 자신의 SNS에 올렸는데, 19세 미만 미성년에게 코로나19 백신접종이 필요한 이유를 조목조목 밝히는 영상이었다. 줄마는 세계보건기구WHO가 COVID-19에 취약한 12~15세 미성년에게 예방접종을 권고하고 있고, 미국·브라질·아르헨티나·콜롬비아·칠레 등 대다수 아메리카 나라들이 이를 따르고 있다고 주장하였다. 줄마는 멕시코의 COVID-19 정책을 맡고 있던 보건부 차관이 2020년 온라인으로 개최한 '청소년과의 대화'에서 "당뇨병 등 질환을 앓고 있는 10대도 COVID-19 고위험군에 속해 예방접종이 필요하다"고 답한 영상을 제시하며, 보건부 차관에게 자신과 같은 고위험군 청소년의 백신접종에 관한 답변을 요구했다(경향신문, 2021.11.2.).

줄마의 영상 이후 멕시코에서는 '미성년자도 백신을 맞을 권리가 있다(#VaccinateKids)'는 해시태그가 유행했다. 보건부 차관은 "미성년자의 백신접종은 더 큰 위험에 처한 성인을 위한 백신 한 개가 줄어드는 것을 의미한다"며 백신 수급 부족으로 미성년자 백신접종을 시행하지 못하고 있으며, 성인 중심의 백신정책을 실시하고 있음을 인정하였다. 이후 비판 여론이 거세지자 멕시코 보건 당국은 9월 초, 암·당뇨 등 기저질환이 있는 고위험군 청소년 100만 명에게 백신접종을 허가한다고 발표했다. 그러나 기저질환이 없는 멕시코의 12세 이상 미성년자 1,200만 명은 여전히 멕시코 내에서 백신을 접종할 수 없었다(경향신문, 2021.11.2). 2021년 11월 초 멕시코 성인의 1차 이상 백신접종율은 84퍼센트에 달하였으나, 청소년 백신접종에 대해서 보건 당국은 여전히 '고려 중'이었다. 이에 청소년 자녀를 둔 부모들이 소송을 제기하였다. 당시 여타 라틴아메리카 국가들과 마찬가지로 멕시코 청소년층의 치사율이 높은 편이었기 때문이다. 2021년 11월 1일 기준, 멕시코의 COVID-19 사망자 28만 명 중 19세 미만 인구가 1,100명이나 되었다.

백신접종에 대한 여론이 부정적이었던 우리나라와 달리, 멕시코를 비롯한 상당수 라틴아메리카 국가들에서는 백신접종에 대해 호의적이고 적극적인 여론이 주를 이루었다. 세계보건기구나 여러 선진국들에서 청소년과 유아동에 대한 백신접종을 두고 찬반 논쟁을 벌이던 시점에도 라틴아메리카 국가들에서는 미성년자들에 대한 백신접종에 적극적이었다. 여기서 보수적 성향의 보우소나루 대통령이 집권하던 브라질만 예외였다.

보우소나루 대통령은, 성인은 물론이고 청소년 및 아동에 대한 백신접종에도 공공연히 반대 의사를 표시하였다. 2021년 말, 브라질 국가보건부는 미 질병통제예방센터CDC의 의견에 근거하여 5~11세 어린이에 대한 백신접종 허가를 요구하였다. 그러나 보우소나루 정부는 안정성을 이유로 이에 대한 허가를 한 달 정도 미루었다. 심지어 어린이의 백신접종율을 낮추고자 어린이의 백신접종 과정을 더 복잡하게 만들려고 했다. 백신접종 필수 사항으로 의사의 처방전을 요구하려 한 것이다. 이를 위해 온라인 여론조사까지 실시하였으나, 시민사회가 여론조사에 적극 참여하여 브라질 정부의 계획을 무산시켰다. 결국 2022년 1월 14일, 2천만 명에 이르는 브라질의 5~11세 어린이에 대한 화이자 백신 접종이 시작되었다(abc news, 2022.1.15.).

제12장

트럼프 시대의 국경

21세기 미국의 이민정책은 20세기와는 근본적으로 다르게 진행되었다. 그 분기점은 2001년 9월 11일 일어난 이슬람 극단주의 테러 집단 알카에다의 테러 사건이다. 이후 미국 연방정부는 외국인의 미국 입국 및 체류에 대해 지속적으로 보수적인 태도를 강화하고 있다. 행정부의 당적이 공화당인지 민주당인지에 따라 정도의 차이는 있지만, 이주민, 특히 적법한 서류를 갖추지 못한 이주민undocumented migrants에 대한 규제는 지속적으로 강화되는 경향을 보이고 있다. 특히 공화당계의 트럼프 행정부는 이민과 관련하여 미국 현대사를 통틀어 가장 공격적인 정책을 펼쳐, 미국 이민 시스템의 해체와 재건Dismantling and Reconstructing이라는 평가를 받을 정도로 극적인 변화를 가져왔다.

트럼프 행정부 시절, 미국은 국경 전 구간에 물리적 장벽을 건설하겠노라고 발표하였다. 실상 트럼프 행정부 시절에 건설된 장벽의 길이는 예상보다 길지 않지만, 이 장벽을 넘고자 하는 중앙아메리카 및 카리브해, 나아가 전 세계의 빈곤한 국가 출신자들에게는 물리적 장벽 말고도 월경을 가로막는 더 두꺼운 제도적 장벽이 생겨났다. 이 장에서는 트럼프 행정부가 미-멕 국경과 미국에 입국한 이주민에 대해 펼친 정책을 살펴보고자 한다.

21세기 마녀사냥꾼

과거 유럽에서 이루어진 마녀사냥은 얼핏 종교적인 악행처럼 보이지만, 실제로는 경제적이고 사회적인 약탈 행위였다. 사회가 지목한 마녀란, 대개의 경우 돈이 많은 독신 여성이거나 유산을 많이 물려받은 미망인으로, 마녀사냥 과정에서 동원되는 인력의 인건비까지 부담해야 했고, 결국 재산은 물론이고 목숨까지 잃었다. 당연히 마녀는 없었고, 마녀사냥은 남성중심 사회에서 자신을 보호할 힘이 없던 여성들에게 가해진 세속적인 약탈이었다.

트럼프 전 대통령은 2016년 대통령선거 유세 당시 공화당 후보 자격으로 멕시코 출신 이민자들을 비하하고 민주당을 지지하는 흑인 유권자들을 폄훼하는 발언을 하여 물의를 빚었으며, 자신을 지지하는 백인 유권자의 '좋은 유전자'를 칭송하였다. 당시 민주당의 힐러리 클린턴 후보와 공화당의 트럼프 후보는 이민정책과 건강보험을 두고 정책 대결을 벌였다. 트럼프 대통령은 "미국우선주의America First"를 내세우며 미국과 멕시코 국경에 장벽 설치, 불법이민자 추방 등과 같은 보수적인 정책을 내세워 보수 성향의 백인 유권자들의 지지를 이끌어 내었다. 그는 '위대한 미국의 건설'을 유권자들에게 약속하고, 이를 실천하기 위해 미국에 실질적 이익이 되는 정책을 실행하고 국내 일자리를 창출하겠다고 선언하였다.

21세기 초반, 미국은 더 이상 세계 제일의 초강대국이 아니다. 2001년 9·11은 미국 본토가 더 이상 전쟁이나 테러로부터 안전한 곳이 아님을 미국인들에게 일깨워 주었고, 중국은 무서운 속도로 경제성장을 거듭하며 G1의 자리를 위협하고 있다. 세계 경찰국가 미국은 아프가니스탄이나 이라크 등 전 세계 전쟁에 참여하느라 막대한 국방비를 지출하고 거대한 군사력을 유지해야 한다. 그런데 과거 미국 경제발전의 원동력이었던 북동부의 제조업 지역은 이제 제조업 공장들이 외국으로 떠나 버려 '러스트벨트'라 불린다. 2008년 발생한 미국의 서브프라임 모기지 사태는 미국 경제 전체에 어려움을 가중시켰으며, 미국 달러의 위상마저 약화시켰다.

제2차 세계대전 이후 날마다 오늘이 어제보다 나은 삶을 살았던 백인 중산층들의 평범한 삶은 이제 미국에 존재하지 않는다. 미국의 주요 일자리는 20세기 말부터 멕시코, 중국, 동남아시아 지역으로 이전해 갔으며, 국경을 넘어온 라티노들이 식당, 공사장, 택시 기사 등 생활 곳곳의 서비스업에 종사하고 있다. 기술 한 가지만 있으면 중산층으로 살 수 있었던 미국의 신화는 깨어져 버렸다. 닛산이나 기아의 자동차를 타고, 월마트에서 중국산 생필품을 사며, 멕시코산 채소나 과일을 먹고, 영어도 서툰 주인이 운영하는 편의점에서 자동차 기름을 넣는다. 직장에서는 인도인 상사에게 훈계를 듣고, 아이는 이번 시험에서 또 한국계 친구보다 시험 점수가 낮다.

부모 세대와 마찬가지로 웬만한 기술만 있으며 중산층으로서 교외 지구에 단독주택을 짓고, 아이들을 대학에 보내며, 노후 걱정 없이 소소한 여행이나 다니며 살 것으로 믿어 마지않았던 이들의 삶이 팍팍해진 것은, 미국이 주도한 세계경제구조의 변화 때문이다. 미국이 주도한 신자유주의 경제체제 하에서, 세계화 경향 하에서, 미국 기업들은 전 세계를 상대로 기업활동을 하게 되었다. 전 세계에서 생산을 하고, 전 세계라는 거대한 시장에서 예전보다 더 거대한 이윤을 벌어들이기 위해, 미국 기업들이 미국의 전통적인 중산층 노동자들 대신에 멕시코, 중국, 동남아시아 등의 노동력을 고용했기 때문이다. 아시아계 자동차 공장이 몰려와서도 아니고, 멕시코인들이 미국인들의 일자리를 빼앗아서도 아니다. 월마트에서 중국제 물건을 팔아서도 아니다. 오히려 월마트에서 파는 중국산 물건 덕에, 낮은 임금을 받고 고된 노동을 하는 라틴계 인구 덕에, 더 저렴하고 연비가 좋은 차를 만들어 파는 아시아계 자동차 회사 덕에, 낮은 수입으로도 먹고살 수 있다. 그러나 미국인들은 눈앞에 보이는 약한 희생양들에게 분노했다. 마녀가 필요한 시대에, 영어가 서툴고 타코를 즐겨 먹으며 '망자의 날Día del muerto'를 기리는, 빈곤한 노동자 계층의 멕시코계 인구는 마녀가 되기에 충분한 조건을 갖추었다. 온갖 음모론을 덮어씌우기에 충분히 많고, 충분히 가난하며, 충분히 무지하였다. 트럼프 대통령은 이 점을 이용한 마녀사냥의 대가로 백인 보수층의 지지를 얻어 냈다.

트럼프를 지지한 세력의 대표적인 계층은 러스트벨트 지역의 저학력 · 저소득의 보수적인 백인 유권자들이었다. 이들이 반이민 정서의 트럼프를 지지한 것은 경제위기 시기에 나타나는 '백인 반혁명 정치white counter revolutionary politics'의 맥락으로 분석된다. 즉, 미국의 정치적 · 경제적 상황이 급격하게 변화할 때 백인들은 자신들의 기득권을 지키기 위해 백인우월주의라는 보수적 방어기제를 작동시키는데, 트럼프는 이를 이용해 대통령이 되었다는 것이다(김미경, 2022, 225-226). 한 마디로, 먹고살기 어려워지니 스스로 미국의 주인이라 여기는 이들이 모든 어려움의 원인을 이민자들에게 돌린 것이다.

트럼프는 전임 대통령인 오바마 대통령이 백인과 흑인의 혼혈계였던 점, DACA(불법체류청소년 추방유예)를 비롯해 이민자들에게 온정적인 정책을 펼쳤던 점, 빈곤한 이들이 의료혜택을 받을 수 있도록 오바마케어를 실시했던 점 등에 부정적인 의견을 가진 계층의 불만을 자신에 대한 지지로 이끌어 내었다. 특히 2008년 미국의 금융위기로 위기감을 느낀 백인 중산층은 오바마 행정부의 정책을 보고 미국 사회 내 자신들의 기득권이 위협받는다고 느꼈다. 이러한 위기의식을 바탕으로 백인우월주의 성향의 보수적인 백인 유권자들의 지지를 이끌어 낸 정치 초년생 트럼프는 많은 이들의 예상을 뒤엎고 대통령에 당선되었다. 트럼프는 미국 중산층들의 분노에 미국의 인종주의적 정서를 보태어 미국 내 보수적인 백인 유권자들을 결집시켰고, 임기 내내 그들의 열렬한 지지를 받았다.

트럼프 대통령은 미국 경제를 회복시켜 미국우선주의를 이루고자 하였다.[1] 그는 탈산업화 과정에서 외국으로 이전해 나갔던 제조업 생산 공장들을 미국으로 불러들이는 리쇼어링reshoring 혹은 온쇼어링onshoring 정책을 적극 펼쳤다. 이 정책은 오바마 정권에서 시작되었으나, 트럼프 대통령은 이 정책을 지속적으로 그리고 적극적으로 추진하였다. 이는 바이든 행정부에서도 마찬가지다. 오바마 행

---

[1] 트럼프 행정부의 6대 국정 기조는 미국우선 에너지 계획, 일자리 창출과 경제성장, 법질서의 회복, 모든 미국인을 위한 무역협정, 미국우선 외교정책, 미군의 재건 등이었다(김미경, 2022, 221).

정부는 제조업 생산 공장들의 미국 내 재입지를 통해 미국 내 일자리, 특히 양질의 일자리가 증가할 것으로 예상했으나, 외국계 이민자의 유입에 대해서는 개방적인 태도를 취했다. 그러나 트럼프 대통령은 대선 유세 때부터 불법체류자 추방, 미국과 멕시코 간 국경 장벽 설치, 무슬림의 입국 금지와 같은 반이민 정서를 고취하는 정책을 내세워 미국우선주의를 펼치겠다고 단언했고, 임기 내내 적극적으로 실행하였다.

미국 내 반이민 정서는 새삼스러운 현상은 아니다. 1970년대 이후 비록 비주류 의견이었으나, 라티노 위협론이나 멕시칸 레콩키스타 Mexican Reconquista, 치카노 퀘벡론Chicano Quebec과 같은 라틴계 인구에 대한 거부감이 형성되어 있었다. 앞 장에서도 다룬 라티노 위협론은 헌팅턴을 비롯한 미국의 보수적인 학자나 논객들이 주장하는 것으로, 라티노, 특히 멕시코 이민자들이 미국 주류사회에 동화되지 않고 자신들만의 정치적·언어적 특구를 조성하며 미국의 전통적인 가치인 앵글로 프로테스탄트 정신을 해치고 있다는 주장이다[김연진, 2012].

멕시칸 레콩키스타는 멕시코인들이 과거 멕시코의 영토였던 미국 남서부 지역에 지속적으로 이주해 오는 현상에 대한 미국 보수주의자들의 음모론이다. 라티노 인구 집단이 미국 주류사회와 언어적으로나 사회적으로 분리되어 있고, 미국에 통합도 동화도 되지 않는 것은 영토 회복을 노리고 반란 기회를 엿보고 있기 때문이라는 주장이다. 이들은 더 나아가, 라티노들은 영구적인 외국인이고 미국에 위협적 존재라며, 멕시코계 문화와 스페인어가 범람하는 로스앤젤레스는

'다시 멕시코로 편입되는re-Mexicanization' 특구라고 주장한다[김연진, 2012].

치카노 퀘백론은 이 주장에서 더 발전한 것이다. 캐나다에서 퀘백이 분리독립을 주장하듯, 미국 태생의 멕시코계 미국인들도 자신들만의 분리된 국가를 원할 것이며, 그들이 미국 사회에 대한 위협의 주체가 될 것이라는 주장이다[김연진, 2012]. 이러한 억지 주장들의 공통점은, 미국 내 멕시코계 인구들이 자신들만의 언어와 문화를 유지하며 과거 그들이 빼앗긴 영토인 남서부 지역에 집중 분포하고 있다는 점에 대해 미국 주류사회가 거부감을 갖고 있다는 점이다. 이러한 주류사회의 불편한 감정과 부정적 인식은 트럼프의 반이민정책으로 제도화되었고, 그의 임기 동안 미국 사회에 널리 확산되었다.

트럼프의 유산

21세기 들어 미국의 이민정책은 행정부에 따라 매우 상이한 방향으로 변화해 왔다. 이는 미국인들의 주요 관심사이자 양당의 주요 정쟁 쟁점이 이민정책과 의료보험제도였기 때문이기도 하다. 9·11 이후 미국은 이민 관련 업무를 법무부 산하 '이주 및 귀화청Immigration and Naturalization Service'에서 새로 조직된 '국토안보부Department of Homeland Security'로 이관하였다. 9·11 테러 사건을 계기로 이주에 대한 인식이 '이주민의 법적 지위가 바뀌는 사안'에서 '국가안보 사안'으로 변하였다. 게다가 탈산업화로 인한 경제구조의 변화 및 외국자본에 대한 위기의식, 그리고 1990년대 이후 급증한 미-멕 국경을 통한 이주민의 증가는 이주민을 바라보는 미국인들의 인식 자체를 변화시켰다.

트럼프는 2016년 대통령선거 유세 때부터 인종차별적·반이주민적 주장을 서슴없이 밝혀 왔다. 트럼프 전 대통령의 반이민정책이 잘 드러난 사례는 취임 직후 이슬람 국가들로부터의 이민을 봉쇄하는 행정명령이었다. 2017년 1월, 트럼프 대통령은 테러 위험이 있다고 판단되는 7개 이슬람 국가에 대해 미국 입국과 비자 발급을 일시적으로 중단하고 난민으로서 미국 입국을 금지하는 행정명령에 서명하였다. 이에 대해 미국 내에서 '입국을 허가하라Let Them In'는 반대 시위가 벌어졌고, 오바마 전 대통령을 비롯한 미국의 전현직 관리, 시민단체, 기업, 외교관 등이 반대 서명운동을 하였다. 이 조치가 인종과 종교에 대한 차별이며, 외국인 혐오에 기반한 '이민배척주의Nativism'의 일환으로 미국의 건국이념에 어긋난다는 비판이 이어졌다. 이 행정명령에 대해 연방 수정헌법 1조에 보장된 종교의 자유를 침해한다는 소송이 제기되었다. 트럼프 대통령은 이 정책의 파기는 국가 위기와 연결된다는 논리를 폈다. 2018년 6월 연방대법원은 트럼프 행정부의 입장을 옹호하는 판결을 내렸다[김미경, 2022, 222]. 미국 내 이슬람계 인구는 2020년 현재 약 385만 명으로 추정되며, 이는 미국 전체 인구의 1.1퍼센트 정도로 모든 인종 중에서도 소수이다. 이 중 절반 이상이 트럼프 대통령의 이슬람 이민 봉쇄 명령으로 차별을 당했고, 9·11이 발생한 지 20여 년이 지났음에도 불구하

고 미국 내에 횡행한 이슬람 포비아islam phobia(이슬람 혐오)로 어려움을 겪고 있다.[2]

트럼프는 외국에서 이주해 오는 이들이 미국의 경제 안보에 위협이 된다는 프레임을 설정하였다. 트럼프의 반이민정책의 목표는 향후 미국에 재정적·행정적 부담이 될 수 있는 경우 이들에게 영주권을 주지 않는 것이었다. 트럼프 행정부가 꼽은 미국에 부담이 되는 이들로는 여성, 고령층, 어린이, 중앙아메리카 국가 출신, 멕시코인 등으로, 미국에 영주권을 신청하는 이들 중 70퍼센트 정도가 이 중 한 가지 이상에 해당되었다(Pierce and Bolter, 2020, 4). 트럼프 행정부는 여러 가지 이민 관련 정책으로 미국의 국경 수비를 강화하고, 미국 내 거주 이주민을 관리하려 하였다. 그러나 이민 관련 정책 중 상당수가 법원의 명령으로, 의회의 비동의로, 혹은 주정부나 지방정부의 저항에 부딪히거나 재원이 부족하여 실시되지 못하였다. 그러나 트럼프 행정부는 이민과 관련하여 끊임없이 사회적 담론을 만들어 내는 한편, 관련된 프로그램들을 지속적이고도 신속하게 변화시켜 미국의 이민정책 전반을 바꾸려 하였다. 트럼프 행정부는 뚜렷한 목적 아래 꾸준히 정책을 제출하여, 이민 관련 정책만 약 400여 개가 새로이 실시되었다(Pierce and Bolter, 2020, 1).

결국 트럼프 행정부 이민 관련 정책의 궁극적인 목적은, 미국 시

---

[2] 반면, 미네소타주 햄트래믹시에서는 미국에서는 드물게 2021년 중간선거에서 시장과 시의원 모두가 무슬림계가 당선되었다. 미국의 이슬람계 하원의원은 4명이다(BBC News Korea, 2021.11.21.).

민들과 이민국 직원, 행정부의 구성원들로 하여금 이주 예정자들을 은근히 검열하게 하고 그들의 미국 이주를 늦추는 것이었다(Pierce, 2019, 1). 그러나 사회적으로 이주민들의 불법성illegality을 강조하는 정책만으로는 미-멕 국경을 넘는 이들을 막을 수 없었다. 국경을 사이에 두고 나타나는 경제적 격차나 사회적 시스템의 차이, 그리고 정부의 행정적 장악력 등은 미국 정부가 실행하는 반이민정책보다 더 강력하게 멕시코나 중앙아메리카, 카리브해 지역 사람들을 미국으로 끌어들이기 때문이다. 이주민의 불법성을 강조하는 정책은 그들을 사회에서 배제하기보다는 오히려 이민 노동자들을 착취 가능한 시스템에 영속적으로 묶어 놓는 구실을 하였다. 즉, 불법노동자 비율이 높은 라틴아메리카 출신 이민 노동자들은 미국 사회에서 값싼 노동력으로 인식되었다. 노동자의 불법 상태 덕에 미국의 고용주는 유연하고 착취 가능한 이민자 노동 집단을 마음대로 사용할 수 있었다. 이에 더하여 정치권이 유발한 이민자 불법성에 대한 사회적 관심과 경계심은 이민제도를 더 억압적으로 만드는 과정에서 사회적 저항을 줄이는 역할을 하기도 하였다(이은아, 2019).

트럼프 행정부가 이민정책에서 오바마 정부의 정책을 뒤집은 대표적인 사례가 불법체류청소년추방유예DACA: Consideration of Deferred Action for Childhood Arrivals 정책이다. 2012년 오바마 행정부는 불법이민자인 부모를 따라 미국에 입국한 미성년자에 대하여 2년간 추방일시정지를 신청할 수 있는 제도(DACA)를 실시하였다. DACA는 본래 부시 행정부에서 불법이민자 부모를 따라 미국에 거주하고 있는 아동들에게 시민권을 부여하기 위한 법안으로 논의되었으나, 이 법안이 의회에서 통과되지 못하자 그에 대한 대안으로 오바마 행정부가 마련한 법안이었다. 2017년 트럼프 대통령 취임 시 이 정책의 혜택을 받고 있던 청소년은 약 70만 명 정도였는데, 트럼프 대통령은 취임 직후 DACA의 폐지를 지시하였다. 이에 2017년 6월 국토안보부 장관이 DACA의 폐지를 결정하고, 더 이상 새로운 신청을 받지 않고, 기존 수혜자 중 6개월 이내에 기한이 만료되는 청소년들은 유예기간 갱신을 요청할 수 있지만, 그보다 긴 경우에는 유예기간 종료 후 더 이상 갱신 신청을 할 수 없다고 공표하였다[정하명, 2020, 142-143].

DACA와 관련하여 캘리포니아 대학위원회 등이 수혜 청소년을 대신해 행정소송을 제기하였지만, 2018년 1월 판결에서 법원은 기존 DACA에 해당하는 아동에 대해서는 보호를 실시하지만, 신규 진입자는 허용하지 않았다. 트럼프 행정부의 조치를 인정한 판결이었다. 트럼프 행정부는 기존 수혜 청소년들까지 원칙적으로 불법이민자로 규정하고, DACA를 폐기하고 이들을 추방하려 했으나, 사법부의 견제로 실행에 옮기지는 못하였다. 바이든 행정부가 시작된 후, 2020년 6월 법원은 DACA 폐지를 각하함으로써 트럼프 행정부의 시도를 무산시켰다. 바이든 행정부는 2020년 7월부터 신규 진입자를 받기 시작하였다[하상용, 2021, 66].

한편, 트럼프 행정부 3년차에 발생한 COVID-19 상황은 이민정책에 박차를 가하게 한 원인이 되었다. 트럼프 행정부는 공공보건 및 경제위기 대응이라는 미명 하에 기존에 추진해 오던 이민 관련 정책을 빠르게 마무리하였다(Pierce and Bolter, 2020, 1).

트럼프의 촘촘한 국경 강화 정책

국경정책은 행정부의 정책적 기조에 크게 영향을 받을 수밖에 없다. 미-멕 국경을 통해 유입되는 이주민들은 대부분 미국 내에서 농장 일이나 소비자 서비스 부문과 같은 저숙련의 저임금 부문에서 일하며, 상당수가 불법체류자인 그들의 임금은 미국인들보다 훨씬 낮다. 이들은 수세기 동안 미국 농업 부문 노동력의 주요한 축이었으며, 미국 소비자들이 값싼 농작물 외에도 저렴한 돌봄 서비스와 소비자 소비스를 받을 수 있는 저렴한 노동력 풀을 형성하였다. 미국 사회는 오랜 기간 동안 이들의 노동력을 싼 값에 이용하였다.

그러나 이들의 저렴한 노동력은 유사한 노동시장에서 경쟁하는 미국 하층민들의 원성을 사곤 하였다. 따라서 이주노동자들, 특히 미-멕 국경으로 유입되는 히스패닉 노동자들에 대한 정책은 정치적 상황에 따라 유동적일 수밖에 없었다. 실제로 이주민 정책에서 미국 민주당과 공화당의 입장 차이는 두드러지는데, 민주당은 이주민에게 비교적 온정적인 정책을 펼치는 반면에 공화당은 단호한 정책을 펼치곤 했다. 특히 공화당의 강경 보수주의 노선을 추구했던 트럼프 대통령은 이러한 강경 정책의 대표적인 사례였다. 보수적인 백인 계층, 특히 이주노동자들과 경쟁 관계에 있는 블루칼라 백인

계층의 전폭적인 지지를 받은 트럼프 대통령은 미-멕 국경에 장벽을 설치하는 것 말고도 일련의 정책들로 미-멕 국경을 통한 외국계 노동자들의 유입을 막았다.

트럼프 대통령의 반이민정책에서 출입국 관리는 매우 중요한 부문이었다. 그는 물리적 장벽을 보완하는 것뿐 아니라 국경 수비를 강화하여 국경을 넘으려는 이들을 적발하고 체포하고 돌려보냈다. 2020년 100명의 국경 수비대를 추가 배치하고, 국제 불법 인적·물적 이동을 조사하는 미국 이민세관집행국ICE: U.S. Immigration and Customs Enforcement의 안보 조사요원을 500명 증원하였다. 퓨리서치센터Pew Research Center의 보고에 의하면, 2021년 2월 미-멕 국경에서의 불법이주민 체포 건수는 9만 6,974건에 달했다. 이는 최근 10년간 가장 많았던 2019년 5월(13만 2,856건 체포) 이후 가장 높은 수치다. 2019년 정점을 찍은 미-멕 국경의 체포 건수는 이후 급격히 감소하여 2020년 4월 1만 6,182건으로 가장 적었는데, 당시는 미국 COVID-19 상황이 급격히 악화된 시기로 전 세계적으로도 이주 경향이 매우 약했던 시기다. 미-멕 국경의 불법이주민 체포 건수가 2019년에 급격히 낮아진 것은, 트럼프 행정부의 강력한 국경정책에 기인한 것이었다[Pew Research Center, May 15. 2021]. 불법이주를 시도한 이들의 규모가 감소하였기에 체포 건수도 낮아진 것이다.

미-멕 국경을 건너는 가장 적절한 방법은 적법한 서류를 갖추어 국경 검문소를 통과하는 것이지만, 많은 이주 희망자들이 미국에 머물고 경제활동을 할 수 있는 서류를 갖추지 못한다. 이들이 택할 수 있는 방법은 코요테 등 밀입국 브로커에게 거액을 주고 몰래 국경을 넘거나 검문소에서 망명을 신청하는 것이다. 밀입국 브로커를 통해 국경을 넘는 방법은 비용도 비싸고 위험할 수 있지만, 경우에 따라서는 높은 확률로 국경을 넘을 수 있다. 자신의 조국에서 탄압받고 고문을 받는다는 증거가 있는 경우나 미국 내에 가족이 있는 경우에는 망명 신청을 선택하는 것이 유리하다. 미국 정부에 망명을 신청하면 망명 과정을 처리하는 기간 동안 미국 내에 머물 수도 있기 때문에 망명을 신청하는 이들이 많았고, 실제로 이는 미-멕 국경을 넘는 주요한 방법 중 하나였다. 이에 대해 트럼프 정부는 MPPMetering, Migrant Protection Protocols, Transit-Country Asylum Ban, PACRPrompt Asylum Case Review, HARPHumanitarian Asylum Review Program 등 일련의 조치를 실시해 망명제도를 이용한 미국 유입을 막았다.

이 정책들은 모두 미-멕 국경을 건너는 불법이주민들이 선호하는 이주 방법, 즉 망명 신청을 막는 것이었다. 앞 장에서 이야기한 바처럼, 이들은 적법한 서류 없이도 미국에 입국하면 망명을 신청할 수 있다는 점을 이용해 무작정 국경을 넘으며 망명을 신청하고, 이후 망명 심사 및 판결을 기다리는 몇 개월 혹은 몇 년 동안 미국에 머물며 일도 하고 의료혜택도 받고 아이들을 학교에 보냈다. 이렇듯 미국 난민법의 허점을 이용하는 불법이주자들이 아예 미-멕 국경을 넘지 못하게 하는 것이 트럼프 행정부 시절 국경정책의 핵심이었다.

우선 '수용량 제한 조치Metering'는 국경 검문소당 일별 망명 신청자 수를 제한하는 정책으로, 본래 2016년 오바마 행정부 시절 아이티인들이 샌디에이고와 티후아나 사이의 산 이시드로 검문소를 통해 대거 유입되는 것을 막기 위한 것이었다. 당시에는 산 이시드로 검문소에만 적용되었다. 그러나 트럼프 행정부 시절 모든 국경 검문소와 모든 국적의 불법이주민들에게 확대 적용하였다. 그 결과, 2019년 8월에는 약 2만 6천 명의 불법이주민이 망명 심사 대기자 명단에 이름을 올리고 입국을 기다리기도 하였다.

트럼프 행정부 기간 동안 미-멕 국경을 통한 망명 희망자들에 대한 미국의 기본적인 태도는 "멕시코에 머물라Remain in Mexico"였고, 미-멕 국경을 넘어온 이들의 망명 신청은 거의 받아들여지지 않았다. 대표적인 프로그램이 2019년 1월부터 실시된 「이민자 보호 조약 Migrant Protection Protocols」으로, 미국과 멕시코의 합의에 따라 2019년 6월 9일부터 확대되었다. 소위 "Remain in Mexico Program"으로 불리는 이 프로그램은 미-멕 국경을 넘으려는 불법이주민들을 멕시코 측으로 돌려보내는 것이다. 이 프로그램은 브라질 등 스페인어를 사용하는 모든 국가 출신의 불법이주민에게 적용되었다. 이 프로그램으로 가장 많은 불법이주민들이 미-멕 국경에서 멕시코로 돌려보내진 때는 2019년 여름으로, 가장 많이 되돌아간 이들은 과테말라 · 엘살바도르 · 온두라스 등 북부삼각지대 지역 출신이었다. 쿠바, 에콰도르, 베네수엘라 출신의 비중도 높게 나타났다. 그러나 미-멕 국경에서 멕시코로 추방된 이들 중 상당수가 고국으로 돌아가지 않고 멕시코 국경도시에 머물며 월경 기회를 기다렸으며, 이는 미-멕 국경 지역 멕시코 측 도시의 인구압을 높였다(Migraion Policy Institute, Feb 27. 2020).

PACRPrompt Asylum Case Review과 HARPHumanitarian Asylum Review Program는 근본적으로 같은 프로그램으로, PARC는 멕시코 이외 국적을 가진 이와 멕시코 국적을 가진 이에 대해 적용되고, HARP는 멕시코 이외 국가 출신들에게 적용되었다. 두 프로그램의 목표는 미-멕 국경을 통해 입국하려는 이주민들을 대상으로 10일 이내에 신청자들의 자격 요건을 심사한 후 돌려보내는 것이었다. 두 프로그램의 실시 이후 망명 희망자의 대다수를 차지하는 중앙아메리카 및 멕시코 출신들이 망명 신청 과정에서 대부분 탈락하였다. 이외에도 전 세계에서 이주를 희망하는 이들이 미-멕 국경으로 몰려들었지만, 이 프로그램을 통해 망명이 받아들여진 경우는 거의 없었다. 이 프로그램들은 과거 미국의 망명 프로그램의 기본 기조였던 "체포 후 석방catch and release"을 사실상 종식시키는 것이었다. 그간 미국 정부는 국경에서 체포된 후 망명을 요청하는 이들은 석방하였으며, 석방된 이들은 미국 내에 머물면서 망명 심사를 받았다. 미국 내 망명 수용소에 도착한 이들의 상당수는 미국에 거주하는 가족과 만나기를 희망한다며 망명을 신청했으며, 대부분 체포 후 풀려나서 미국 내에 머물렀다. 트럼프 행정부는 미-멕 국경의 망명 수용소가 국경을 건너는 일종의 우회 경로 역할을 해 왔다고 판단하고, 구금 상태에서 신속한 판결을 내려 이들의 미국 내 유입을 막았다(Migraion Policy Institute, Feb 27. 2020).

트럼프 행정부는 미-멕 국경을 통해 입국하는 멕시코 이외 출신, 예를 들어 중앙아메리카 국가들이나 쿠바, 베네수엘라, 아이티 등의 이주민들의 망명 신청 자체를 막고자 하였다. 2019년 7월 16일부터 실행된 '제3국 경유 금지 법안Third Country Transit Ban-Asylum Ban 2.0' 혹은 'Transit-Country Asylum Ban' 프로그램은 자국을 떠나 미국 입국을 목적으로 다른 나라를 경유하여 미-멕 국경에 도착한 개인에겐 망명 자격을 부여하지 않는 규정이었다. 물론 예외는 있다. 멕시코인은 이 법안에 해당되지 않으며, 이외 국가 이주민들이라도 경유한 국가 중 하나에서 망명을 신청하여 거부당했을 경우에는 미국에서 망명을 신청할 수 있다. 인신매매 피해자 등도 예외였다. 그러나 이 법안은 남부 국경을 통해 미국에 입국하는 대다수의 망명 신청자들에 대한 사실상의 망명 금지 조치였다. 이 법안에 대해 샌프란시스코 법원이 정지 신청을 하였으나, 2019년 9월 11일 연방법원이 이 조치를 허락하였다. 이 프로그램이 적용되면서 미-멕 국경에서 망명을 신청한 이들이 망명 절차를 밟는 비율이 2019년 6월 80퍼센트에서 2019년 12월 45퍼센트로 급감하였다.

"거대하고 아름다운 장벽"

2014년 이후 미-멕 국경을 넘다 체포된 불법이주민들의 구성에 뚜렷한 변화가 나타났다. 가족을 동반한 이주민의 증가로, 2019년 미-멕 국경을 넘다 체포되어 구금된 이들 중 3분의 2 정도가 가족을 동반한 상태였다. 가족을 동반한 이들 중 91퍼센트가 엘살바도르, 과테말라, 온두라스 등 북부삼각지대 국가 출신이었다. 미-멕 국경을 넘다 체포되는 이들은 북부삼각지대 세 국가와 멕시코 출신이 대부분이었지만, 최근 들어 그 외 국가 출신 불법이주민 규모가 급격히 늘어나 2019년 7만 7천 명에 달했다(Migraion Policy Institute, Feb 27. 2020).

트럼프 정부는 미-멕 국경으로 입국을 시도하는 이주민들이 가족 단위로 이주하는 경향이 높아지는 것을 이용하여 '부모와 자녀를 분리하여 수용하는 정책family Seperations policy'을 실시하였다. 적법한 서류 없이 국경을 넘으려는 부모는 체포하여 구금하고, 그 자녀는 국경지대의 보호시설에 따로 수용하는 것이다. 2018년 6월에만 2,700여 명의 아이들이 부모와 격리되어 보호시설에 수용되었다(Pierce, 2019, 2). 이 정책은 미국 내에서뿐 아니라 국제적으로 상당한 비난을 받았다. 아이들은 철제 울타리로 구분된 방에 수십 명씩 수용되었으며, 이불 대신 알루미늄 포일을 덮고 바닥에서 지냈다. 당시 갑자기 늘어난 아이들을 수용하기 위하여 예전에 월마트 창고로 사용하던 건물을 보호시설로 사용하기도 했다. 심지어 영부인 멜라니아 여사도 "가슴으로 통치해야 한다"고 비판하였으며, 조지 부시 전 대통령의 부인 로라 부시도 제2차 세계대전 당시 미국 본토에서 일본인들을 구금한 시설에 빗대며 비판하였다. 이들 외에도 힐러리 클린턴, 미셸 오바마, 로잘린 카터 등 전·현직 미국 영부인들이 일제히 비판할 정도였다. 프란치스코 교황은 "이주자 자녀들에 대한 각별한 우려"를 표했고, 마이클 헤이든 전 중앙정보국CIA 국장은 아우슈비츠 수용소 사진을 트위터에 올리며 나치즘을 떠올리게 한다고 비판하였다(한겨레신문, 2018.6.19.).

취임 직후 트럼프 대통령은 미국과 멕시코 국경에 장벽을 설치한다는 행정명령을 내리고, 불법체류자들을 돕는 이민자 보호시설 Sanctuary City에 대한 연방정부의 지원을 중단하는 행정명령에 서명하였다. 트럼프 전 대통령은 2016년 대통령 선거운동 기간에 "거대하고 아름다운 장벽"을 미국과 멕시코 국경 전체에 건설하겠노라고 약속하였다. 두 국가 간에 건설될 콘크리트 장벽은 육로로 유입되는 불법이주민과 마약의 미국 유입을 막을 것이라고 호언장담하였다(BBC News, 2020.10.31.). 트럼프 대통령은 장벽이 단순히 불법이주민의 유입을 막는 데에 그치는 것이 아니라, 장벽 건설에 소요되는 예산이 지역 경제의 활성화로 이어지며, 불법이주민을 막음으로써 미국 내 일자리가 보호되고, 마약의 유입도 막을 수 있다고 주장하였다. 이에 대해 멕시코는 강한 거부감을 나타내며 미국산 제품 불매운동을 벌이기도 하였다(김미경, 2022, 223).

미-멕 국경의 장벽은 트럼프의 국정철학을 상징하는 일종의 아이콘이 되었다. 그러나 트럼프 대통령의 당선 이전에도 미국과 멕시코 국경 사이에는 약 1,052킬로미터(654마일)의 장벽이 이미 건설되어 있었다. 이 중 절반 정도는 보행자의 통행을 막기 위해, 나머지 절반 정도는 차량 통행을 제한하기 위해 건설된 상태였다. 트럼프 행정부의 임기가 마무리된 시점인 2020년 10월 현재 기존 장벽 중 약 560킬로미터(350마일) 정도를 교체하거나 새로 정비하였으며, 장벽이 없던 지역에 새로 건설된 장벽은 24킬로미터(15마일) 구간에 불과하였다. 당시 건설 중이었던 355킬로미터(221마일)도 기존 구조물을 교체하거나 배후에 추가 구조물을 세우는 방식이었다(BBC News, 2020.10.31.). 당시 157마일 정도의 새로운 구조물 건설을 계획 중이었지만, 바이든 대통령은 취임 첫날인 2021년 1월 20일 미-멕 국경에서 이루어지던 장벽 건설 공사를 중단시켰다. 즉, 트럼프 대통령은 마치 아무 장벽도 없이 자유로이 오갈 수 있었던 국경 지역에 새로이 장벽을 건설하는 것처럼, 그래서 양 국경 간에 새로운 '통행금지'가 시행될 것처럼 공약했지만, 대부분의 공사는 기존의 장벽을 더 높이고 보강하는 것이었다.

트럼프의 공약처럼 3,145킬로미터에 달하는 미국과 멕시코 국경에 장벽을 설치하려면, 기존에 건설된 약 1천 킬로미터 외에도 약 2천 킬로미터 이상의 장벽을 새로 건설해야 하지만, 비용 면에서도 사회적 논란 면에서도 장벽을 설치하기가 쉽지 않았다. 게다가 트럼프가 설치한 장벽은 대부분 그가 선거유세 때 강조한 '콘크리트 벽wall'이 아니라, 5.4에서 9미터 사이의 긴 쇠말뚝으로 된 '울타리bollard fencing' 형태였다(BBC News, 2020.10.31.).

트럼프 대통령이 공약한 장벽 건설에는 약 190억 달러(25조 원)의 예산이 들 것으로 예상되었다. 2018년 말 트럼프 행정부는 국경 장벽 건설 비용으로 57억 달러를 의회에 요구하였다. 그러나 당시 미국의 중간선거에서 하원의 다수당이 된 민주당 의원들은 14억 달러만을 인준하였다. 이에 트럼프 대통령은 국가비상사태를 선포하는 편법을 사용해 장벽 건설 자금을 확보하려 하였다. 트럼프 대통령의 장벽 건설에는 약 150억 달러가 소요되었는데, 미국 관세 및 국경 보호 예산이 50억 달러였고, 나머지 100억 달러는 국방부 예산에서 전용되었다. 이 중 63억 달러는 마약과의 대비 자금에서, 36억 달러는 국방 건설 자금에서 전용되었다. 이 장벽 설치와 관련하여 환경단체를 비롯한 시민단체들이 소송을 진행하였고, 미 지방법원은 캘리포니아, 뉴멕시코, 애리조나주에서의 장벽 건설이 불법이라고 판결하기도 하였다.

그러나 미국 대법원은 장벽 건설을 위한 트럼프 행정부의 예산 전용에 합헌 결정을 내렸다(BBC News, 2020.10.31.). 이로 인해 2019년 초반, 미국 의회가 셧다운(정당 간 예산안 합의 실패로 정부기관이 일시 폐쇄되는 상태)되는 사태가 벌어지기도 하였으나, 사법부가 제동을 걸었다(하상용, 2021, 66). 트럼프는 장벽 설치에 소요되는 비용을 멕시코 정부에도 요구하여 국제적 공분을 사기도 하였다. 우여곡절 끝에 건설된 트럼프 행정부의 국경 장벽은 대통령선거 유세 때 약속한 내용과 달리 콘크리트로 건설되지 않았고, 새로 설치된 곳은 전체 국경에 비하면 매우 짧은 구간이었다. 그러나 결국 트럼프 행정부의 폐쇄적이고도 공격적인 국경정책은 물리적 장벽과 제도적 측면 모두에서 촘촘하게 실시되었다.

김미경, 〈트럼프 정부의 반反 이민정책의 강화와 미국–멕시코 국경장벽 – 미국의 이민정책 논쟁과 사회 양극화를 중심으로〉, 《인문과학연구》 45, 2022, 211~237쪽.

김연진, 〈미국 내 라티노 이민의 이미지와 라티노 위협론 – 멕시코 이민을 중심으로〉, 《서양사론》 112호, 2012, 36~66쪽.

김유경, 〈신자유주의 경제개혁과 마약과의 전쟁: 멕시코 사례를 중심으로〉, 《중남미연구》 35(3), 2016, 261~280쪽.

김혜경, 〈16~17세기 동아시아 예수회의 선교 정책: 적응주의의 배경을 중심으로〉, 《신학과 철학》 17(가을), 2010, 1~34쪽.

김희순, 〈멕시코 마킬라도라 산업의 특성과 분포변화〉, 《한국경제지리학회지》 11(2), 2008, 251~271쪽.

김희순, 〈수입대체산업화 시기 멕시코의 산업입지 배경과 제조업 관련 업체의 분포 특성〉, 《한국도시지리학회지》 13(2), 2010, 147~165쪽.

김희순, 〈스페인의 식민지배 거점으로서 아바나의 형성과 성장〉, 《한국도시지리학회지》 19(3), 2016, 113~129쪽.

김희순, 〈라틴아메리카사회에서의 송금의 영향력 분석〉, 《한국도시지리학회지》 2(2), 2019, 173~189쪽.

김희순, 〈마르코 폴로가 동쪽으로 간 까닭은?: 마르코 폴로의 『동방견문록』〉, 한국문화지리학회, 《여행기의 인문학》, 도서출판 푸른길, 2018.

림수진·가리도, 알렉산드로 팔로모, 〈중앙아메리카 북부삼각지대 이주, 폭력, 마약의 상관관계〉, 《문화역사지리》 29(2), 2017, 45~60쪽.

마샬, 팀, 《장벽의 시대》, 이병철 옮김, 바다출판사, 2020.

민정훈, 《2022 미국 중간선거 결과 분석 및 전망》, 국립외교원 외교안보연구소, 2022.

민혁기·문종철·강지현·안유나, 《리쇼어링 추진전략과 과제》, 산업연구원, 2021.

박구병, 〈예, 할 수 있습니다!: 미국 서남부 지역의 '세사르차베스의 날' 제정〉, 《이베로아메리카연구》 26(3), 2015, 153~178쪽.

박선미, 《질병의 지리학》, 갈라파고스, 2022.

박선미·김희순, 《빈곤의 연대기: 제국주의, 세계화, 그리고 불평등한 세계》, 갈라파고스, 2015.

박용진, 〈중세 말 유럽인들의 아시아에 대한 이미지와 그 변화〉, 《서양중세사연구》 33, 2014, 353~380쪽.

배윤기, 〈〈보더타운〉: 지구화와 로컬화의 현장〉, 《문학과영상》 11(1), 2010, 77~105쪽.

블루엣, 브라이언 W. · 블루엣, 올린 M., 《라틴아메리카와 카리브 해: 주제별 분석과 지역적 접근》, 김희순 · 강문근 · 김형주 옮김, 까치, 2013.

산업통상자원부 · 외교부, 《2021 외국의 통상환경 – 아메리카편》, 2021.

안재섭 · 김희순 · 신정엽 · 이승철 · 이영아 · 정희선 · 조창현 옮김, 《세계지리: 세계화와 다양성》 제5판, 시그마프레스, 2017.

오후, 《우리는 마약을 모른다》, 동아시아, 2018.

원정식, 〈17世紀 地域과 世界의 만남: 天主教의福建 傳來〉, 《역사문화연구》 35, 2010, 229~258쪽.

윤영석 · 박광로, 〈유럽의 리쇼어링 발생 현황(2014~2018)과 시사점〉, 《Proceedings of the KSEMPE Autumn Conference 2021》, 2021, 64~65쪽.

이경규, 〈발리냐노와 예수회의 적응주의선교정책〉, 《중국사연구》 86, 2013, 225~252쪽.

이성형, 〈미국의 對 콜롬비아 마약 전쟁: 현실주의 외교 논리의 문제점〉, 《라틴아메리카연구》 18(4), 2005, 157~191쪽.

이언경, 〈미국의 리쇼어링(Reshoring) 추진 동향 분석〉, 《계간해양수산》 2103년 8월호, 2013, 132~149쪽.

이용균, 《인구와 사회》, 전남대학교출판부, 2018.

이은아, 〈라티노 이민자 불법성과 시민권 투쟁〉, 《이베로아메리카연구》 30(3), 2019, 259~285쪽.

이은아 옮김, 〈라틴아메리카의 마약과 치안 불안정: 복잡한 관계〉, 《라틴아메리카이슈》 2, 2010. 283~301쪽. (Dammert, L., 2009. Drogas e inseguridad en América Latina: una relación compleja, *Nueva sociedad*, 222, 112-131).

이영민 · 이은하, 〈미국 이주 조선족의 집거지와 민족간 관계에 관한 연구: 로스앤젤레스 코리아타운을 사례로〉, 《한국도시지리학회지》 19(2), 2016, 75~90쪽.

정동준, 〈13-15세기 향신료 직무역의 역사〉, 《세계역사와문화연구》 23, 2010, 1~22쪽.

정하명, 〈미국 대통령의 대통령지시에 관한 연방대법원의 최근 판결례: Dep't of Homeland Sec. v. Regents of the Univ. of Cal.〉, 《법학논고》 71, 2020, 141~156쪽.

주경철, 〈예수회의 북아메리카 전도와 문명간 조우: '예수회 보고서(Jesuit Relations)'를 토대로〉, 《서양사연구》 44, 2011, 1~39쪽.

최유경, 〈미국 난민법 체계와 시사점〉, 《공법학연구》 18(4), 2017, 397~430쪽.

파우스투, 보리스, 《브라질의 역사》, 최해성 옮김, 그린비, 2012.

펠트, 장 마리, 《향신료의 역사》, 김중현 옮김, 좋은책만들기, 2011.

하상용, 〈바이든 행정부의 이민정책과 미국의 정체성〉, 《미래정책 FOCUS – 경제인문사회

연구회 웹진》 vol.28, 2021, 66~67쪽.

허순철,〈미국에서의 의료용 마리화나 합법화의 시사점〉,《법학논총》 33(4), 2016, 31~59쪽.

형기주,〈공간이론의 산책: 알프레드 베버의 공업입지론〉,《월간국토》 1997년 5월호, 1997,
88~93쪽.

Adams, R., 2008, "Remittances, Poeverty and Investment in Guatemala", In Özden,
Ç. and Schiff, M., *International Migration, Temittances and the Brain Drain*,
World Bank and Palgrave Macmillan, New York, 53-80.

Aravena, F., 2011, *América Latina y el Caribe: Multilateralismo vs. Soberanía,
La Construcción de la Comunidad de Estados Latinoamericanos y Caribeños*,
Editorial Teseo, Buenos Aires.

Arreola, Daniel D., 1996, "Border-Ciry Indee Fixe", *Geographical Review*, 86(3),
356-369.

Bacon, D., 2004, *The Children of NAFTA: Labor Wars on the U.S./Mexico Border*,
University of California Press, Berkeley.

Bautista Morelos, J., 1964, "War and Finance, Mexican Style", in Joseph, G. and
Henderson, T. (eds), 2003, *The Mexico Reader: History, Culture, Politics : The
Latin America Readers*, Duke University Press, Durham, 217-219.

Blouet, B. and Blouet, O., 2015, *Latin America and the Caribbean: A Systematic and
Regional Survey(7th)*, Wiley.

Brunn, S., Hays-Mitchell, M., and Ziegler, D. (eds), 2012, *Cities of the World:
World Regional Urban Development*, Rowman & Littlefield, Lanham, MA.

Bryan, G., 1941, "Geography and the Defence of the Caribbean and the Panama
Canal", *Annals of the Association of the American Geographers*, 31(2), 83-94.

Bowley, J., 2013, *Robin Hood or Villain: The Social Constructions of Pablo Escobar
Jenna*, Thesis of University of Maine.

Bustamante, J., 1971," The 'Wetback' as Deviant", *American Journal of Sociology*,
77(4), 706-718.

Caballos, E., 2002, "Controversias sobre el sistema naval con América a mediados
del siglo XVI: los proyectos de Alvaro de Bazán", *Iberoamericana*, 2(7), 39-57.

Campos, R., 2017, *Housing Abandment in Mexican Metropolitan Areas: Analyzing
planning strategies to reduce housing abandonment in the Metro Ares of
Gaudalajara*, Thesis for Master degree in MIT.

Cerutti, M. and González-Quiroga, M., 1999, *El Norte de México y Texas*, Instituto
de Investigaciones Dr. José María Luis Mora, D.F., México.

Cerutti, M., 1983, *Burgeisía y Capitalismo in Monterrey 1850-1910*, Instituto de
Investigaciones Históricas de Nueco Leon, Monterrey.

Chami, R., Ernst, E., Fullenkamp, C. and Oeking, A., 2018, " Is There a Remittance Trap?", *FINANCE & DEVELOPMENT*, 55(3), 44-47.

Chapman, P., 2009, *Bananas: How the United Fruit Company Shaped the World*, Canongate Books, Edinburgh.

Chomsky, B. Carr and P. M. Smorkaloff (eds.), 2006, *The Cuba Reader*, Duke University Press, Durham.

Cohn, D., Passel, J. and Gonzalez-Barrera, A., 2017, "Rise in U.S. Immigrants From El Salvador, Guatemala and Honduras Outpaces Growth From Elsewhere", Pew Research Center. (https://www.pewhispanic.org/wp-content/uploads/sites/5/2017/12/Pew-Research-Center_Central_American-migration-to-U.S._12.7.17.pdf)

Contraes, C., 2007, *Geografia de Nuevo León*, Instituto de Investigaciones Histórias de Nueco Leon, Monterrey.

Correa-Cabrera, G. and Konrad, V., 2020, *North American Borders in Comparartive Perspective*, Universtiy of Arizonma Press.

Cravey, A., 1998, *Women and work in Mexico's maquiladoras*, Rowman and Littlefield Publishers, New York.

Crow, B. and Lodha, S., 2011, *The Atlas of Global Inequalities*, University of California Press.

Curtis, James R., 1993, "Central Business District of the Two Laredos", *Geographical Review*, 83(1), 54-65.

d'Ans, A., 2011, *Haití, paisaje y sociedad*, Editorial Oriente, Santiago de Cuba.

Damián, A., 2000, *Adjustment, Poverty and Employment in Mexico*, Aldershot.

de Ferranti et al., 2004, *Inequality in Latin America and the Caribbean: Breaking with History?*, World Bank.

de la Torre, C. and Striffler, S. (eds.), 2009, *The Ecuador Reader: History, Culture, Politics : The Latin America Readers*, Duke University Press, Durham.

Dicken, S. N., 1939, "Monterrey and Northeastern Mexico", *Annals of the Association of American Geographers*, 29(2), 127-158.

Duany, J., 2010, "To Send or Not to Send: Migrant Remittances in Puerto Rico, the Dominican Republc, and Mexico", *The Annals of the American Academy of Political and Social Science*, 630, 205-223.

Durand, J. and Massey, D., 1992, "Mexican Migration to the United States: A Critical Review", *Latin American Research Review*, 27(2), 3-42.

Durand, J., Parrado, E. and Massey, D., 1996, "Migradollars and development: A reconsideration of the Mexican case", *International Migration Reviews*, 30(2), 423-444.

Eckstein, S., 2004, "Dollarization and Its Discontents: Remittances and the Remaking of Cuba in the Post-Soviet Era", *Comparative Politics*, 36(3), 313-330.

Farnsworth-Alvear, A., Palacios, M. and López, A. (eds.), 2017, *The Colombia Reader: History, Culture, Politics : The Latin America Readers*, Duke University Press, Durham.

Funkhouser, E., 1995, "Remittances from International Migration: A Comparison of El Salvador and Nicaragua", *The Review of Economics and Statistics*, 77(1), 137-146.

Gammage, S., 2006, "Exporting People and Recruiting Remittances: A Development Strategy for El Salvador?", *Latin American Perspectives*, 33(6), 75-100.

Garip, F., 2012, "Repeat Migration and Remittances ad Mechanisms for Wealth Inequality in 119 Communities From the Mexican Migration Project Data", *Demography*, 49(4), 1335-1360.

Garza, Gustavo, 2000, "Tendencías de las desigualidades urbanas y regionales en México, 1970~1996", *Estudios Geográficos y Urbanos*, 15(3), 489-532.

Gjelten, T., 2012, *Bacardí y la larga lucha por Cuba*, Penguin Books, New York.

González, G. et. al, 2002, *Atlas de Historia de México*, Editorial LIMUSA, D.F., Mexico.

Gootenberg, P., 2008, *Andean Cocaine: the making of a global drug*, The University of North Carolina Press, Chapel Hill.

Gootenberg, P., 2018, "Introduction: Orphans of development: the unanticipated rise of illicit coca in the Amazon Andes, 1950-1990", in Gootenberg, P. and Dávalos, L.(eds), *The Origins of Cocaine: Colonization and Failed Development in the Amazon Andies*, Routledge, New York.

Grandin, G., Levenson, D. and Oglesby, E. (eds.), 2011, *The Guatemala Reader: History, Culture, Politics: The Latin America Readers*, Duke University Press, Durham.

Griffin, Ernest C. and Larry R. Ford, 1976, "Tijuana: Landscape of a Cultural Hybrid", *Geographical Review*, 66(4), 435-447.

Grindle, M., 1988, *Searching for rural development: Labour migration and employment in Mexico*, Cornell University Press, Ithaca, NY.

Haber, S., 1995, *Industry and Underdevelopment: The Industrialization of Mexico, 1890-1940*, Stanford University Press, Stanford.

Hernández, F., Kellett, P. and Allen, L. (eds.), 2012, *Rethinking the Informal City: Critical Perspectives from Latin America*, Berghahn Books, New York.

Horwitz, B. and Bagley, M., 2016, *Latin America and the Caribbean in the Global Context: Why care about the Americas?*, Routledge, New York.

Huntington, S., 2000, "The Special Case of Mexican Immigration", *The American Enterprise*, 11(8), 20.

Huntington, S., 2004, "The Hispanic Challenge", *Foreign Policy*, 141, 30-45.

Jackiewicz, E. and Bosco, F. (eds.), 2016, *Placing Latin America: Contemporary Themes in Geography (Vol.3) (3rd)*, Rowman & Littlefield Publishers, Lanham, MD.

Johnson, Nancy L., 2001," "Tierra y Libertad:" Will Tenure Reform Improve Productivity in Mexico's "Ejido" Agriculture?", *Economic Development and Cultural Change*, 49(2), 291-309.

Jones, R., 1998, "Remittances and Inequality: A Question of Migration Stage and Geographic Scale", *Economic Geography*, 74(1), 8-25.

Jones, Richard C., 1998, "Remittances and Inequality: A Question of Migration Stage and Geographic Scale", *Economic Geography*, 74(1), 8-25.

Joseph, G. and Henderson, T. (eds), 2003, *The Mexico Reader: History, Culture, Politics : The Latin America Readers*, Duke University Press, Durham.

Kane, H., 1995, *The Hour of Departure: Forces that Create Refugees and Migrants*, World Watch Institute, Washington.

Katz, B., 1974, "Mexico's Import Licensing Strategy for Protecting Import Replacements: an Aspect of Trade Policy and Planning for Industrial Development", *Journal of Economics and Sociology*, 33(4), 381-392.

Koeppel, D., 2008, *Banana: The Fate of the Fruit That Changed the World*, Plume, New York.

Krauze, E., 2012, *Redeemers: Ideas and Power in Latin America*, Harper Perennial.

Kunz, R., 2008, "'Remittances Are Beautiful?' Gender Implications of the New Global Remittances Trend", *Third World Quarterly*, 29(7), 1389-1409.

Lambert, P. and Nickson, A. (eds.), 2012, *The Paraguay Reader: History, Culture, Politics : The Latin America Readers*, Duke University Press, Durham.

Lustig, N., 1992, *Mexico: The Remaking of an Economy*, The Brookings Institution.

McKenzie, D. and Rapoprt, H., 2007, "Network effects and the dynamics of migration and inequality: Theory and evidence from Mexico", *Journal of Development Economics*, 84(1), 1-24.

Mercille, J., 2011, "Violent Narco-Cartels or US Hegemony? The political economy of the 'war on drugs' in Mexico", *Third World Quarterly*, 32(9), 1637-1653.

Migration Dialogue, April 2003, *Migration News, 10(2)*. (https://migration.ucdavis.edu/mn/more_entireissue.php?idate=2003_04)

Migration Policy Institute, Feb 27. 2020,"Interlocking Set of Trump Administration Policies at the U.S.-Mexico Border Bars Virtually All from Asylum". (https://www.migrationpolicy.org/article/interlocking-set-policies-us-mexico-border-bars-virtually-all-asylum)

Miller, Janice S., Peter Hom and Luis R. Gomez-Mejia, 2001, "The High Cost of Low Wage: Does Maquiladora Compensation Reduce Turnover?", *Journal of International Business Studies*, 32(3), 585-595.

Monto, A., 1994, *The Roots of Mexican Labor Migration*, Praeger, Westport, CT.

Negrón-Muntaner, F., 2006, "El trasero de Jennifer López", *Nueva Sociedad*, 201, 129-144.

Niimi, Y. and Özden, Ç., 2008, "Migrationa and Remittances in Latin America: Patterns and Determinants", In Fajnzylber, P. and López, J. (eds), *Remittances and Development: Lessons from Latin America*, World Bank, Washington, D.C., 51-86.

O'Mahony, A., 2013, "Political Investment: Remittances and Elections", *British Journal of Political Science*, 43(4), 799-820.

Orozco, M., 2002, "Globalization and Migration: The Impact of Family Remittances in Latin America", *Latin American Politics and Society*, 44(2), 41-66.

Palmer, S. and Molina, I., 2004, *The Costa Rica Reader: History, Culture, Politics : The Latin America Readers*, Duke University Press, Durham.

Perlman, J., 2010, *Favela: Four Decades of Living on the Edge in Rio de Janeiro*, Oxford University Press, New York.

Pew Research Center, May 15. 2021,"Migrant apprehensions at U.S.-Mexico border are surging again". (https://www.pewresearch.org/fact-tank/2021/03/15/migrant-apprehensions-at-u-s-mexico-border-are-surging-again/)

Pew Research Center, February 3, 2022,"U.S. Hispanic population continued its geographic spread in the 2010s". (https://www.pewresearch.org/fact-tank/2022/02/03/u-s-hispanic-population-continued-its-geographic-spread-in-the-2010s/)

Pew Research Center, September 15, 2022,"Who is Hispanic?" (https://www.pewresearch.org/fact-tank/2022/09/15/who-is-hispanic/)

Pew Research Center, September 23. 2022,"Key facts about U.S. Latinos for National Hispanic Heritage Month". (https://www.pewresearch.org/fact-tank/2022/09/23/key-facts-about-u-s-latinos-for-national-hispanic-heritage-month/)

Pew Research Center, October 12. 2022, "Key facts about Hispanic eligible voters in 2022". (https://www.pewresearch.org/fact-tank/2022/10/12/key-facts-about-hispanic-eligible-voters-in-2022/)

Pick, J. B., Butler, E. W. and Hettrick, W. J., 2001, *Mexico and Mexicocity in the World Economy*, Westview Press, Boulder, CO.

Pons, F., 2007, *History of the Caribbean: Plantation, Trade, and War in the Atlantic World*, Markus Wiener Publishers, Princeton, NJ.

Portes, A., 1987, "The Social Origins of the Cuban Enclave Economy of Miami", *Sociological Perspectives*, 30(4), 340-372.

Prakash, A. and Hart, J., 2000, "Indicators of Economic Integration", *Global Governance*, 6(1), 95-104.

Preston, J. and Dillon, S., 2004, *Opening Mexico: The Making of Democracy*, Farrar, Straus and Giroux.

Prieto, 1906, "The Glorious Revolution of 1844", in Joseph, G. and Henderson, T.

(eds), 2003, *The Mexico Reader: History, Culture, Politics : The Latin America Readers*, Duke University Press, Durham, 206-212.

Purseglove, J., 1981, *Spices*, Vol.1, Longman Inc.

Randall. L., 2006, *Changing Structure of Mexico: Political, Social and Economic Prospects*(2nd.), Routledge, New York.

Ridaura, I., 2007, *La Indugrialización del Segundo Auge industrial a la Crisis de 1982*, Instituto de Investigaciones Histórias de Nueco Leon, Monterrey.

Roorda, E., Derby, L. and Gonzalez, R. (eds.), 2014, *The Dominican Republic Reader: History, Culture, Politics (The Latin America Readers)*, Duke University Press, Durham.

Ruiz Soto, A., October 2022, *Record-Breaking Migrant Encounters at the U.S.-Mexico Border*, Commentaries of Migration Policy Institute. (https://www.migrationpolicy.org/news/2022-record-migrant-encounters-us-mexico-border)

Russell, S., 1986, *Remittances from international migration: A review in perspective*, World Development, 14(6), 677-696.

Schlesinger, S., Kinzer, S. and Coatsworth, J., 2005, *Bitter Fruit: The Story of the American Coup in Guatemala*, David Rockefeller Center for Latin American Studies, Harvard University.

Simón, L., 1995, *El Presidio en México en el siglo XVI*, Universidad Nacional Autónoma de México, D. F., México.

Slaton, C.,(ed.), 2016, *International Remittances: Background, Verification Proposals and Money Laundering Issues*, Movinka, New York.

South, R., 1990, *Transnational Maquiladora Location, Annals of the Association of American Geographers*, 80(4), 549-570.

Stark, O., Taylor, J. and Yitzhaki, S., 1986, "Remittances and inequality", *The Economic Journal*, 96, 722-740.

Steinberg, M., Hobbs, J. and Mathewson, K. (eds.), 2004, *Dangerous Harvest: Drug Plants and the Transformation of Indigenous Landscapes*, Oxford University Press, New York.

Bowley, J., 2013, *Robin Hood or Villain: The Social Constructions of Pablo Escobar Jenna*, Thesis of University of Maine.

Gootenberg, P. and Dávalos, L., 2018, *The Origin of Cocaine: Colonization and Failed Development in the Amazon Andes*, Routledge, New York.

Marcy, W., 2014, "The End of Civil War, the Rise of Narcotrafficking and the Implementation of the Merida Initiative in Central America", *International Social Science Review*, 89(1), 1-36.

Pierce, S., 2019, *Immigration-Related Ploicy Changes in the First Two Years of the Trump Aministration*, Migration Policy Institute.

Pierce, S. and Bolter, J., 2020, *Dismantling and Reconstructing the U.S. Immigration System: A Catalog of Changes under the Trump Presidency*, Migration Policy Institute.

Quinones, 2016, "Once the World's Most Dangerous City, Juárez Returns to Life amid drug wars, Mexico began fixing the local justice system. Now crime is down and residents 'are losing their fear'" *National Geographic*, June. (https://www.nationalgeographic.com/magazine/article/juarez-mexico-border-city-drug-cartels-murder-revival)

Runde, D., Perkins, C. and Nealer, E., 2016, *Achieving Growth and Security in the Northern Triangle of Central America*, Center for Strategic & International Studies.

Warf, B. (ed), 2010, *Encyclopedia of Geography*, SAGE, Thousand Oaks, CA.

Williams, D., "Chazkel, A. and Knauss de Mendonça", Williams, D., Chazkel, A. and Paulo, K. (eds.), 2016, *The Rio de Janeiro Reader: History, Culture, Politics :The Latin America Readers*, Duke University Press, Durham.

Williams, E., 1984, *From Columbus to Castro: The History of the Caribbean 1492-1969*, Vintage Books, New York.

World Bank, 2016, *Migration and Remittances Fact Book 2016*.

World Bank, 2018, *Migration and Development Brief 29*.

World Bank, 2019, *Migration and Development Brief 31*.

World Bank, 2022, *Migration and Development Brief 37*.

《경향신문》, 2022.3.31., 〈이민자 강제 추방' 트럼프 정책…바이든 정부, 5월까지 폐지한다〉. (https://m.khan.co.kr/world/america/article/202203312142005#c2b)

《경향신문》, 2021.11.2., 〈멕시코에서 어린이·청소년 백신접종권 논의 불 지핀 12세 소녀〉. (https://m.khan.co.kr/world/america/article/202111021649011#c2b)

공공보건포털, 2013.11.28., 〈2009년 신종플루 사망자 WHO 집계보다 10배 많아〉. (https://www.g-health.kr/mobile/bbs/selectBoardArticle.do?bbsId=U00186&nttId=292732&lang=&searchCndSj=&searchCndCt=&searchWrd=&pageIndex=6&vType=P#naviMenu)

《내셔널 지오그래픽》, 2004년 7월, 〈코카인이 지배하는 땅〉.

《동아일보》, 2022.4.20., 〈LG, 멕시코에 공장 세우고 GM에 전기차 부품 공급한다〉. (https://www.donga.com/news/Economy/article/all/20220420/112982831/1)

《시사뉴스》, 2021.6.27., 〈멕시코 '죽음의 하이웨이'서 올해만 50명 실종〉. (http://www.sisanews.com/news/article.html?no=162358)

《아틀라스뉴스》, 2019.5.26., 〈미국 대륙횡단철도 건설의 흑역사〉. (http://www.atlasnews.

co.kr/news/articleView.html?idxno=408)

《오피니언뉴스》, 2018.11.10., 〈[11/10 오늘] 뉴암스테르담이 영국령 뉴욕으로〉. (https://www.opinionnews.co.kr/news/articleView.html?idxno=12024)

《월간복지동향》, 2016.4.1., 〈미국의 난민인정절차와 정착지원〉. (https://www.peoplepower21.org/welfarenow/%EC%9B%94%EA%B0%84%EB%B3%B5%EC%A7%80%EB%8F%99%ED%96%A52016/1409084)

《연합뉴스》, 2013년 3.12., 〈볼리비아 대통령, 코카 잎 씹기 건강에 좋아〉. (https://www.yna.co.kr/view/AKR20130312004900094)

《연합뉴스》, 2018.5.30., 〈작년 허리케인 마리아로 푸에르토리코서 4천600여명 사망〉. (https://www.yna.co.kr/view/AKR20180530003800075)

《연합뉴스》, 2022.12.7., 〈미국 중간선거 최종결과〉. (https://www.yna.co.kr/view/GYH20221207000800044)

《프레시안》, 2019.4.19., 〈'사회주의국가' 중국에도 노동조합은 있지만…〉. (https://www.pressian.com/pages/articles/237416)

《한겨레신문》, 2017.5.30., 〈미국이 버린 파나마 독재자 노리에가 사망〉. (https://www.hani.co.kr/arti/international/america/796854.html)

《한겨레신문》, 2018.6.19., 〈분리수용 파문 확산…울음소리에도 나치 비유에도 끄떡없는 트럼프〉. (https://www.hani.co.kr/arti/PRINT/849733.html)

《한겨레신문》, 2022.9.9., 〈엘살바도르 '비트코인 화폐 실험' 실패 귀결…사용자 거의 없어〉. (https://www.hani.co.kr/arti/international/international_general/1058005.html)

Kotra 해외시장 뉴스, 2019.6.10., 〈멕시코, 맥주에 취하다〉. (https://dream.kotra.or.kr/kotranews/cms/news/actionKotraBoardDetail.do?SITE_NO=3&MENU_ID=180&CONTENTS_NO=1&bbsGbn=243&bbsSn=243&pNttSn=175479)

KBS new, 2021.6.13., 〈엘살바도르, 비트코인으로 21세기판 '황금땅' 꿈꾸나?〉. (https://news.kbs.co.kr/news/view.do?ncd=5208220)

YTN, 2019.4.17., 〈김경훈 기자, 카라반 모녀 사진으로 한국인 최초 퓰리처상〉. (https://www.ytn.co.kr/_ln/0104_201904171345062756)

BBC News, 2020.10.31., 〈Trump wall: How much has he actually built?〉. (https://www.bbc.com/news/world-us-canada-46824649)

BBC News Korea, 2021.8.26., 〈아프가니스탄: 탈레반 집권으로 '아편 천국' 부활하나〉. (https://www.bbc.com/korean/international-58340395)

BBC News Korea, 2021.11.21., 〈이슬람: 무슬림이 정치적 다수가 된 미국의 한 도시〉. (https://www.bbc.com/korean/features-59363772)

ABC news, 2022.1.15.,"Brazil starts vaccinating children after weeks of delay". (https://abcnews.go.com/Health/wireStory/brazil-starts-vaccinating-children-weeks-delay-82271751)

Cnnespañol, 2016.1.8.,"La guerra de México contra las drogas, en datos". (https://cnnespanol.cnn.com/2016/01/08/la-guerra-de-mexico-contra-las-drogas-en-datos/)

Conchovalley, 2021.7.27.,"BORDER REPORT-President of Mexico touts COVID-19 vaccination rates, says work ongoing to end border travel restrictions". (https://www.conchovalleyhomepage.com/news/border-report/president-of-mexico-touts-covid-19-vaccination-rates-says-work-ongoing-to-end-border-travel-restrictions/)

El Paso Matters, 2022.2.3.,"Homicides in Juárez reach three-year low amid increased attention to femicides". (https://elpasomatters.org/2022/02/03/homicides-in-juarez-reach-three-year-low-amid-increased-attention-to-femicides/)

Los Angeles Times, 2022.12.10., "Tijuana doctor charged in cosmetic-surgery death of Long Beach woman". (https://www.latimes.com/california/story/2022-12-10/tijuana-doctor-charged-cosmetic-surgery-death)

Pew Research Center, 2021.11.9., "What's happening at the U.S.-Mexico border in 7 charts". (https://www.pewresearch.org/fact-tank/2021/11/09/whats-happening-at-the-u-s-mexico-border-in-7-charts/)

The New York Times, 1974.10.24., "Monterrey Group: A Family of Wealth and Symbol of Economic Independence". (https://www.nytimes.com/1974/10/21/archives/monterrey-group-a-family-of-wealth-and-symbol-of-economic.html)

United Nations Office on Drugs and Crime, 2021, "2021 World Drug Report 1: Executive Summary/Policy Implications", United Nations. (https://www.unodc.org/res/wdr2021/field/WDR21_Booklet_1.pdf)

US Customs and Border Protection, 2022.10.13.,"Southwest Border Migration YTD2021". (https://www.cbp.gov/newsroom/stats/sw-border-migration-YTDNovember)

US Customs and Border Protection, 2023.1.1., "San Ysidro Passengers". (https://bwt.cbp.gov/details/09250401/POV)

USNEWS, 2020.5.20., "U.S.-Mexico Border to Close Amid Coronavirus Spread Both the northern and southern U.S. borders will close at midnight, and border agents will immediately remove migrants found crossing the border illegally". (https://www.usnews.com/news/national-news/articles/2020-03-20/us-mexico-border-to-close-amid-coronavirus-spread)

Reuters, 2023.2.7., "Mexico opposes restart of U.S. 'Remain in Mexico' immigration policy". (https://www.reuters.com/world/americas/mexico-rejects-possible-remain-mexico-revamp-plan-2023-02-07/0)

Voice of America Korea, 2019.7.26., 〈[뉴스따라잡기] 미국 망명 신청 제도〉. (https://www.voakorea.com/a/5016579.html)

Voice of America Korea, 2022.10.7., 〈바이든, '마리화나 단순 소지' 사면…미 연방법원, 뉴욕주 총기법 일부 위헌 판결〉. (https://www.voakorea.com/a/biden-announces-federal-marijuana-pardons-moves-toward-softening-federal-stance/6780284.html)

Washington Office on Latin Americas, 2005. 5., "Crying out for Justice: Murders of Women in Ciudad Juárez, Mexico". (https://www.wola.org/sites/default/files/downloadable/Mexico/past/crying_out_for_justice.pdf)

Washington Post, 2004.10.9., "Salvadoran leader embraces diaspora". (http://www.latinamericanstudies.org/elsalvador/diaspora.htm)

Washington Post, 2022.1.12., "Mexico has refused to close its borders during the covid-19 pandemic. Does that make sense?". (https://www.washingtonpost.com/world/2022/01/12/mexico-coronavirus-pandemic-open-border/)

미국 이민정책연구소 https://www.migrationpolicy.org/

세계은행 https://www.worldbank.org/

주도미니카공화국 대한민국대사관 https://overseas.mofa.go.kr/do-ko/index.do

퓨히스패닉센터 https://www.pewhispanic.org/

미국 국가문서센터 https://www.archives.gov/milestone-documents/treaty-of-guadalupe-hidalgo

유엔 마약범죄사무소 https://www.unodc.org/

US Customs and Border Protection, https://www.cbp.gov/newsroom/stats/southwest-land-border-encounters)

CDC Newsroom, 2022.4.1., "CDC Public Health Determination and Termination of Title 42 Order" (https://www.cdc.gov/media/releases/2022/s0401-title-42.html)

US International Trade Adminstration, North American Free Trade Agreement (NAFTA) (https://www.trade.gov/north-american-free-trade-agreement-nafta).

Worldbank International Homicides, https://data.worldbank.org/indicator/VC.IHR.PSRC.P5?view=map.

라 프론테라

2023년　4월 30일 초판 1쇄 발행

지은이 l 김희순
펴낸이 l 노경인 · 김주영

펴낸곳 l 도서출판 앨피
출판등록 l 2004년 11월 23일 제2011-000087호
주소 l 우)07275 서울시 영등포구 영등포로 5길 19(양평동 2가, 동아프라임밸리) 1202-1호
전화 l 02-336-2776　팩스 l 0505-115-0525
블로그　l bolg.naver.com/lpbook12
전자우편 l lpbook12@naver.com

ISBN 979-11-92647-13-5